빼박!

사회복지직 공무원

모의고사

국어 · 영어 · 한국사 · 사회복지학개론 · 행정법총론

사회복지직 공무원 시험 안내

**사회복지직
공무원이란?**

사회복지직 공무원은 지방행정기관이나 국립병원 등에서 사회복지서비스 업무를 담당합니다. 최근 사회복지의 증진을 전담하기 위해 사회복지직 공무원 인원을 대폭 증원 확대 채용하고 있으며, 복지행정분야의 전반적인 관리 및 집행 등 사회복지에 관한 실무적인 업무를 담당하므로 사회봉사적인 업무특성상 긍지와 자부심을 가질 수 있는 공무원입니다.

**사회복지직
공무원의 업무**

저소득층
복지지원관리

의료급여관리 및
자활지원관리

노인복지관리

사회복지시설관리

아동복지관리

장애인복지관리

긴급복구지원관리

**사회복지직
공무원의 혜택**

사회복지직 공무원도 타 직렬 공무원과 마찬가지로 신분 보장, 휴직제도의 활성화, 안정된 노후생활(연금, 퇴직금), 폭넓은 복리후생(복지포인트, 상여제도) 등의 공무원 복지가 보장되어 있습니다.

사회복지직 공무원의 자격 요건	① 공통응시자격
	– 거주지 제한(지방직 ○, 서울시 X)
	– 응시연령 : 18세 이상(9급)
	– 응시결격사유 등 : 「지방공무원법」 제31조의 결격사유에 해당되거나, 「지방공무원법」 제66조(정년)에 해당되는 자 또는 「지방공무원 임용령」 제65조 및 「부패방지 및 국민권익위원회의 설치와 운영에 관한 법률」 제82조 등 관계법령 등에 의하여 응시자격이 정지된 자는 응시할 수 없음
	② 자격 제한 : 사회복지사 3급 이상 자격증 소지자(2020년 공고 기준)
	※ ①의 거주지 제한의 경우 시행처마다 자격 요건이 다르므로 반드시 해당 공고를 확인하시기 바랍니다.
	※ ②의 사회복지사 3급 자격증은 2019.1.1부터 신규 발급이 중단되었습니다.

시험과목	① 필수과목(3과목) : 국어, 영어, 한국사
	② 선택과목(2과목) : 사회복지학개론, 행정법총론, 사회, 과학, 수학, 행정학개론 중 택 2
	※ 선택과목 중 행정학개론 과목은 지방행정 부분이 시험범위에 포함됩니다.

시험방법	① 제1, 2차 시험(병합실시) : 선택형 필기시험
	– 유형 : 객관식 4지선택형, 과목당 20문항
	– 배점비율 : 과목당 100점 만점
	– 시험시간 : 5과목 100분(10:00~11:40)
	② 제3차 시험 : 인성검사 및 면접시험(필기시험 합격자에 한함)
	※ ②의 인성검사의 경우 시행여부는 각 지방자치단체마다 상이합니다.

시험일정	① 원서접수 : 3~4월 중(각 지방자치단체마다 일정 상이함)
	② 필기시험일 : 2020년 6월 13일(토)
	③ 필기합격자 발표일 : 7~8월 중(각 지방자치단체마다 일정 상이함)
	④ 적성검사 및 면접 : 8~9월 중(각 지방자치단체마다 일정 상이함)
	※ 자세한 사항은 해당 시행처 공고를 참고하시기 바랍니다.

구성과 특징

최신기출문제

2019년 서울시 사회복지직
기출문제를 수록하여 출제
경향 파악

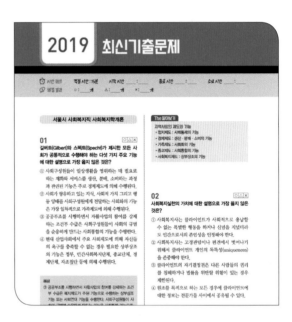

실전모의고사

최신 출제 경향을 완벽
하게 반영한 실전모의고사
3회분 수록

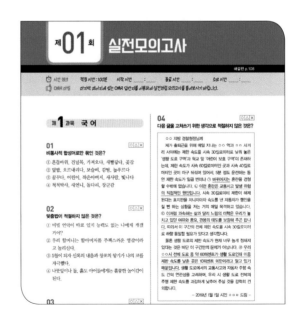

상세한 해설

혼자서도 학습할 수 있도록
자세하고 상세한 해설 수록

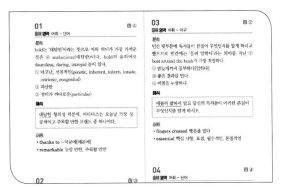

The 알아보기

주요 개념 및 핵심 내용을
한눈에 파악할 수 있도록
정리

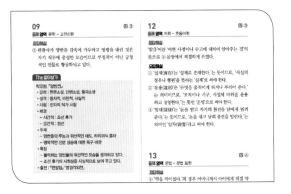

OMR 답안지

한 문제를 풀어도 실전처럼
풀어볼 수 있도록 OMR
답안지 제공

사회복지직 빼박 모의고사
최적화 학습방법

모의고사 활용법

Check1   실전모의고사를 통한 최신 출제 경향 파악

사회복지직 공무원 시험은 선택과목을 일반행정직과 다르게 선택할 수 있기 때문에 그에 걸맞은 학습법이 필요하다. 「사회복지직 빼박 모의고사」는 최신 출제 경향이 반영된 실전모의고사를 통해 시험 유형에 맞는 실전 연습을 진행할 수 있도록 문제를 제공하여 수험생이 이 문제를 풀어보며 출제 경향 및 출제 유형을 파악할 수 있다.

Check2   상세한 해설과 The 알아보기 핵심 정리

「사회복지직 빼박 모의고사」의 가장 큰 장점은 나의 약점을 정확하게 파악할 수 있다는 점이다. 내가 취약한 부분을 미리 파악하고 보완한다면 실제 시험에서 더욱 자신감 있게 문제를 풀어 나갈 수 있다. 상세한 모의고사 해설과 The 알아보기를 통해 자주 출제되는 내용의 주요 개념 및 핵심 내용을 다시 한 번 정리한다.

Check3   시간관리 훈련과 실전 감각 향상

주어진 시간 안에 모든 문제를 빠르고 정확하게 풀어내기 위해서는 별도의 연습이 꼭 필요하다. 이러한 훈련을 할 수 있도록 도와주는 것이 모의고사 문제집이다. 해설 뒤에 수록된 OMR 답안지를 활용하여 실제 시험을 보는 것처럼 문제를 풀어보면서 시간관리 훈련을 하고 실전 감각을 향상시킨다.

기본서 및 문제집과의 연계 학습

사회복지직 공무원 한다

사회복지직 출제 경향을 바탕으로 구성된 「사회복지직 공무원 한다」로 핵심 이론을 꼼꼼히 공부하고, 기본 개념이 흔들리지 않도록 반복 학습한다.

9급 공무원 기출문제집

「9급 공무원 사회복지학개론 기출문제집」 및 「9급 공무원 사회복지직 기출문제집」으로 어려움을 겪었던 비슷한 유형의 문제를 풀어보면서 실력을 다지고 보완해야 할 부분을 체크한다.

사회복지직 HOT ISSUE
이것만은 알고 가자!

사회복지사 자격제도 주요 개정사항

사회복지사 3급 자격 폐지(2019. 1. 1. 시행)

2019. 1. 1.부터 사회복지사 자격증을 기존 1급·2급·3급의 3등급 체계에서 1급·2급의 2등급 체계로 변경하였으며, 기존 3급 자격증을 보유한 사람의 자격은 유지되지만 3급 자격증의 신규 발행은 중단됨

전문사회복지사 제도 도입(2020. 12. 12. 시행)

다양화·전문화되는 사회복지 욕구에 능동적으로 대응할 수 있도록 하고, 사회복지 법인 등의 불합리한 채용 관행을 개선할 수 있도록 종사자 채용절차를 규정하는 등 현행법의 미비점을 개선하기 위해 전문사회복지사 제도를 도입함

전문사회복지사는 정신건강사회복지사·의료사회복지사·학교사회복지사로 분류하며, 사회복지사 1급의 자격이 있는 사람 중에서 보건복지부령에서 정하는 수련기관에서 수련을 받은 사람에게 자격을 부여함

2020 사회복지직 9급 공무원 채용인원

(일반 기준, 인원 : 명)

서울	경기	인천	부산	대구	광주	대전	울산	세종
183	567	194	140	65	83	28	43	9
강원	충북	충남	전북	전남	경북	경남	제주	전체
100	121	191	62	151	160	118	19	2,234

※시험공고는 변경될 수 있으니 반드시 해당 시·도 홈페이지에서 공고문을 확인하시기 바랍니다.

목차

2019
최신기출문제

2019년 서울시 사회복지직 사회복지학개론

사회복지직 9급

빼박 모의고사

시간 체크　적정 시간 : 15분　시작 시간 ＿＿ : ＿＿　종료 시간 ＿＿ : ＿＿　소요 시간 ＿＿ : ＿＿

채점 결과　○ : ＿＿개　△ : ＿＿개　× : ＿＿개

서울시 사회복지직 사회복지학개론

01 　○△×

길버트(Gilbert)와 스펙트(Specht)가 제시한 모든 사회가 공통적으로 수행해야 하는 다섯 가지 주요 기능에 대한 설명으로 가장 옳지 않은 것은?

① 사회구성원들이 일상생활을 영위하는 데 필요로 하는 재화와 서비스를 생산, 분배, 소비하는 과정과 관련된 기능은 주로 경제제도에 의해 수행된다.

② 사회가 향유하고 있는 지식, 사회적 가치 그리고 행동 양태를 사회구성원에게 전달하는 사회화의 기능은 가장 일차적으로 가족제도에 의해 수행된다.

③ 공공부조를 시행하면서 자활사업의 참여를 강제하는 조건부 수급은 사회구성원들이 사회의 규범을 순응하게 만드는 사회통합의 기능을 수행한다.

④ 현대 산업사회에서 주요 사회제도에 의해 자신들의 욕구를 충족할 수 없는 경우 필요한 상부상조의 기능은 정부, 민간사회복지단체, 종교단체, 경제단체, 자조집단 등에 의해 수행된다.

해설

③ 공공부조를 시행하면서 자활사업의 참여를 강제하는 조건부 수급은 복지제도가 주된 기능으로 수행하는 상부상조 기능 또는 사회연대 기능을 수행한다. 사회구성원들이 사회의 규범에 순응하게 만드는 기능은 사회통제 기능으로, 주로 정치제도가 담당한다.

정답 ③

The 알아보기

지역사회의 제도와 기능
- 정치제도 : 사회통제의 기능
- 경제제도 : 생산 · 분배 · 소비의 기능
- 가족제도 : 사회화의 기능
- 종교제도 : 사회통합의 기능
- 사회복지제도 : 상부상조의 기능

02 　○△×

사회복지실천의 가치에 대한 설명으로 가장 옳지 않은 것은?

① 사회복지사는 클라이언트가 사회적으로 용납할 수 없는 특별한 행동을 하거나 신념을 지녔더라도 인간으로서의 존엄성을 인정해야 한다.

② 사회복지사는 고정관념이나 편견에서 벗어나기 위해서 클라이언트 개인의 독특성(uniqueness)을 존중해야 한다.

③ 클라이언트의 자기결정권은 다른 사람들의 권리를 침해하거나 법률을 위반할 위험이 있는 경우 제한된다.

④ 원조를 목적으로 하는 모든 경우에 클라이언트에 대한 정보는 전문가들 사이에서 공유될 수 있다.

해설

④ 전문적 관계에서 노출되는 클라이언트에 관한 비밀은 지켜져야 하지만 그 비밀이 클라이언트를 도와주고 있는 사회복지사뿐만 아니라 클라이언트를 돕는 과정에서 불가피하게 여러 사람에게 필요한 경우에만 공유할 수 있다. 따라서 '모든 경우'라는 부분이 틀렸다.

정답 ④

03

사회복지행정 모델에 대한 설명으로 가장 옳지 않은 것은?

① 과학적 관리모형은 조직의 생산성을 높이기 위해서는 분업화, 개개인의 기본동작과 형태와 소요시간의 표준화, 수행과정과 보상의 연결 등을 통한 관리를 요구한다.

② 인간관계모형은 물리적 환경보다 노동자의 사회, 심리적 요소가 조직의 개별 생산성에 더 많은 영향을 미친다고 가정한다.

③ 관료제모형은 조직 내부의 개별 구성원의 행동과 조직 외부의 환경에 대한 이해가 중요하다고 가정한다.

④ 정치경제이론은 조직의 생존과 서비스의 생산에 필요한 정치적 자원과 경제적 자원을 확보하는 것이 중요하다고 강조한다.

해설
③ 관료제모형은 폐쇄체계모델인 고전모형으로, 조직 환경에 대한 이해는 도모하지 않는다.

정답 ③

04

신자유주의에 기반한 복지국가의 변화 경향에 대한 설명으로 가장 옳지 않은 것은?

① 복지비용을 삭감하고 지출구조를 변화시킨다.

② 공공부문의 민영화, 기업규제를 통해 정부의 역할을 축소하였다.

③ 빈곤층에 대한 복지제공의 조건으로 근로를 요구하는 근로연계복지를 강화하였다.

④ 만성적 불안정 고용층, 저숙련 노동자 등에 대한 복지제도의 축소는 사회적 양극화 문제를 초래하였다.

해설
② 신자유주의는 공공부문의 민영화를 추구한 것은 맞지만 기업규제가 아닌 기업규제 완화를 추구한다.

정답 ②

The 알아보기

신자유주의에 기반한 복지국가의 변화

등장 배경	주요 내용
• 재정 지출의 과부담 • 자원 배분의 비효율성 • 급여의 부적절성 → 복지국가위기론	• 작은 정부 지향 • 케인즈의 수요관리 지양 • 공급 위주의 고용정책 강화 • 법인세 인하를 통한 기업 경쟁력 강화 • 개인주의, 경쟁원리, 소극적 자유 강조 • 사회복지 축소

05

사회복지실천과정에서 수행되는 사회복지사의 역할에 대한 설명을 옳게 짝지은 것은?

① 옹호자(advocate) – 클라이언트의 정당한 권리를 대변하고 정책적 변화를 추구하는 활동을 한다.

② 교사(teacher) – 클라이언트에게 적합한 서비스를 연결하고 그러한 서비스를 활용하도록 조정한다.

③ 중개자(broker) – 클라이언트에게 부정적 영향을 주는 프로그램이나 정책을 변화시키기 위한 운동을 지지한다.

④ 계획가(planner) – 전문적 사회복지실천 이론의 발전과 프로그램의 향상을 꾀한다.

② 클라이언트에게 적합한 서비스를 연결하고 그러한 서비스를 활용하도록 조정하는 것은 중개자(broker)의 역할이다.
③ 클라이언트에게 부정적 영향을 주는 프로그램이나 정책을 변화시키기 위한 운동을 지지하는 것은 옹호자(advocate)의 역할이다.
④ 전문적 사회복지실천 이론의 발전과 프로그램의 향상을 꾀하는 것은 전문가의 역할이다.

정답 ①

The 알아보기

사회복지사의 역할

중개자 (broker)	클라이언트가 필요한 자원을 찾아 활용하도록 클라이언트와 자원을 연결시켜 주는 역할을 한다.
옹호자 (advocacy)	클라이언트를 대신해서 계약된 목적을 달성하기 위해 적극적으로 주장하고, 대변·옹호하는 역할을 한다.
조력자 (enabler)	클라이언트의 대처능력을 강화시키고 자원의 발견과 활용을 도와주는 역할이다.
중재자 (mediator)	클라이언트와 상대방이 갈등을 해결하도록 설득과 화해의 절차들을 통해 공동의 기반을 발견하도록 조력한다.
교육자 (educater)	정보 제공, 행동과 기술의 지도 등 클라이언트의 능력을 강화시킬 수 있도록 가르치는 역할을 한다.

06

고용보험에 대한 설명으로 옳은 것은?

① 근로자를 사용하지 않거나 50명 미만의 근로자를 사용하는 사업주도 고용보험의 의무가입대상이다.

② 근로자와 사업주는 실업급여사업과 고용안정사업 및 직업능력개발사업의 보험료를 절반씩 부담한다.

③ 고용보험료 고지, 수납 및 체납관리는 국민건강보험공단에서 한다.

④ 구직급여는 연령과 상관없이 가입기간에 따라 90일~240일 동안 받을 수 있다.

① 적용범위(고용보험법 제8조)

> 이 법은 근로자를 사용하는 모든 사업 또는 사업장(이하 "사업"이라 한다)에 적용한다. 다만, 산업별 특성 및 규모 등을 고려하여 대통령령으로 정하는 사업에 대하여는 적용하지 아니한다.

따라서 근로자를 사용하지 않는 경우 고용보험을 가입하지 않아도 된다.

② 보험료(고용보험 및 산업재해보상보험의 보험료징수 등에 관한 법률 제13조)

> ④ 제1항에 따라 사업주가 부담하여야 하는 고용보험료는 그 사업에 종사하는 고용보험 가입인 근로자의 개인별 보수총액(제2항 단서에 따른 보수로 보는 금품의 총액과 보수의 총액은 제외한다)에 다음 각 호를 각각 곱하여 산출한 각각의 금액을 합한 금액으로 한다.
> 1. 제14조 제1항에 따른 고용안정·직업능력개발사업의 보험료율
> 2. 실업급여의 보험료율의 2분의 1

따라서 실업급여사업에 대한 보험료는 근로자와 사업주가 보험료를 절반씩 부담하지만 직업능력개발사업의 보험료는 사업주가 전액 부담하므로 틀린 지문이다.

④ ・소정급여일수 및 피보험기간(고용보험법 제50조)

> ① 하나의 수급자격에 따라 구직급여를 지급받을 수 있는 날(이하 "소정급여일수"라 한다)은 대기기간이 끝난 다음날부터 계산하기 시작하여 피보험기간과 연령에 따라 별표 1에서 정한 일수가 되는 날까지로 한다.

• 구직급여의 소정급여일수(고용보험법 별표 1)

구분		피보험기간				
		1년 미만	1년 이상 3년 미만	3년 이상 5년 미만	5년 이상 10년 미만	10년 이상
이직일 현재 연령	30세 미만	90일	90일	120일	150일	180일
	30세 이상 50세 미만	90일	120일	150일	180일	210일
	50세 이상 및 장애인	90일	150일	180일	210일	240일

따라서 '연령과 상관없이' 부분이 틀렸다.

정답 ③

The 알아보기

기본소득의 특성

보편성	기본소득은 사회구성원이면 누구나 받을 수 있는 소득이어야 한다.
개별성	기본소득은 가구당 지급이 아닌 개인에게 지급하는 소득으로, 노동시장 외부에 있는 여성. 청소년 등 개인의 권리를 보장해 줄 수 있다.
무조건성	기본소득은 사회보험, 공적부조 등에서 요구되는 심사나 노동요구가 없이 무조건적으로 지급받는 소득이다.
충분성	기본소득은 인간다운 생활이 가능하며 정치공동체에 참여할 수 있는 충분한 소득이어야 한다.

07

○ △ ✕

최근 노동중심적 복지국가의 한계가 부각되면서, 실현 가능한 대안 중 하나로 논의되고 있는 '기본소득(Basic Income)'의 개념적 특성이 아닌 것은?

① 보편성(universality)
② 재정적 지속가능성(financial sustainability)
③ 무조건성(unconditionality)
④ 개별성(individual base)

해설
①·③·④ 기본소득은 재산이나 소득의 많고 적음, 어떠한 자산심사나 노동요구등의 조건 없이 개별적으로 모든 사회구성원에게 균등하게 지급되는 소득이다. 따라서 기본소득제도란 '심사와 노동요구 없이 모든 개인에게 매월 일정액의 현금이 무조건 지급되도록 설계된 소득보장제도'라고 할 수 있다.

정답 ②

08

○ △ ✕

마셜(Marshall)의 시민권론에 대한 비판의 내용에 해당하지 않는 것은?

① 남성 백인에게만 유효한 권리 범주에 불과하며, 여성과 흑인 등 다른 집단의 권리는 보장하지 못했다.
② 영국의 사례에 국한된 측면이 있다.
③ 시민권의 발전을 자연적인 진화의 과정으로 간주하여, 투쟁을 통해 실질적으로 획득될 수 있다는 것을 간과하고 있다.
④ 관찰 시점에 따라 상이한 유형으로 구분될 수 있으며, 명확한 구분이 어려운 애매한 사례도 존재한다.

해설
④ 국민의 기본권의 개념으로 자리 잡은 시민권은 장착의 시기나 그 개념 자체가 뚜렷한 구별점을 보여 주고 있다.

정답 ④

마셜(Marshall)의 시민권론

- 마셜은 시민권에 근거한 복지국가 이론 모형을 제시하면서, 시민권을 사회구성원으로 인정받는 일종의 지위로 보았다.
- 마셜은 복지국가체계는 경제적으로는 자본주의, 정치적으로는 민주주의, 사회적으로는 복지주의의 세 가지 구성요소로 존재한다고 주장하였다.
- 마셜은 사회권을 자유권과 참정권을 완성시키는 권리로 보고, 시민권의 발전과 더불어 사회복지는 발전해 왔다고 보았다.

자유권	시민적 요소로서의 자유권(공민권)은 18세기 시민혁명과정을 통해 쟁취되었다.
참정권	정치적 요소로서의 참정권(정치권)은 19세기 노동운동과 여성운동을 통해 확립되었다.
사회권	사회적 요소로서의 사회권(복지권)은 20세기 세계대공황을 계기로 자리잡았다.

09 ○△✕

롤스(Rawls)의 정의론에서 제시하는 정의의 원칙으로 옳지 않은 것은?

① 평등한 기본적 자유의 원칙
② 차등의 원칙
③ 공정한 기회균등의 원칙
④ 부정의의 시정 원칙

해설

① 롤스는 정의의 제1원칙으로 평등한 기본적 자유의 원칙을 제시하였다. 이는 모든 사람은 동등한 기본적 자유를 최대한 누려야 한다는 원칙이다.
② · ③ 롤스는 정의의 제2원칙으로 차등의 원칙을 제시하였다. 차등의 원칙은 다시 공정한 기회균등의 원칙, 최소극대화의 원칙으로 나뉜다.

정답 ④

롤스(Rawls)의 정의론

- 존 롤스(J. Rawls)는 공리주의적 사고방식을 가지고 사회윤리적인 관점에서 분배에 접근하고자 하였다.
- 롤스는 개인들에게 "가난한 자를 도우시오"라고 호소하기보다는, 자유주의적 관점을 가지고 현재 행해지는 사회적 분배 체계 자체를 개선하도록 하는 것을 목표로 삼았다.
- 롤스는 궁극적으로 평등주의를 분배의 목표로 삼았으나 획일적인 평등사회를 의미하는 것은 아니었다.
- 롤스는 자신의 계급이나 사회적 지위, 자신의 능력, 성격, 자신의 가치관을 자신이 전혀 모르는 '무지의 베일(Veil of Ignorance)'에 싸여 있는 상태를 뜻하는 원초적 입장(Original Position)을 전제하였다.
- 원초적 입장에서 사람들은 기본적인 권리와 의무의 할당에 있어 평등을 요구하는 동시에 사회적 · 경제적 불평등을 허용하게 되는데, 이 불평등은 사회의 최소 수혜자에게 그 불평등을 보상할 만한 이득을 가져오는 경우에만 정당한 것으로 인정되게 된다고 보았다.
- 롤스는 2가지 원칙으로, 제1원칙(평등의 원칙)과 제2원칙(차등의 원칙)을 제시하였다.

제1의 원칙 평등의 원칙	평등한 자유의 원칙으로, 모든 사람은 동등한 기본적 자유를 최대한 누려야 한다.	
제2의 원칙 차등의 원칙	기회 균등의 원칙	평등한 개인들 간의 차별은 그들의 차지하고 있는 지위(공적이든 사적이든)에 기반하여 발생해야 하며, 그 지위에 대한 기회는 균등하게 개방되어야 한다.
	최소극대화의 원칙 (maximin)	이런 차별성이 사회 내에서 최소의 지위를 점하고 있는 약자들의 효용을 극대화하는 것을 목표로 할 때에만 정당성을 갖는다. 즉, 최소 수혜자에게 최대의 몫이 돌아가야 된다.

10

□○△✕

사회복지사업법상 용어에 대한 설명으로 옳지 않은 것은?

① 사회복지사업이란 도움을 필요로 하는 모든 국민에게 사회복지사업을 통한 서비스를 제공하여 삶의 질이 향상되도록 제도적으로 지원하는 것을 말한다.

② 지역사회복지란 주민의 복지증진과 삶의 질 향상을 위하여 지역사회 차원에서 전개하는 사회복지를 말한다.

③ 사회복지시설이란 사회복지사업을 할 목적으로 설치된 시설을 말한다.

④ 보건의료서비스란 국민의 건강을 보호·증진하기 위하여 보건의료인이 하는 모든 활동을 말한다.

해설

① 사회복지사업이 아닌 사회복지서비스에 대한 설명이다.

- 사회복지사업(사회복지사업법 제2조)

> 1. "사회복지사업"이란 다음 각 목의 법률에 따른 보호·선도(善導) 또는 복지에 관한 사업과 사회복지상담, 직업지원, 무료 숙박, 지역사회복지, 의료복지, 재가복지(在家福祉), 사회복지관 운영, 정신질환자 및 한센병력자의 사회복귀에 관한 사업 등 각종 복지사업과 이와 관련된 자원봉사활동 및 복지시설의 운영 또는 지원을 목적으로 하는 사업을 말한다.

- 사회복지서비스(사회복지사업법 제2조)

> 6. "사회복지서비스"란 국가·지방자치단체 및 민간부문의 도움을 필요로 하는 모든 국민에게 사회보장기본법 제3조 제4호에 따른 사회서비스 중 사회복지사업을 통한 서비스를 제공하여 삶의 질이 향상되도록 제도적으로 지원하는 것을 말한다.

정답 ①

11

□○△✕

한국 사회복지행정의 대표적인 변화 가운데 시기적으로 가장 빠른 것은?

① 사회복지통합관리망 행복e음 구축

② 노인장기요양보험제도 실시

③ 지역복지계획수립 의무화

④ 사회복지시설 및 기관평가제도 도입

해설

④ 사회복지시설 및 기관평가제도 도입 : 1997년

① 사회복지통합관리망 행복e음 구축 : 2010년

② 노인장기요양보험제도 실시 : 2008년

③ 지역복지계획수립 의무화 : 2003년

정답 ④

12

□○△✕

사회복지기관에서 사용하는 예산양식 중 품목예산(Line-Item Budget)에 대한 설명으로 가장 옳지 않은 것은?

① 전체 예상 지출항목을 열거하고 지출비용을 계산하는 방식으로 이루어진다.

② 상대적으로 단순하고 사용하기에 간편하다.

③ 기관의 투입(input)요소에 주의를 집중하는 예산양식이다.

④ 기관이 성취하고자 하는 성과나 목표를 제시한다.

해설

④ 기관이 성취하고자 하는 성과나 목표를 제시하는 것은 성과주의예산이다.

정답 ④

The 알아보기

품목예산(Line-Item Budget)

- 지출 대상을 품목별로 세분화하여 지출 대상과 그 한계를 명확히 규정하는 예산편성방법이다.
- 구입하고자 하는 물품 또는 서비스별로 예산을 편성하는 방법이다.
- 다가올 회계연도에 예상되는 지출의 항목들을 나열하는 방법으로 전년도 예산과의 비교를 통해 평가되며 일정비율의 증액을 기준으로 하는 점증식으로 이루어진다.
- 지출근거가 명확하여 통제 기능이 강하다.
- 회계자에게 유리한 예산편성방법이다.
- 예산의 신축성이 저해된다.
- 예산 증대의 정당성 부여의 근거가 희박하다.
- 예산편성의 이유나 관련 정보를 의사결정자에게 제공하지 못한다.
- 각 항목들에 대한 지출을 프로그램 활동이나 성과, 혹은 목표들과 연계하지 못한다.
- 효율성을 무시한다.

13

☐△✕

사회복지사 윤리강령상 사회복지사의 윤리기준으로 가장 옳지 않은 것은?

① 적법하고도 적절한 논의 없이 동료 혹은 다른 기관의 클라이언트와 전문적 관계를 맺어도 된다.
② 클라이언트의 지불능력에 상관없이 서비스를 제공해야 한다.
③ 전문가단체 활동에 적극 참여하여 사회복지사의 권익옹호를 위해 노력하여야 한다.
④ 기관의 부당한 정책이나 요구에 대해 즉시 사회복지윤리위원회에 보고해야 한다.

해설
① 사회복지사는 적법하고도 적절한 논의 없이 동료 혹은, 다른 기관의 클라이언트와 전문적 관계를 맺어서는 안 된다.

정답 ①

14

☐△✕

사회보장기본법에서 사회보장수급권에 대해 금지하고 있는 행위로 가장 옳지 않은 것은?

① 사회보장수급권은 타인에게 양도할 수 없다.
② 사회보장수급권은 포기할 수 없다.
③ 사회보장수급권은 담보로 제공할 수 없다.
④ 사회보장수급권은 압류할 수 없다.

해설
② 사회보장수급권의 포기(사회보장기본법 제14조)

> ① 사회보장수급권은 정당한 권한이 있는 기관에 서면으로 통지하여 포기할 수 있다.
> ② 사회보장수급권의 포기는 취소할 수 있다.
> ③ 제1항에도 불구하고 사회보장수급권을 포기하는 것이 다른 사람에게 피해를 주거나 사회보장에 관한 관계 법령에 위반되는 경우에는 사회보장수급권을 포기할 수 없다.

①·③·④ 사회보장수급권의 보호(사회보장기본법 제12조)

> 사회보장수급권은 관계 법령에서 정하는 바에 따라 다른 사람에게 양도하거나 담보로 제공할 수 없으며, 이를 압류할 수 없다.

정답 ②

15

☐△✕

사례관리(case management)의 과정을 순서대로 바르게 나열한 것은?

① 기획 → 사정 → 개입 → 점검 → 평가
② 사정 → 기획 → 점검 → 개입 → 평가
③ 사정 → 기획 → 개입 → 점검 → 평가
④ 기획 → 사정 → 점검 → 개입 → 평가

해설
③ 사례관리(case management)의 과정을 순서대로 나열하면 '사정 → 기획 → 개입 → 점검 → 평가'이다.

정답 ③

The 알아보기

사례관리(case management)의 과정

구분	내용
접수	• 만남 : ct의 확인 및 등록 • 문제 확인 : ct의 문제 및 욕구에 대한 개략적 파악 • 오리엔테이션 : 원조의 내용에 대한 상세한 설명 • 계약의 체결
사정	• 클라이언트의 주위환경을 포함한 상황에 대한 집중적이고 체계적인 평가 • 욕구 및 문제 사정, 강점 사정, 자원 사정, 장애물 사정 • ct의 욕구 및 문제의 목록화
계획	• 수집한 정보를 클라이언트에게 도움이 되는 일련의 활동으로 전환 • 목표 설정, 구체적인 계획 수립
개입	• 직접적 서비스 제공 • 간접적 서비스 제공
점검 재사정	• 실시하고 있는 서비스나 조정이 ct가 지역사회에서 잘 적응하도록 유지하고 있는지를 점검하는 단계 • 사례관리가 계획대로 진행되어가고 있는지, 클라이언트가 만족하고 있는지, 어떤 부분에 변화가 필요한지를 파악 • 일정한 기간을 두고 서비스 상황에 대해 지속적인 평가 수행 • 대상자의 자기관리차원, 사회지지망 관리차원, 전문가 관리차원을 고려
평가	• 사례관리자에 의해 형성되고 조정되는 서비스계획, 구성요소, 활동 등이 과연 시간을 투자할 만한 가치가 있는지 여부를 측정하는 과정 • ct에 관한 서비스와 개입계획에 관한 평가 • 목적 달성에 관한 평가 • 사례관리서비스의 전반적인 효과성에 관한 평가 • ct의 만족도에 관한 평가

16

〈보기〉에서 설명한 오류는?

○ △ ×

┤ 보 기 ├

자료분석은 자료가 수집된 이후에 수집된 자료를 분석하고 해석하는 일인데, 이는 이론 또는 실제적 목적과 관련해서 수집된 자료를 일반적으로 통계적 방법을 사용하여 분석하고 분석결과의 의미를 해석하는 과정이다. 이때, 분석단위의 적용상 오류가 발생할 수 있다. 집단 또는 집합체에서 발견된 내용을 개인에게 적용할 때, 즉 특정지역의 노령화비율이 높고 그 지역에 특정 정당지지율도 높다고 해서 해당 지역의 노인이 그 정당을 더 지지한다고 잘못된 결론을 내리는 것을 말한다.

① 퇴행적 오류
② 인과관계적 오류
③ 생태학적 오류
④ 환원주의적 오류

해설
③ 생태학적 오류에 해당한다.

정답 ③

The 알아보기

분석단위의 오류

생태학적 오류	• 어떤 집단을 분석단위로 채택해서 조사연구 한 결과에서 얻은 결론을 다른 분석단위인 개인에 적용시킬 때 범할 수 있는 오류이다. • 집단을 대상으로 한 조사 결과를 개인에 대해서도 적용할 수 있다고 가정할 때 발생하는 오류이다.
환원주의적 (축소주의적) 오류	• 개별수준의 연구결과를 집단수준의 연구결과로 환원시킬 때 발생하는 오류와 변수 및 개념의 종류를 지나치게 한정시키거나 한 가지로 환원시킬 때 나타나는 오류이다. • 넓은 범위에서 인간의 사회적 행위를 이해하기에 적합한 개념이나 변수를 지나치게 한정시키거나 한 가지로 귀착시키려는 경향을 의미한다.
개별주의적 오류	• 개인에게서 밝혀진 내용을 집단이나 사회에 적용할 때 발생하는 오류이다. • 특정 지역에서 지방분권에 대한 개별적인 주장이나 의견이 많다고 해서 그 지역이 보다 분권적인 사회라고 결론을 내릴 때 발생하는 오류이다.

17

엘리자베스 구빈법(The Elizabeth Poor Law, 1601)에 대한 설명으로 가장 옳은 것은?

○ △ ×

① 근로능력이 있는 건강한 빈민(The able-bodied poor)이 교정원 또는 열악한 수준의 작업장에서 강제노역을 하도록 하였다.
② 공동작업장을 설치하여 임금지불과 직업보도 등을 처음 시작하게 되었다.
③ 빈민의 도시 유입을 막기 위해 농촌 노동력의 이동을 통제하는 제도이다.
④ 저임금 노동자의 생활비를 위해서 임금을 보충해주는 빈민의 처우 개선 제도이다.

해설
② 공동작업장을 설치하여 임금지불과 직업보도 등을 처음 시작하게 된 것은 작업장법(1722)이다.
③ 빈민의 도시 유입을 막기 위해 농촌 노동력의 이동을 통제하던 제도는 정주법(1662)이다.
④ 저임금 노동자의 생활비를 위해서 임금을 보충해주는 빈민의 처우 개선 제도는 스핀햄랜드법(1795)이다.

정답 ①

18

☐△✕

사회복지사업법 시행규칙상 사회복지관의 사업 중 지역조직화 기능으로 옳지 않은 것은?

① 서비스연계사업
② 주민조직화사업
③ 자원개발 및 관리사업
④ 복지네트워크 구축사업

해설

②・③・④ 사회복지사업법 시행규칙상 사회복지관의 사업 중 지역조직화 기능으로는 복지네트워크 구축, 주민조직화, 자원개발 및 관리 등이 있다.

정답 ①

사회복지관의 사업(사회복지사업법 시행규칙 별표3)

기능	사업분야	사업 및 내용
사례관리 기능	사례발굴	지역 내 보호가 필요한 대상자 및 위기 개입대상자를 발굴하여 개입계획 수립
	사례개입	지역 내 보호가 필요한 대상자 및 위기 개입대상자의 문제와 욕구에 대한 맞춤형 서비스가 제공될 수 있도록 사례개입
	서비스 연계	사례개입에 필요한 지역 내 민간 및 공공의 가용자원과 서비스에 대한 정보 제공 및 연계, 의뢰
서비스 제공 기능	가족기능 강화	1. 가족관계증진사업 2. 가족기능보완사업 3. 가정문제해결・치료사업 4. 부양가족지원사업 5. 다문화가정, 북한이탈주민 등 지역 내 이용자 특성을 반영한 사업
	지역사회 보호	1. 급식서비스 2. 보건의료서비스 3. 경제적 지원 4. 일상생활 지원 5. 정서서비스 6. 일시보호서비스 7. 재가복지봉사서비스
	교육문화	1. 아동・청소년 사회교육 2. 성인기능교실 3. 노인 여가・문화 4. 문화복지사업
	자활지원 등 기타	1. 직업기능훈련 2. 취업알선 3. 직업능력개발 4. 그 밖의 특화사업
지역 조직화 기능	복지 네트워크 구축	지역 내 복지기관・시설들과 네트워크를 구축함으로써 복지서비스 공급의 효율성을 제고하고, 사회복지관이 지역복지의 중심으로서의 역할을 강화하는 사업 – 지역사회연계사업, 지역욕구조사, 실습지도
	주민 조직화	주민이 지역사회 문제에 스스로 참여하고 공동체 의식을 갖도록 주민조직의 육성을 지원하고, 이러한 주민협력강화에 필요한 주민의식을 높이기 위한 교육을 실시하는 사업 – 주민복지증진사업, 주민조직화 사업, 주민교육
	자원 개발 및 관리	지역주민의 다양한 욕구 충족 및 문제해결을 위해 필요한 인력, 재원 등을 발굴하여 연계 및 지원하는 사업 – 자원봉사자 개발・관리, 후원자 개발・관리

19

☐○△✕

길버트(Gilbert)와 테렐(Terrell)이 제시한 사회복지정책 분석틀의 네 가지 구성요소로 옳지 않은 것은?

① 할당(allocation)의 기반
② 사회적 위험(social risks)의 포괄 범주
③ 전달체계(delivery)의 전략
④ 급여(social provision)의 형태

해설

①·③·④ 길버트(Gilbert)와 스펙트(Specht)는 사회복지정책을 분석하는 기준으로 급여대상(할당), 재원, 전달체계, 급여의 형태를 제시하였다.

정답 ②

20

☐○△✕

〈보기〉와 같은 실천 개입기술에 해당하는 것은?

┤보 기├

ㄱ. 클라이언트의 말, 행동, 생각 간에 모순을 지적하는 것
ㄴ. 클라이언트가 특정 행동이나 경험 혹은 생각에서 벗어나도록 하거나 그런 쪽으로 행동을 취할 수 있도록 도움을 제공하는 것

	ㄱ	ㄴ
①	재보증(reassurance)	재명명(reframing)
②	직면(confrontation)	격려(encouragement)
③	중재(mediation)	격려(encouragement)
④	조언	정보 제공

해설

• 직면(confrontation) : 클라이언트가 내면에 지니고 있는 자기 자신에 대한 그릇된 감정(현실의 경험과 일치되지 않는 감정)이 자기 자신이 알지 못했던 자기 기만적인 행동 형태임을 인정하게 하는 것이다. 워커가 클라이언트가 미처 깨닫지 못하고 있거나 인정하기를 거부하는 생각과 느낌에 대해 주목하도록 하는 것으로서, 언어적 행동과 비언어적 행동이 불일치되는 점을 깨닫게 하기 위해 사용되는 기법이다.

• 격려(encouragement) : 격려란 개인들이 삶에 대처하는 긍정적인 태도를 증진시켜 행동과 도전을 할 수 있도록 돕는 행위이다. 클라이언트가 말을 하도록 격려하기 위해서 워커는 클라이언트를 수용하는 자세를 보여주고 비심판적 태도를 보여줘야 한다.

• 재보증(reassurance) : 사회복지사가 신뢰를 표현함으로써 클라이언트의 자신감을 향상시키는 기법이다.

• 재명명(reframing) : 부정적인 의미를 긍정적인 의미로 변화시키는 기법이다.

• 중재(mediation) : 갈등이나 알력을 해소시킬 수 있는 도움을 제공하는 기법이다.

• 조언 : 해결점을 찾지 못하고 있는 클라이언트에게 도움이 될 수 있는 말을 해주는 기법이다.

• 정보 제공 : 클라이언트의 당면 문제 해결에 필요한 정보를 제공하는 기법이다.

정답 ②

실전모의고사

사회복지직 9급

빼박 모의고사

시간 체크 적정 시간:100분 시작 시간 ____ : ____ 종료 시간 ____ : ____ 소요 시간 ____ : ____
OMR 마킹 마지막 페이지에 있는 OMR 답안지를 이용하여 실전처럼 모의고사를 풀어보시기 바랍니다.

제 **1** 과목 국 어

01

비통사적 합성어로만 묶인 것은?

① 흔들바위, 건널목, 가져오다, 새빨갛다, 곶감
② 덮밥, 오르내리다, 보슬비, 감발, 높푸르다
③ 꿈꾸다, 어린이, 작은아버지, 새사람, 빛나다
④ 척척박사, 새언니, 돌다리, 장군감

02

맞춤법이 적절하지 않은 것은?

① 비빌 언덕이 따로 있지 능력도 없는 나에게 개갤 거야?
② 우리 할머니는 할아버지를 주책스러운 영감이라 고 놀리신다.
③ 5월이 되자 신록의 내음과 창포의 향기가 나의 코를 자극했다.
④ 나뭇잎이나 돌, 흙도 아이들에게는 훌륭한 놀이감이 된다.

03

띄어쓰기가 바르지 않은 것은?

① 나는 배고픈 것은 조금도 못 참는다.
② 그는 목적을 이루기 위해 수단과 방법을 안 가리는 사람이다.
③ 공부를 못 한다고 열등감을 가질 필요는 없다.
④ 이번 시험에서 우리 중 안되어도 세 명은 합격할 것 같다.

04

다음 글을 고쳐쓰기 위한 생각으로 적절하지 않은 것은?

> ○○ 지방 경찰청장님께
> 제가 출퇴근을 위해 매일 지나는 ○○ 역과 □□ 사거리 사이에는 제한 속도를 시속 30킬로미터로 낮춰 놓은 '생활 도로 구역'과 학교 앞 '어린이 보호 구역'이 존재하는데, 제한 속도가 시속 60킬로미터인 곳과 시속 40킬로미터인 곳이 마구 뒤섞여 있어서, 5분 정도 운전하는 동안 제한 속도가 일곱 번이나 ㉠ 바뀌어지는 혼란을 경험할 수밖에 없습니다. ㉡ 이런 혼란은 교통사고 발생 위험의 직접적인 원인입니다. 시속 30킬로미터 제한이 해제된다는 표지판을 지나자마자 속도를 낸 자동차가 행인을 칠 뻔 하는 상황을 저는 거의 매일 목격하고 있습니다. ㉢ 이처럼 과속하는 삶과 달리 느림의 미학은 우리가 놓치고 있던 여유와 풍요, 관용의 태도를 보장해 주곤 합니다. 따라서 이 구간의 전체 제한 속도를 시속 30킬로미터로 하향 통일할 필요가 있다고 생각합니다.
> 물론 생활 도로의 제한 속도가 현재 너무 높게 정해져 있다는 것은 비단 이 구간만의 문제가 아닙니다. ㉣ 우리 ○○시 전체 도로 중 약 60퍼센트가 생활 도로인데 이중 제한 속도를 낮춘 곳은 10퍼센트 미만이라고 알고 있기 때문입니다. 생활 도로에서의 교통사고와 자동차 주행 속도 간의 연관성을 고려하여, 우리 시 생활 도로 전체의 주행 제한 속도를 과감하게 낮추어 주실 것을 강력히 건의합니다.
> – 2019년 1월 1일 시민 □□□ 드림 –

① ㉠ : 불필요한 이중 피동 표현이므로 '바뀌는'으로 수정해야 한다.
② ㉡ : 문장 성분 간 호응 관계를 고려하여 '직접적인 원인이 됩니다.'로 고쳐야 한다.
③ ㉢ : 글 전체의 통일성에서 벗어나 있고 문맥상 불필요한 문장이므로 삭제해야 한다.
④ ㉣ : 내용의 흐름을 고려하여 바로 앞 문장과 서로 위치를 바꾸어야 한다.

05

단어의 밑줄 친 부분의 음이 다른 것은?

① 忖<u>度</u>　　　② 限<u>度</u>
③ 制<u>度</u>　　　④ 態<u>度</u>

06

'위치적 외부성'을 배운 학생들이 선생님의 지시에 따라 관련 사례를 설명하고 있다. 잘못 이해한 학생은?

테니스 선수 그라프는 1992년에 우승을 통해 거액을 벌었지만, 유독 숙적인 셀레스에게는 계속해서 패하였다. 그러나 이듬해 셀레스가 사고를 당해 더 이상 경기에 참여할 수 없게 되자, 그라프는 경기 능력에 큰 변화가 없었음에도 불구하고 이후 승률이 거의 두 배 이상 상승했다. 이에 따라 우승 상금은 물론 광고 출연 등의 부수적 이익 또한 전보다 크게 증가했다.

이런 현상은 '위치적 외부성'의 개념으로 설명된다. 한 사람의 보상이 다른 사람의 행동에 영향을 받음에도, 그에 대한 대가를 받지도 지불하지도 않는 현상을 외부성이라고 한다. 특히 자신의 상대적 위치에 따른 보상이 다른 경쟁자의 상대적 성과에 부분적으로 의존하는 것을 위치적 외부성이라고 한다. 위치적 외부성이 작용할 경우에 자신의 상대적 위치를 향상시키는 모든 수단은 반드시 다른 경쟁자의 상대적 위치를 하락시킨다. 그라프의 사례는 경쟁자의 성과에 의해 자신의 위치적 보상이 크게 상승했음을 보여 주는 좋은 예이다.

① 민수 : 대통령 선거에서 특정 후보의 사퇴가 나머지 후보들의 당선 여부에 영향을 미칠 수 있어.
② 영철 : 프로 야구 개막식에 유명 가수들이 공연하면 관중이 크게 늘어나 참가 선수들이 출전 수당을 많이 받게 돼.
③ 진희 : 명품 가방이나 명품 신발을 싸게 사기 위해 판매 사흘 전부터 길게 줄을 서는 사람들을 봤어.
④ 수진 : 최근에는 또래 아이들보다 초등학교를 한두 해 늦게 입학하면 학업 성취도가 상대적으로 높을 것이라고 생각하기 때문에, 부모들이 자녀의 취학을 미루고 있어.

07

다음은 방송 대담의 일부이다. 진행자가 수행한 역할로 적절하지 않은 것은?

진행자 : 자외선 A의 차단 효과를 표시하는 단위인 PA는 플러스 한 개나 두 개 정도, 자외선 B의 차단 효과를 표시하는 단위인 SPF는 30~50 정도를 가급적 외출 30분 전에 바르고 2~3시간마다 덧바르라고 하셨는데요. 저는 아침에 세수하고 나서 바르는 건 괜찮은데, 낮 시간대에는 한 번 덧바르기도 어렵더라고요. 도움이 되는 말씀 부탁드립니다.

전문의 : 화장을 하지 않은 사람들은 얼굴에 그냥 자외선 차단제를 바르면 되지만, 화장을 한 사람들은 화장한 얼굴에 자외선 차단제를 덧바른다는 것이 어려운 게 사실이죠. 그래서 요즘 화장품 중에는 자외선 차단 성분이 들어 있는 게 있으니, 그런 제품의 도움을 받으면 좋을 것 같습니다.

진행자 : 예, 그렇군요. 그런데 햇빛이 우리 몸에 좋은 역할을 하는 부분도 있죠?

전문의 : 그렇습니다. 일단 햇볕을 쬐어야 우리 몸에서 비타민 D가 합성돼서 뼈를 건강하게 할 수 있습니다. 또한 햇볕을 충분히 쬐면 수면에도 도움이 될 수 있습니다.

① 진행자는 전문의의 말을 요약하여 정리하고 있다.
② 진행자는 자신의 경험을 토대로 이야기를 하고 있다.
③ 진행자는 전문의의 답변에 대해 추가로 보충 질문을 하고 있다.
④ 진행자는 자신이 알고 있는 지식을 바탕으로 전문의의 동의를 유도하고 있다.

08

다음 중 밑줄 친 부분의 의미로 가장 적절한 것은?

권투 선수는 링 위에서 싸우다가, 3분이 흐르면 세컨드가 기다리는 구석 자리의 <u>코너 스툴</u>로 돌아간다. 그는 거기에서 1분 동안 피도 뱉고 물도 마시고 사타구니에 바람도 넣고 세컨드의 훈수도 듣고 하다가는 공이 울리면 한결 가벼워진 걸음걸이로 다시 싸움터로 나선다. 구석 자리의 코너 스툴이 없으면 권투 선수는 얼마나 고단할 것인가. 미국 네바다 주의 황량한 열사(熱砂) 지대에는 '오아시스'라는 말이 들어간 상호(商號)가 유난히 많다.

권투 선수가 아닌 나에게도 구석 자리가 있다. 그래서 나는 그 구석 자리로 돌아가 보고는 한다. 삶은 싸움이 아닐 것인데도 어쩐지 자꾸만 싸움 같아 보일 때면, 그 싸움을 싸우다 지쳤다 싶을 때면 돌아가 보고는 한다. 대구 근교의 소도시 경산(慶山)에 있는 기이한 은자(隱者)의 과수원으로 돌아가 보고는 한다.

내가 '도회(都會)의 은자'라고 부르기도 하는 은사 일모 선생의 과수원을 나는 번잡한 세상 한가운데 자리 잡은 고요한 중심, 소용돌이 한중간의 부동의 중심이라고 부른다. 바꾸로 말하자면, 바퀴 테에서 가장 멀고, 굴대에서 가장 가까운 곳이다. 굴대도 돌기는 돈다. 하지만 그 회전은 오르내림이 극심한 가장자리의 회전과는 사뭇 다르다.

– 이윤기, 「숨은그림찾기 1–직선과 곡선」 –

① '소도시'와 같이 본연의 기능을 상실한 공간이다.
② '과수원'과 같이 번잡한 상황에서 비켜선 공간이다.
③ 사막의 '오아시스'처럼 안정된 휴식이 지속되는 공간이다.
④ '바퀴 테'와 같이 오르내림이 극심한 가장자리의 공간이다.

09

다음 중 등장인물에 대한 이해로 적절하지 않은 것은?

양반이란 사족(士族)을 높여 부르는 말이다. 정선 고을에 한 양반이 있었는데 어질고 글 읽기를 좋아하였으므로, 군수가 새로 도임하게 되면 반드시 몸소 그의 오두막 집에 가서 인사를 차렸다. 그러나 집이 가난하여 해마다 관청의 환곡을 빌려 먹다 보니, 해마다 쌓여서 그 빚이 1천 섬에 이르렀다. 관찰사가 고을을 순행하면서 환곡 출납을 조사해 보고 크게 노하여,

"어떤 놈의 양반이 군량미를 축냈단 말인가?"

하고서 그 양반을 잡아 가두라고 명했다. 군수는 그 양반이 가난하여 보상을 할 길이 없음을 내심 안타깝게 여겨 차마 가두지는 못하였으나, 그 역시도 어찌할 수 없는 일이었다. 양반이 어떻게 해야 할 줄을 모르고 밤낮으로 울기만 하고 있으니, 그의 아내가 몰아세우며,

"당신은 평소에 그렇게 글 읽기를 좋아하더니만 현관(縣官)에게 환곡을 갚는 데에는 아무 소용이 없구려. 쯧쯧 양반이라니, 한 푼자리도 못 되는 그놈의 양반."

이라 했다.

① '아내'는 '양반' 때문에 생계의 고통을 겪고 있으며, '양반'을 직접적으로 비난하고 있다.
② 군수는 양반의 어려운 형편을 불쌍하게 생각하지만 도와줄 방법을 찾지 못하고 있다.
③ 관찰사는 백성들의 어려운 사정을 고려하지 않고 경제적인 측면만을 강조하고 있어 '양반'과 함께 부정적인 인물로 그려지고 있다.
④ 가난함에도 글만 읽는 양반의 모습은 조선 후기 몰락한 양반의 위선적인 생활 모습을 나타내는 것이다.

10

○△✕

다음 글의 중심 내용으로 가장 적절한 것은?

남녀 간에 성차가 존재한다고 보는 이들은 그 원인을 환경적 요인이나 유전적 요인으로 설명한다. 유전적 설명에서는 남녀가 몇 가지 특성에서 차이를 보이는 것은 유전적인 요인 때문이라고 주장한다. 반면에 환경적 설명에서는 성차가 사회적·교육적 환경 때문에 생긴다고 주장하면서 유전적인 설명 자체에 강하게 반발한다.

성차의 원인이 무엇이든 간에 차이는 오직 평균적으로 존재할 뿐이다. 남성의 공간 지각 능력의 우월성을 설명하기 위해 제시된 유전적 가설까지도 여성의 1/4이 남성의 절반보다 공간 지각 능력이 더 뛰어날 것이라고 설명하고 있다. 실제로 주변에서 남성보다 공간 지각 능력이 뛰어난 여성을 쉽게 찾아볼 수 있다. 그러므로 유전적 설명이 맞든 안 맞든 간에, 너는 여자니까 엔지니어가 될 수 없다든지 너는 남자니까 아기를 돌볼 수 없다든지 하는 단정을 해서는 안 된다.

우리가 사람들을 제대로 이해하기 위해서는 그들을 '남성'이나 '여성'이라고 한 덩어리로 뭉뚱그려서는 안 된다. 우리는 그들 각각을 하나의 개별체로 보고 접근해야 한다. 성차가 유전적으로 존재한다는 과학적인 근거가 입증된다고 해도 그렇다. 하물며 단순히 편견에 의존해서 집단 간에 차이를 부여하는 경우는 더 말할 나위가 없다.

① 인간을 이해하는 올바른 방법
② 성별에 따른 차이의 과학적 근거
③ 평균적으로 존재하는 남녀 간의 차이
④ 남성보다 공간 지각 능력이 뛰어난 여성

11

○△✕

밑줄 친 단어의 풀이가 잘못된 것은?

① 아내는 남편을 사박스럽게 몰아붙였다.
→ 사박스럽다 – 성질이 보기에 독살스럽고 야멸친 데가 있다.
② 아주머니는 눈치 없이 계속 새살스럽게 호들갑을 피웠다.
→ 새살스럽다 – 성질이 차분하지 못하고 가벼워 말이나 행동이 실없이 부산한 데가 있다.
③ 젊은이가 성질이 너무 뒤넘스러우면 욕이 부모에게 간다.
→ 뒤넘스럽다 – 주제넘게 행동하여 건방진 데가 있다.
④ 정 과장은 너무 꼼발라서 남편감으로는 최고라 할 수 있다.
→ 꼼바르다 – 마음이 넓고 지나치게 후하다.

12

○△✕

밑줄 친 말의 쓰임이 옳은 것은?

① 머리를 짧게 깎으니 실재 나이보다 훨씬 젊어 보였다.
② 그는 조직 운용에 대한 책임을 지고, 사장직에서 물러났다.
③ 진정한 봉사는 다른 사람의 알음을 바라지 않는다.
④ 인수위원회는 여의도에 사무실을 임대하여 사용하기로 결정했다.

13

〈보기〉에 대한 설명으로 옳지 않은 것은?

┌─ 보기 ┐
ㄱ. 배가 물 위에 뜨다. → 민수는 배를 물 위에 띄웠다.
ㄴ. 철수가 책을 읽었다. → 선생님께서 철수에게 책을 읽히셨다.
ㄷ. 어머니는 아이에게 약을 먹이셨다. → 어머니는 아이에게 약을 먹게 하셨다.
└────────────────┘

① ㄱ의 '띄웠다'는 '뜨+-이우-+-었-+-다'가 '띄웠다'로 된 경우로 사동접사가 이중으로 사용되었다.
② ㄴ은 '철수'가 직접 동작을 하는 주동문을 '선생님'이 '철수'에게 동작을 하게 하는 사동문으로 바꾸었다.
③ ㄱ의 자동사 '뜨다', ㄴ과 ㄷ의 타동사 '읽다, 먹다'를 사동형으로 만들면 모두 타동사가 된다.
④ ㄷ의 두 사동문은 사동사에 의한 문장이든 '-게 하다'에 의한 문장이든 문장의 의미는 동일하다.

14

밑줄 친 한자 표기가 옳은 것은?

① 그녀는 꿈을 이루기 위하여 친구와의 만남을 止揚하였다.
② 학교 운동장에서 국회의원 후보자의 誘說가 열렸다.
③ 이 약은 약효의 遲速 시간이 8시간이다.
④ 煙役의 대표적 사례는 삼단 논법이다.

15

밑줄 친 한자성어의 쓰임이 적절하지 않은 것은?

① 오늘은 우리나라 축구 대표 팀이 일본 대표 팀과 乾坤一擲의 승부를 펼치는 날이다.
② 할아버지께서 잘살 수 있었던 이유는 당신께서 젊으셨을 때 가난하였어도 見蚊拔劍하셨기 때문이다.
③ 그 나라가 부정부패를 척결하지 않아서 쇠락한 것을 우리나라는 反面教師로 삼아야 할 것이다.
④ 조선 시대 대부분의 신하들은 민생은 돌보지 않고 尸位素餐하는 경우가 많았다.

16

'고령화 시대의 노인 복지 문제'에 관한 글을 쓰기 위해 글감을 수집하였다. 글감을 활용하는 방안으로 적절하지 않은 것은?

┌─ 보기 ┐
㉠ 정부 통계 자료에서 : 노령화 지수 추이

연도	1990	2000	2010	2020	2030
노령화 지수	20.0	34.3	62.0	109.0	186.6

※ 노령화 지수 : 유년 인구 100명당 노령 인구

㉡ 신문 기사에서 : 경제 활동 인구 한 명당 노인 부양 부담이 크게 증가할 것으로 예상된다. 노인 인구에 대한 의료비 부담 증가로 건강 보험 재정도 위기 상황에 처할 수 있을 것으로 보인다. 향후 노인 요양 시설 및 재가(在家) 서비스를 위해 부담해야 할 투자 비용도 막대하다.

㉢ 정년 퇴직한 사람과의 인터뷰에서 : "연금 보험이나 의료 보험 같은 혜택도 중요하지만 우리 같은 노인이 경제적으로 독립할 수 있도록 일자리를 만들어 주는 것이 정작 중요하지 않을까?"
└────────────────┘

① ㉠ : 노령화 지수가 지속적으로 증가한다는 것을 활용하여 노인 복지 문제의 필요성을 밝혀야 한다.
② ㉡ : 고령화 시대로 인해 노인 부양 부담금이 증가함으로써 여러 가지 사회 문제가 나타날 것으로 서술한다.
③ ㉠, ㉢ : 노인 인구의 증가가 예상되면서 노인들이 진정으로 원하는 새로운 노인 복지 대책의 필요성을 이야기한다.
④ ㉡, ㉢ : 고령화 시대에 노인들이 처한 가장 큰 문제점은 경제력이다. 따라서 정부는 연금 보험이나 의료 보험 같은 혜택보다는 일자리를 만들어 주어야 한다.

17

☐△✕

다음 글의 내용을 이해한 것으로 적절하지 않은 것은?

사진은 하나의 고립된 이미지이다. 시간적으로 한 순간이 잡히고 공간적으로 일부분이 찍힐 뿐, 연속된 시간과 이어진 공간이 그대로 찍히지 않는다. 현실이 현실 그대로 나타나지 않는 한, 사진은 결국 한 개의 이미지, 즉 영상일 뿐이다. 따라서 사진에 대한 이해는 사진이 시간적으로 분리되고 공간적으로 고립되어 현실과 따로 떨어진 곳에서 홀로 저를 주장하는 독자적 영상이라는 인식에서부터 출발해야 한다.

근대 사진은 현실이 그대로 사진의 내용이었기 때문에 현실을 어떻게 사진으로 수용할 것인가가 유일한 문제였다. 근대 사진은 현실이 포장지에 불과하다는 것을 간과하고 있었다. 간과한 것이 아니라 현실이야말로 사진이 포장해야 할 내용물로 간주하고 있었다. 따라서 현실을 있는 그대로 재현하는 데 그들의 능력을 집중시켰으며, 영상의 왜곡은 물론, 작가의 주관마저도 가능한 한 배제하고자 노력을 했다.

그에 비해 현대 사진은 현실을 포장지로밖에 생각하지 않는다. 작가의 주관적 사상이나 감정, 곧 주제를 표현하기 위한 하나의 소재로 현실을 인식한다. 따라서 사진이 추구하는 바가 현실의 재현이 아니다 보니 현대 사진은 연출을 마음대로 하고, 온갖 기법을 동원해 현실을 재구성하기도 한다. 심지어 필름이나 인화지 위에 인위적으로 손질을 가해 현실성을 지워 버리기도 한다. 현실이 왜곡되는 것에 아무런 구애를 받지 않는 것이다.

① 현대 사진은 주제를 표현하기 위한 소재로 현실을 인식한다.

② 근대 시대의 작가들은 현실을 그대로 재현하기 위해 자신의 주관을 가능한 한 배제하려고 노력했다.

③ 사진을 올바르게 이해하기 위해서는 사진이 독자적 영상이라는 인식을 가져야 한다.

④ 근대 사진과는 달리 현대 사진은 현실을 부각하기 위해 필름이나 인화지 위에 인위적으로 손질을 가해 현실을 왜곡한다.

18

☐△✕

다음 중 시어에 대한 설명으로 적절하지 않은 것은?

(가)

동쪽 바다에는 큰 고래 날뛰고	東溟有長鯨
서편 국경에는 사나운 멧돼지 있건만	西塞有封豕
강가 초소엔 잔약한 병졸 울부짖고	江堡哭殘兵
바닷가 진지엔 굳센 보루 없구나.	海壖無堅壘
조정에서 하는 일 옳지 않거니	廟算非良籌
몸을 사리는 것이 어찌 대장부랴!	全軀豈男子
훌륭한 제 주인을 얻지 못하니	寒風不再生
명마는 속절없이 귀 수그리네.	絶景空垂耳
뉘라서 알리오 초야에 묻힌 사람	誰識衣草人
웅심¹⁾이 하루에도 천 리를 달리는 줄.	雄心日千里

　　　　　　　　　　　　　　- 임제, 「잠령민정(蠶嶺閔亭)」 -

(나)

님다히²⁾ 소식을 어떻게든 알자 하니
오늘도 거의로다 내일이나 사람 올까.
내 마음 둘 데 없다 어디로 가잔 말가.
잡거니 밀거니 높은 뫼에 올라가니
구름은 물론이고 안개는 무슨 일가.
산천이 어두운데 일월(日月)을 어찌 보며
지척(咫尺)을 모르는데 천리를 바라보랴.
차라리 물가에 가 뱃길이나 보려 하니
바람이야 물결이야 어수선히 되었구나.
사공은 어디 가고 빈 배만 걸렸는가.
강천(江天)에 혼자 서서 지는 해를 굽어보니,
님다히 소식이 더욱 아득하구나.

　　　　　　　　　　　　　　- 정철, 「속미인곡(續美人曲)」 -

[어휘 풀이]
1) 웅심 : 웅대하게 품은 마음
2) 님다히 : 임 계신 곳

① (가)의 '동쪽 바다'는 위기의 공간이고, (나)의 '높은 뫼'는 탈속의 공간이다.

② (가)의 '굳센 보루'와 (나)의 '일월(日月)'은 화자의 소망을 반영하고 있다.

③ (가)의 '웅심'과 (나)의 '바람'은 화자의 내면과 관련이 있다.

④ (가)의 '천 리'는 화자의 능력, (나)의 '천리'는 임과의 거리감을 나타낸다.

19

〈보기〉의 밑줄 친 부분에 해당하는 언어의 기능은?

┤보기├

"오늘은 꼭 돈을 받고 말겠어."

주인은 혼잣말로 중얼거리며 가게로 들어섰다. 여자가 보이지 않았다.

"안에 누구 없어요?"

주인은 가게를 둘러보며 큰 소리로 여자를 찾았다.

"아, 오셨군요. 식사는 하셨어요?"

방 안에 있던 여자가 문틈으로 얼굴을 내밀며 말을 건넸다.

"사글세가 여러 달 밀려 있다는 건 알고 계시죠?"

"네, 알고 있어요. 하지만 이번에도 형편이 안 되네요. 우선 밀린 거 한 달치만 받아 가시면 안 될까요?"

① 표현적 기능
② 친교적 기능
③ 감화적 기능
④ 관어적 기능

20

다음은 '들다'에 대한 표준국어대사전의 설명이다. 탐구 결과로 적절하지 않은 것은?

┤보기├

들다¹「동사」
① 밖에서 속이나 안으로 향해 가거나 오거나 하다.
¶ 숲속에 드니 공기가 훨씬 맑았다.
② 빛, 볕, 물 따위가 안으로 들어오다.
¶ 이 방에는 볕이 잘 든다.

들다²「동사」
① 비나 눈이 그치고 날이 좋아지다.
¶ 날이 들면 떠납시다.
② 흐르던 땀이 그치다.
¶ 시원한 바람이 불어 땀이 금방 들었다.

들다³「동사」
① 손에 가지다.
¶ 꽃을 손에 든 신부

① '들다¹'과 '들다²'는 음은 같지만 의미가 다른 동음이의어의 관계로 볼 수 있다.
② '들다¹'은 ①의 뜻을 활용하여 '들어서다', '들어오다'와 같은 합성어를 만들 수 있다.
③ '들다³' ①의 뜻의 유의어로 '쥐다'나 '올리다' 등을 생각할 수 있다.
④ '꽃은 해가 잘 드는 데 심어야 한다.'에서 '드는'은 '들다¹'의 ②의 뜻으로 이해할 수 있다.

제 2 과목 영 어

※ 다음 밑줄 친 단어의 의미와 가장 가까운 것을 고르시오. [01~02]

01   ☐ ○ △ ×

> Thanks to its <u>bold</u> creativity, Adidas is one of the most successful and remarkable brands today.

① inborn
② bankrupt
③ fastidious
④ audacious

02   ☐ ○ △ ×

> In order to meet new people, it is good to be <u>sociable</u> and talkative.

① outdated
② depressed
③ gregarious
④ lucrative

※ 다음 빈칸에 들어갈 말로 가장 적절한 것을 고르시오. [03~05]

03   ☐ ○ △ ×

> Stop _____ and let your readers know what these essentials are.

① burning the midnight oil
② beating around the bush
③ keeping her fingers crossed
④ letting the cat out of the bag

04   ☐ ○ △ ×

> China itself is eager to _____ the escalated tension because it is in China's interest to keep the Korean peninsula nuclear-free.

① affirm
② trigger
③ reserve
④ abate

05

The Seoul-based LG baseball team dominated the regular season displaying _____ plays.

① diligent
② flawless
③ callous
④ instinctive

06

다음 중 어법상 옳은 것은?

① I kept silent at the meeting, knowing not what to say.
② She knows better than to do such terrible a thing.
③ Only with the approval can scientists begin their study.
④ I learned the Sun was the center of the solar system.

07

다음 빈칸에 들어갈 표현으로 가장 적절한 것은?

A : Jim's still making very basic mistakes on the job.
B : I know. The time has come to let him go.
A : You don't want to give him one last chance?
B : _____

① Better not to hire someone so inexperienced.
② No, I'd rather leave it up to Jim.
③ He'd have to make a huge mistake for that to happen.
④ There's no use in dragging things out.

08

우리말을 영어로 잘못 옮긴 것은?

① 그를 꼭 일곱 시에 공항에서 차로 태우도록 해라.
→ Please be sure to pick him up at seven at the airport.
② 그들의 음악은 내가 듣기에 너무 난해하다.
→ It is too difficult for me to listen to their music.
③ 그가 그동안 성취한 것은 칭찬받아 마땅하다.
→ That he has accomplished so far is worth praising.
④ 그는 매우 정직한 소년이어서 우리를 속이지 않을 것이다.
→ He is so honest a boy that he won't deceive us.

09

어법상 빈칸에 들어가기에 가장 적절한 것은?

_____, adopted children surely have the right to know the truth.

① It may be as painful
② May be painful as it
③ Painful as it may be
④ Since it may be painful

10

다음 ㉠, ㉡에 들어갈 말로 가장 적절한 것은?

A coincidence can ㉠ as an occurrence of two events at the same time, or a situation ㉡ two events occur in an unexpected way.

	㉠	㉡
①	define	which
②	be defined	which
③	define	in which
④	be defined	in which

11

다음 글의 목적으로 가장 적절한 것은?

The City Education Office has ordered all schools in our community to close. This order is because of the flu epidemic in our area. Effective immediately, all schools are closed until further notice. All children should stay home. Schools may be closed for up to a week to reduce contact among students and stop the spread of the flu. Because the flu is easily spread from person to person, it is not safe for large groups of people to gather. During this time, students should stay away from other people and groups as much as possible. For more information, visit our website at www.rochis.hs.org. We will contact you as soon as we have updates on when schools will reopen. Thank you for your assistance and support.

① 감염병 방역대책 수립을 촉구하려고
② 교육 당국에 방학 연장을 요청하려고
③ 독감 예방접종의 주의사항을 알리려고
④ 유행성 독감으로 인한 휴교를 공지하려고

12

다음 글의 주제로 가장 적절한 것은?

Some performers make weird noises with their mouths while acting. Why? The basic reason for this is dry mouth, and the resulting sounds are small clicks. One way to prevent dry mouth is to watch what you eat before going into a session or while on break. Foods high in dairy, coffee, and soda should be avoided. There are many performers who practically live on coffee and are lucky enough not to have these problems. However, it's always best to have fresh water with you and take a drink every so often. It will keep your mouth wet. And make sure it is room-temperature water, because refrigerated water tends to constrict your throat.

* constrict : 수축시키다

① relationship between mouth structure and voice
② foods that are not good for improving your voice
③ necessity of increasing coffee intake of performers
④ tips on avoiding dry mouth during the performance

13

다음 글의 요지로 가장 적절한 것은?

From their earliest introduction, mechanical timepieces have been used not only to mark the beginning and ending of activities, but to dictate their scheduling. They regulate the speed of action and, as critics like Thoreau and West feared, the very pace of society. Clock time has revolutionized the cadence of daily life. It requires an uncompromising regularity in the passage of events. To management, it may seem that the repetitive, rhythmic beat of the clock is what drives production. To social critics, on the other hand, it often seems to underlie a vast temporal monotony. Both sides would agree, however, that more often than not, the regularity of the clock has pushed the pace of events faster than ever before; for many, this pace is well beyond their range of comfort.

* cadence : 박자

① 시계로 인해 일정 관리가 더 수월해졌다.
② 시계의 규칙성이 삶의 속도를 더 빠르게 했다.
③ 시계의 발명은 진보된 문명의 필연적 결과였다.
④ 인류는 시계에 의해 통제되는 사회를 지향했다.

14

다음 글에서 전체 흐름과 관계없는 문장은?

Male ballet dancers. Female firefighters. To some people, these descriptions may seem odd. There are identities that some people believe are "male" or "female" roles. One reason for this is that there are stereotypes for what it means to be male and female. ① For example, people may think of stereotypes such as ballet shoes, pink leotards, and princess-like ballerinas when they think of the dance. ② For the ballet dancers, the most important part of ballet is to be able to completely draw the audience into the magic of the ballet. ③ These thoughts are female stereotypes so some people may laugh if they think of a man wanting to be a ballet dancer. ④ In fact, because ballet is a very difficult activity that requires a lot of strength as well as athletic talent, males are quite suitable for ballet.

* leotard : (체조 · 발레 연습 등에 입는 몸에 달라붙는) 운동복

다음 ㉠, ㉡에 들어갈 말로 가장 적절한 것은?

Goodwill is hard to define. It is about the potentially good attitude that a customer has about a particular store. A store earns the goodwill of its customers by the way it treats them and by the things it does for them. ㉠ , a store may earn a customer's goodwill because it has always been easy for the customer to return items there. Goodwill might be earned by a store because of past instances of helping customers with excellent service. ㉡ , goodwill might be earned by a store whose efforts to please a customer have gone above and beyond levels that are normally expected. Every shopper will be able to relate stories of stores or salespeople that have earned their praise for exemplary services.

	㉠	㉡
①	For instance	Similarly
②	For instance	In contrast
③	However	Similarly
④	Therefore	Instead

다음 글의 제목으로 가장 적절한 것은?

If the self is the sum of our thoughts and actions, then the first inescapable fact is that these depend on brains. Thoughts and actions are not exclusively the brain because we are always thinking about and acting upon things in the world with our bodies, but the brain is primarily responsible for coordinating these activities. In effect, we are our brains or at least, the brain is the most critical body part when it comes to who we are. We can transplant or replace many parts of the body, but most people would regard the patient to be essentially the same person after the operation. However, if a brain transplant were possible, then even though the patient may look the same as he or she come out of the anaesthetic, most of us believe that he or she would be someone different—more like the person who donated his or her brain in the first place. It is no exaggeration to say that who we are rests on our brain.

* anaesthetic : 마취약

① Brain Science Can Make You Live Forever!
② Is Your Brain Really Smarter than My Brain?
③ It's the Brain that Makes You Become Yourself
④ Brain Transplant : The Last Unexplored Medical Field

다음 빈칸에 들어갈 단어로 가장 적절한 것은?

A memorable example of creative problem solving comes from Monty Python's movie, *Monty Python and the Holy Grail*. In a scene in this low-budget movie you hear horses coming toward you through a thick fog. As they get closer, you realize that there are no horses—just a soldier banging two coconuts together to make a sound like the clopping of horses' hooves. The budget was so low that they couldn't afford horses. As an alternative, the actors decided to bang two coconut shells together to create the sound. This scene, which would have been shot with horses, is so much funnier with coconuts instead. By asking the question, "How can we re-create the sound of horses?" as opposed to "How do we get horses?" the range of solutions shifts dramatically. Whenever you are in a situation with _____, think of coconuts for inspiration.

① heightened risk
② severe constraints
③ low levels of confidence
④ a digital environment

다음 빈칸에 들어갈 표현으로 가장 적절한 것은?

There's a distinct relationship between your perception of pain and how you experience it. If you're having fun playing football and experience a minor cut on your finger, you are likely not to feel the pain until the fun ends. However, if you are sitting in a quiet office, slightly bored and irritated and a little unhappy when you get a paper cut, the chances are that cut will really hurt because you have nothing to distract you. The mind perceives pain subjectively. If you are distracted from your pain, you are less likely to focus on it and less likely to register it. For example, you have probably had the experience of suffering some minor injury, like a bruise or a paper cut, without realizing it. And then, suddenly, when you see it, only then do you begin to feel it. So _____.

① the treatment of pain depends on its cause
② you can benefit from pain therapy
③ pain does not necessarily cause suffering
④ everyone perceives emotions in their own way

글의 흐름으로 보아, 주어진 문장이 들어가기에 가장 적절한 곳은?

> Yet, in a sense in which sleep is a periodical rest from activity, plants do exactly this.

We use the word 'sleep' to mean a condition in which we become more or less unconscious. (①) People who are sound asleep see and hear nothing, even though their subconscious brain may be working. (②) With this definition in mind, we can say that plants do not sleep as we do. (③) Many plants are inactive during winter, so it is during this time that they are said to 'sleep.' (④) A green plant that has shed its leaves cannot make starch, sugar, woody fiber, buds or flowers. It is not dead, but in a state of sleep by not working to make living tissues.

Paul MacCready에 관한 다음 글의 내용과 일치하지 않는 것은?

Paul MacCready was born in 1925 in New Haven, Connecticut. He began flying in his teens and received formal flight training in the U.S. Navy during World War II. In 1956, he became the first American to become the World Soaring Champion. He made history in 1977, when his Gossamer Condor became the first human-powered aircraft to achieve maneuverable flight. He also created the Gossamer Penguin, the world's first successful solar-powered airplane. MacCready did not limit himself to the development of unique aircraft. In 1990, his collaboration with General Motors resulted in the Impact, an electric car that could accelerate from zero to 60 mph in eight seconds. Paul MacCready's contributions to flight technology were recognized formally in 1991, when he was inducted into the Aviation Hall of Fame.

* maneuverable : 조종할 수 있는

① 2차 세계 대전 동안에 정식 비행훈련을 받았다.
② 8초 만에 시속 60마일까지 가속할 수 있는 전기 차를 혼자 힘으로 만들어냈다.
③ 세계 최초의 태양열 비행기를 만들어냈다.
④ 1991년에 항공 명예의 전당에 추대되었다.

01

□△☒

다음 중 우리나라 신석기 시대에 관한 설명으로 옳은 것은?

① 조, 피, 보리, 콩 등의 잡곡류를 주로 경작하였다.
② 가락바퀴와 뼈바늘을 통해 옷과 그물을 직조한 원시적 수공업이 발달하였다.
③ 이 시대의 토기로는 이른 민무늬 토기, 덧무늬 토기, 붉은 간토기 등이 대표적이다.
④ 집터 모양은 직사각형 모양에서 점차 원형 또는 모서리가 둥근 형태로 바뀌어갔다.

02

□△☒

다음 사료의 ㉠, ㉡, ㉢의 내용으로 옳지 않은 것은?

> • ㉠ 은 큰 나라 사이에서 시달리고 괴롭힘을 당하다가 마침내 ㉡ 에게 복속되었다. ㉡ 은 그 나라 사람 가운데 대인을 뽑아 사자로 삼아 토착 지배층과 함께 통치하게 하였다.
> • ㉢ 은 대군장이 없고 한대(漢代) 이후로 후, 읍군, 삼로 등의 관직이 있어 하호를 통치하였다. 풍속은 산천을 중요시하여 산과 내마다 구분이 있어 함부로 들어가지 않는다.
>
> – 「삼국지」 위지 동이전 –

① ㉢에서는 철(凸)자 형, 여(呂)자 형 모양의 집터가 발견되기도 하였다.
② ㉠은 식량과 소금 및 어물이 풍부하며, 일종의 매매혼과 관련된 풍속이 발달하였다.
③ ㉡은 신석기 시대 이래로의 부족 사회 전통을 가지고 있어 책화 및 족외혼의 풍속이 발달했고, 방직 기술 또한 발달했었다.
④ ㉡은 모계 사회의 전통에서 이어져 온 신부 집의 노동력 손실을 보상해 주는 봉사혼의 풍속이 있었다.

03

□△☒

다음 시기 백제의 역사적 사실로 적합하지 않은 것은?

> 고구려가 군사를 일으켜 왔다. 왕이 이를 듣고 패하 강변에 군사를 매복시켰다가 그들이 이르기를 기다려 급히 치니, 고구려 군사가 패하였다. 겨울에 왕이 태자와 함께 정예 군사 3만을 거느리고 고구려에 쳐들어가 평양성을 공격하였다. 고구려 왕 사유가 힘을 다해 싸워 막다가 빗나간 화살(流矢)에 맞아 죽었다. 왕이 군사를 이끌고 물러났다.
>
> – 「삼국사기」 –

① 나주 지역까지 내려간 목지국을 병합하고 마한 전 지역을 통합하여 남해안까지 영토를 확장하였다.
② 고구려 장수왕의 압박을 견제하기 위해 신라의 눌지 마립간과 군사 동맹을 맺었다.
③ 중국의 선진 문물을 가야 소국들에 전해주면서 가야에 대한 정치적 영향력을 키웠다.
④ 남중국의 동진과 외교 관계를 수립하고, 불교를 수용하였다.

04

□△☒

가야에 관한 설명으로 옳은 것을 고른 것은?

> ㉠ 5세기 이전 전기 가야 연맹의 중심지는 김수로가 건국한 금관가야의 김해 지역이었다.
> ㉡ 가야의 토기 제작 기술은 일본에 전해져 스에키 토기 제작에 영향을 주었다.
> ㉢ 6가야 연맹은 한강 이남 지역인 삼한 중에서 진한 일대에서 형성되었다.
> ㉣ 계단식 돌무지무덤 형태는 가야 일대에서만 발견되는 전형적인 무덤 형태였다.

① ㉠, ㉡   ② ㉠, ㉣
③ ㉡, ㉢   ④ ㉡, ㉣

05

○△✕

다음 중 신라의 삼국 통일 직후인 신라 중대의 불교에 대한 설명으로 옳지 않은 것은?

① 불교의 대중화가 이루어지면서 아미타 신앙과 관음 신앙이 민간에 퍼지게 되었다.
② 원효는 화쟁 사상으로 일심 사상을 내세우며 「금강삼매경론」, 「대승기신론소」 등을 저술하였다.
③ 조형미술이 발달하여 조화와 균형을 추구하면서 불국토의 이상향을 실현하고자 하였다.
④ 개인의 깨달음을 강조하는 선종 불교가 지방 세력과 결탁하여 크게 성장하였다.

06

○△✕

다음 사료에 관련된 시대상에 관한 설명으로 옳은 것은?

> 승려 도의가 서쪽으로 바다를 건너가 당나라 서당대사의 깊은 뜻을 보고 지혜의 빛이 스승과 비슷해져서 돌아왔으니, 그가 그윽한 이치를 처음 전한 사람이다. …… 그러나 메추라기의 작은 날개를 자랑하는 무리들이 큰 붕새가 남쪽으로 가려는 높은 뜻을 헐뜯고, 기왕 공부했던 경전을 외우는 데만 마음에 쏠려 이것을 마귀 같다고 다투어 비웃었다. 그래서 도의는 빛을 숨기고 자취를 감추어 서울에 갈 생각을 버리고 마침내 북산에 은둔하였다.

① 적극적인 한화정책을 펼치며 국호를 사로국에서 한자식 표현인 신라로 바꾸었다.
② 거듭된 흉년과 자연재해와 감염병에도 불구하고 중앙의 왕실과 귀족은 온갖 사치와 향락을 일삼았다.
③ 감무를 속군과 속현에 파견하여 지방에 대한 통제력을 강화하였다.
④ 왕권의 전제화가 강화되면서 관료전을 지급하고, 녹읍을 폐지하여 귀족의 특권을 제한하였다.

07

○△✕

다음 중 고려의 정치 기구에 관한 설명으로 옳지 않은 것은?

① 재부의 중서문하성과 추부의 상서성 등 양부가 고려 정치의 핵심 기관이었다.
② 중서문하성의 재신과 중추원의 추신이 모여 국가 중대사를 의논하던 기관이 도병마사이다.
③ 중추원은 송의 영향을 받아 설치된 기관으로 국방과 관련된 군사 기밀, 국왕 비서 기관의 역할을 담당하였다.
④ 고려의 재정 담당 기관은 호부와 회계 기관인 삼사였다.

08

○△✕

다음 ㉠, ㉡에 들어갈 기관에 대한 설명으로 옳은 것은?

> 이고, 정중부와 이의방 등 무신들은 무신 정변을 일으켜 정권을 장악했다. 이들 무신 정권은 (㉠)을 중심으로 권력을 행사하면서 주요 관직을 독점하고 토지와 노비를 늘려 나갔다. 이후 집권한 최충헌은 (㉡)을 설치하여 막강한 권력을 행사하였다.

① ㉠ – 상장군과 대장군의 합좌 기관으로 16명의 무신들로 구성되어 있었다.
② ㉠ – 이 기구는 무신 최고 회의 기구였으나, 최고 책임자는 문하시중이었다.
③ ㉡ – 이 기관은 경대승이 설치하고, 최충헌이 더욱 강화시킨 사병적 성격의 기관이다.
④ ㉡ – 좌별초, 우별초, 신의군으로 조직된 기구로 개경 환도에 반대하여 대몽항쟁을 하였다.

09

○△✕

다음 중 고려 시대의 화폐에 대한 설명으로 옳은 것은?

① 고려에서는 원의 지폐에 영향을 받아 공민왕 때 '저화'라는 지폐가 만들어졌으나 곧 발행이 중단되었고, 조선 태종 때 재발행이 되었다.
② 고려 숙종 때 지눌의 건의로 '주전도감'을 설치하여 삼한통보, 해동통보, 동국통보, 활구(은병) 등을 발행하였다.
③ 고려 성종 때에는 최초의 화폐이자 철전인 '건원중보'를 발행했으나, 자급적 경제 구조로 인하여 전국적 유통에는 실패하였다.
④ 활구(은병)는 일상생활에서 주로 거래하는 데 사용되던 화폐였다.

10

○△✕

다음 내용을 주장한 승려들에 대한 설명으로 가장 적절한 것은?

> (가) 교(敎)를 배우는 사람은 나를 버리고 외(外)를 구하려는 경향이 강한 반면, 선(禪)을 익히는 사람들은 인연 이론을 잊어버리고, 내조만 좋아하나니, 이 모두가 편비된 것이다. 그러므로 양자를 고루 갖추어 안팎으로 모두 조화를 이루어야 한다.
> (나) 항상 선(禪)을 익히고 지혜를 고르는 데 힘쓰고, 예불하고 경전을 읽으며 힘들여 일하는 것에 이르기까지 각자 맡은 바 임무에 따라 경영한다.

① (가)는 송광사를 중심으로 수선사 결사 운동을 통해 교종의 입장에서 선종을 통합하고자 하였다.
② (가)는 인종의 후원을 받아 흥왕사에 교장도감을 설치하고 속장경을 간행하였다.
③ (나)는 목우행과 같은 꾸준한 수행을 강조하면서 정혜쌍수와 돈오점수를 주장하였다.
④ (나)는 유불일치설을 주장하여 양명학을 수용할 수 있는 사상적 토대를 마련하였다.

11

○△✕

다음에서 (가) 인물의 활동으로 옳지 않은 것은?

> 중종은 유교 정치를 실현시키기 위해 이들을 본격적으로 등용하였다. 이후, 3사의 언관직을 차지하고 자신들의 의견을 공론이라 표방하면서 위훈 삭제 등 급진적인 계획을 추진하였다. 그러나 이에 대한 공신들의 반발로 인해 (가) 을 비롯한 그 세력 대부분이 제거 되었다.

① 도학 정치의 이상을 바탕으로 중종 때 중앙 정계로 진출하였다.
②「소학」과「주자가례」를 중시하고, 도교 행사 기관인 소격서를 폐지하였다.
③ 방납의 폐단을 시정하기 위해 대공수미법을 주장하여 정책에 반영되었다.
④ 천거를 바탕으로 한 현량과를 실시하여 사림의 등용문을 마련하였다.

12

○△✕

다음 중에서「조선 왕조 실록」에 대한 설명으로 옳지 않은 것은?

① 왕실의 공식 행사의 진행 절차를 그림을 첨부하여 상세하게 기록한 것으로, 임진왜란 이후부터 제작되었다.
② 사초, 시정기,「승정원일기」, 조보 등을 참고하여 춘추관의 실록청에서 담당하였다.
③ 국법으로 국왕의 열람은 금지되었고, 왕 사후에 편찬하는 것이 원칙이었다.
④ 왕과 대신이 국정을 논의하는 것을 예문관의 한림이 사관으로 참가하여 말과 행동을 기록했는데, 이를 사초라고 한다.

13

다음 자료에 나타난 시기의 경제 상황으로 옳지 않은 것은?

> 이현(梨峴)과 칠패(七牌)는 모두 난전(亂廛)이다. 도고 행위는 물론 집방하여 매매하는 것이 어물전의 10배에 이르렀다. 또 이들은 누원점의 도고 최경윤, 이성노, 엄차기 등과 체결하여 동서 어물이 서울로 들어오는 것을 모두 사들여 쌓아두었다가 이현과 칠패에 보내서 난매(亂賣)하였다.
>
> – 「각전기사」 –

① 농촌의 장시를 하나의 유통망으로 연계시킨 상인으로, 생산자와 소비자를 이어주는 데 보부상이 큰 역할을 하였다.

② 강경포, 원산포 등이 상업 중심지로 성장하면서, 포구를 거점으로 선상(경강상인), 객주, 여각 등이 활발한 상행위를 하였다.

③ 청과의 교역 증가로 은의 수요가 증대되면서 광산 개발에 활기를 띠었다.

④ 의주의 만상과 동래의 내상 사이에서 중계무역을 하던 송상은 인삼 거래와 조선업을 바탕으로 성장하였다.

14

(가)와 (나)의 인물에 대한 설명으로 옳은 것은?

> (가) 주자의 이론에 조선의 현실을 반영하여 나름대로의 체계를 세우고자 하였다. 그의 사상은 도덕적 행위의 근거로서 인간 심성을 중시하고, 근본적이며 이상주의적인 성격이 강하였다. 대표적인 저서로 「성학십도」가 있다.
>
> (나) 현실적이며 개혁적인 성격을 가지고 있었다. 그는 「성학집요」 등을 저술하여 16세기 조선 사회의 모순을 극복하는 방안으로 통치 체제의 정비와 수취 제도의 개혁 등 다양한 개혁안을 제시하였다.

① (가)의 사상은 17세기에 남인으로 계승되어 왕권 강화에 크게 기여하였다.

② (가)는 학문을 시작하는 아동들을 위한 교육서인 「격몽요결」을 저술하였다.

③ (나)의 학통을 이어받은 붕당은 광해군 시기에 집권하여 중립외교를 펼쳤다.

④ (나)는 예안 향약을 통해 향촌 사회의 질서 유지 및 교화에 노력하였다.

15

다음 주장을 펼친 인물의 저서로 옳은 것은 몇 개인가?

> 지금의 법관은 흠휼(欽恤)해야 한다는 말에 홀려 사람의 죄는 너그럽게 용서되어야 한다고만 생각하며 법을 운용한다. 대개 형벌의 등급을 낮추어 참형에 처할 자를 유배시키고, 유배할 자를 징역형에 처하고, 징역형에 처할 자를 장형(杖刑)에 처하니, 이는 곧 법조문을 농락하고 업신여기는 것일 뿐 무슨 흠휼의 의미가 있겠는가?

㉠ 「목민심서」	㉡ 「동국문헌비고」
㉢ 「성호사설」	㉣ 「열하일기」
㉤ 「탕론」	㉥ 「흠흠신서」
㉦ 「아방강역고」	㉧ 「주해수용」

① 4개 ② 5개
③ 6개 ④ 7개

16

○△×

다음 제시된 요구 사항을 주장한 사건의 주도 세력에 관한 설명으로 옳은 것은?

- 문벌을 폐지하여 인민 평등의 권리를 제정할 것
- 규장각과 혜상공국을 혁파할 것
- 모든 국가 재정을 호조에서 관할하게 할 것

① 청의 양무운동의 영향을 받아 동도서기와 같은 점진적 개혁을 추구하였다.
② 이들은 미국의 지원을 받아 우정국 개국 축하연에서 갑신정변을 일으켰다.
③ 이들은 급진적이고 구조적 개혁을 추구하며 문명 개화를 주장하였다.
④ 위 내용을 주장한 세력은 청에서 서양 무기 제조 기술자와 귀국하여 기기창을 설치하였다.

17

○△×

다음 조약에 관한 설명으로 옳은 것을 모두 고르면?

조선은 부산 등 개항장에 일본인이 와서 통상을 하도록 허가한다. …(중략)… 조선 연해의 도서와 암초를 조사하지 않아 매우 위험하니 일본국 항해자가 자유로이 해안을 측량하도록 허가한다.

㉠ 해안측량권과 치외법권, 영사재판권을 허용한 불평등 조약이었다.
㉡ 부산을 시작으로 원산과 인천을 일본에 차례로 개항하였다.
㉢ 개항장 밖 50리까지 일본인에 대한 무역과 여행을 허용하였다.
㉣ 초량에 전관거류지를 설치하고 수출입 물품에 대한 5%의 관세를 부과하였다.

① ㉠, ㉡
② ㉠, ㉢
③ ㉡, ㉢
④ ㉢, ㉣

18

○△×

다음에서 설명하고 있는 독립 운동 단체와 관련이 없는 것은?

- 이 단체의 중심인물은 안창호, 양기탁, 신채호 등이다.
- 서북 지방의 기독교인들이 다수 참가한 항일 비밀 결사 조직이다.
- 공화정체의 근대 국가 수립을 목표로 하였다.

① 기관지로 독립신문을 발행하고 사료 편찬 위원회를 설치하여 「한 · 일 관계 사료집」을 발간하였다.
② 평양의 자기회사와 평양과 대구의 태극서관을 설립하여 민족 산업 육성에 노력하였다.
③ 일제가 날조한 105인 사건을 계기로 국내에서 이 조직이 해체되었다.
④ 이회영 5형제의 헌신으로 남만주 유하현 삼원보에 독립 운동 기지를 건설하고 신흥강습소를 설치하였다.

19

○△×

다음 사료가 해당되는 시기의 내용으로 알맞은 것을 고르면?

1. 나는 대일본 제국의 신민이다.
2. 나는 마음을 다해 천황폐하께 충의를 다진다.
3. 나는 인고 단련하여 훌륭하고 강한 국민이 된다.

㉠ 학도지원병제, 징용과 징병, 정신근로대와 위안부 등 인적 자원을 수탈하였다.
㉡ 회사령을 폐지하고 일본에서 들어오는 상품에 대한 관세를 결국 철폐하게 되었다.
㉢ 내선일체와 일선동조를 내걸고, 이름과 성을 일본식으로 고치도록 강요하였다.
㉣ 사회주의 사상을 탄압하기 위하여 치안유지법을 발표하였다.

① ㉠, ㉡
② ㉠, ㉢
③ ㉠, ㉢, ㉣
④ ㉢, ㉣

20

다음 중 남북이 최초 공동으로 선언한 내용으로 옳은 것은?

> ㉠ 남과 북은 상대방에 대하여 무력을 사용하지 않으며 상대방을 무력으로 침략하지 아니한다.
> ㉡ 남과 북은 나라의 통일을 위한 남측의 연합제 안과 북측의 낮은 단계의 연방제 안이 서로 공통성이 있다고 인정하고 이 방향에서 통일을 지향시켜 나가기로 하였다.
> ㉢ 통일은 외세에 의존하거나 외세의 간섭을 받음이 없이 자주적으로 해결해야 한다.
> ㉣ 사상과 이념, 제도의 차이를 초월하여 우선 하나의 민족으로서 민족적 대단결을 도모하여야 한다.

① ㉠, ㉡
② ㉡, ㉢
③ ㉢, ㉣
④ ㉠, ㉣

제4과목 사회복지학개론

01

□△✕

다음 중 평가에 관한 설명으로 옳지 않은 것은?

① 평가로 인해 새로운 시도를 하기 어렵게 되는 부작용이 생길 수 있다.
② 형성평가는 프로그램의 수정 · 변경 · 중단에 대한 여부를 결정한다.
③ 평가의 목적 중 하나는 사회적 요구를 파악하는 것이다.
④ 비용—편익분석은 효과성을 측정하며 타 프로그램과의 비교를 포함한다.

02

□△✕

다음 중 사회복지실천의 이념적 배경으로 옳지 않은 것은?

① 인도주의는 빈곤이나 장애를 클라이언트의 책임으로 돌렸다.
② 사회진화론은 사회통제의 기능을 갖는다.
③ 개인주의는 수혜 자격의 축소를 초래했다.
④ 민주주의는 클라이언트의 자기결정권을 강조하였다.

03

□△✕

다음 중 사회복지정책의 가치에 관한 설명으로 옳은 것은?

① 가치는 사회복지정책의 목표가 아니라 수단이다.
② 비례적 평등 가치를 실현하려면 자원배분 기준이 먼저 정해져야 한다.
③ 보험수리 원칙은 결과의 평등 가치를 반영한다.
④ 적극적 자유는 타인의 간섭이나 구속으로부터의 자유를 뜻한다.

04

□△✕

다음 중 정책결정이론에 관한 설명으로 옳지 않은 것은?

① 최적모형 – 초합리성까지 고려하여 제시한 거시적 의사결정모형이다.
② 합리모형 – 목표달성을 극대화할 수 있는 최선의 정책대안을 찾는 정책결정모형이다.
③ 혼합모형 – 불확실성이 높은 조직에서 발생하는 의사결정모형이다.
④ 만족모형 – 정책결정자가 주관적 합리성을 추구한다.

05

□△✕

국민기초생활보장법상 국민기초생활보장에 대한 설명으로 옳지 않은 것은?

① 수급자 및 차상위자는 상호 협력하여 자활기업을 설립 · 운영할 수 있다.
② 국가 또는 시 · 도가 직접 수행하는 보장업무에 드는 비용은 국가 또는 해당 시 · 도가 부담한다.
③ 부양의무자란 수급권자를 부양할 책임이 있는 사람으로서 수급권자의 1촌의 직계혈족 및 그 형제자매를 말한다.
④ 급여의 종류에는 생계급여, 주거급여, 의료급여, 교육급여, 해산급여, 장제급여, 자활급여가 있다.

36   사회복지직 9급 빼박 모의고사

06

다음 중 사회복지실천모델에 대한 설명으로 옳지 않은 것은?

① 과제중심모델은 시간제한성·명확한 목표·예리한 초점·체계적 이행의 특징을 가진 계획된 단기치료적 개입모형이다.
② 위기개입모델은 특별한 상황에 처한 개인 집단에게 그 긴박한 상황을 극복할 수 있는 원조를 제공하는 모델이다.
③ 인지행동모델은 외부적으로 드러나는 행동에 대한 개입으로 상호간에 보상교환을 통하여 원만한 사회관계를 형성할 수 있도록한다.
④ 생활모델은 체계이론과 생태학이론에 기반을 둔 생태체계이론을 이론적 배경으로 하는 접근방법으로 개별사회사업의 주요 방법이다.

07

다음 중 사회복지행정의 특성에 관한 설명으로 옳은 것은?

① 사회복지조직은 외부환경에 대한 의존성이 낮다.
② 일선 사회복지사는 클라이언트에게 재량권을 행사해서는 안 된다.
③ 서비스 대상으로서 인간을 가치중립적 존재로 가정한다.
④ 클라이언트가 서비스 생산과정에 참여하여 영향을 미친다.

08

다음 중 티트머스가 제시한 복지의 사회적 분화 유형과 그 예로 옳지 않은 것은?

① 사회복지 – 국가에 의한 국민기초생활보장제도 운영
② 직업복지 – 기업에서 제공하는 여러 가지의 사회복지급여
③ 재정복지 – 가계의 의료비 지출에 대한 소득공제
④ 민간복지 – 종교기관이 노숙인에게 제공하는 무료급식

09

다음 중 우리나라 사회복지행정의 변화에 관한 설명으로 옳지 않은 것은?

① 1987년부터 사회복지전문요원이 배치되기 시작하였다.
② 1995년 분권교부세를 도입하면서 재정분권이 본격화되었다.
③ 1997년 정신보건전문요원으로서 정신보건사회복지사 자격제도를 도입하였다.
④ 2000년부터 사회복지전담공무원의 직렬이 별정직에서 일반직 사회복지직으로 전환되었다.

10

다음 중 사회복지정책 발달이론에 대한 설명으로 옳지 않은 것은?

① 수렴 이론에 의하면 사회복지정책은 이데올로기의 영향에 의하여 발전한다.
② 다원주의 이론은 엘리트주의(Elitism)와 대비되는 이론으로, 사회정책을 여러 이익집단 간의 민주적 타협의 결과라고 본다.
③ 사회통제론은 사회정책과 노동규범을 강화하기 위한 엘리트의 음모라는 관점으로 사회정책의 진정한 수혜층은 지배층이라고 본다.
④ 조합주의 이론은 사회정책이 소수의 힘 있는 이해집단과 국가 간의 비공식적, 비의회적 타협을 통해 이루어진다고 본다.

11

□△✕

다음 중 비에스텍(F. Biestek)이 제시한 관계의 기본 원칙과 설명이 옳게 연결된 것은?

① 개별화 – 편견이나 고정관념 없이 클라이언트 개인의 경험을 존중하는 것이다.
② 비심판적 태도 – 문제의 원인과 상황을 객관적으로 판단하지 않는 것이다.
③ 자기결정 – 클라이언트의 상황에 관계없이 모든 클라이언트의 선택권을 보장하는 것이다.
④ 의도적 감정표현 – 사회복지사 자신의 감정을 적극적으로 드러내는 것이다.

12

□△✕

다음 중 의사결정 방법에 관한 설명으로 옳지 않은 것은?

① 브레인스토밍은 아이디어의 양보다 질이 중요하며 능동적 참여가 중요하다.
② 명목집단기법은 감정이나 분위기상의 왜곡현상을 피할 수 있다.
③ 델파이기법은 전문가로부터 정보를 수집하여 합의를 얻으려 할 때 적용할 수 있다.
④ 대안선택 흐름도표는 '예'와 '아니오'로 답할 수 있는 연속적 질문을 통해 예상되는 결과를 결정한다.

13

□△✕

다음 〈보기〉 중 마셜의 시민권에 대한 설명으로 옳은 것만 묶은 것은?

┌─── 보기 ───
ㄱ. 대체로 공민권 → 정치권 → 사회권 순으로 발전했다.
ㄴ. 사회권은 복지국가의 이념적 기초가 되었다.
ㄷ. 보충적 모형에 대한 이론적 근거를 제공하였다.
ㄹ. 인간다운 생활을 보장받는 것과 관계가 깊다.

① ㄱ, ㄴ, ㄷ 　② ㄱ, ㄴ, ㄹ
③ ㄴ, ㄷ, ㄹ 　④ ㄱ, ㄷ, ㄹ

14

□△✕

사회복지 실천과정(접수 – 자료 수집 및 사정 – 개입 – 평가 및 종결) 중 접수단계의 주요 과업으로 옳지 않은 것은?

① 클라이언트에게 기관의 서비스와 원조과정에 관한 안내를 한다.
② 자격요건, 이용절차, 비용 등에 대해 상세하게 설명한다.
③ 클라이언트가 기관에서 제공하는 서비스를 받을 수 있는지에 대해 결정한다.
④ 클라이언트가 필요한 자원을 찾아 활용하도록 클라이언트와 자원을 연결시켜준다.

15

□△✕

다음 중 불평등도에 관한 설명으로 옳은 것은?

① 로렌츠곡선은 완전평등선에서 아래쪽으로 볼록할수록 평등함을 나타낸다.
② 시장소득 기준 지니계수와 가처분소득 기준 지니계수의 차이는 간접세의 재분배효과를 의미한다.
③ 10분위 분배율은 소득이 낮은 1~4등급까지의 소득합계를 소득이 가장 높은 9~10등급의 소득합계로 나눈 비율로서 중간계층의 소득을 파악할 수 있다는 장점이 있다.
④ 상대적 빈곤은 한 사회의 평균적인 생활수준과 비교하여 빈곤을 규정하는 것으로 그 사회의 불평등 정도와 관계가 깊다.

16

생태체계이론에 대한 설명으로 옳지 않은 것은?

① 개인과 환경 간의 지속적이고 순환적인 교류과정을 이해한다.
② 개인적 욕구와 환경적 욕구 사이의 조화와 균형 정도를 파악한다.
③ 생태도를 활용하여 미시, 중간, 거시 체계들 사이의 자원과 에너지의 흐름을 파악한다.
④ 생태체계이론은 체계의 변화 속성만을 강조한 반면 일반체계이론은 변화와 동시에 체계의 유지기능을 동등하게 중시한다.

17

다음 중 권리구제에 관한 설명으로 옳은 것은?

① 장기요양인정 처분에 관하여 이의가 있는 자는 국민건강보험공단에 심사청구를 할 수 있고, 이 결정에 불복하는 자는 장기요양심사위원회에 심사청구를 할 수 있다.
② 장애인복지조치에 이의가 있을 때 그 장애인의 법정대리인은 심사청구를 할 수 없다.
③ 국민기초생활보장급여 수급자 결정 처분에 이의가 있는 경우, 사회복지전담공무원을 거쳐 시장·군수·구청장에게 이의신청을 할 수 있다.
④ 공단의 처분에 이의가 있는 자와 심사청구 또는 재심사청구에 대한 결정에 불복하는 자는 행정소송법으로 정하는 바에 따라 행정소송을 제기할 수 있다.

18

다음 중 변수에 관한 설명으로 옳지 않은 것은?

① 외생변수는 독립변수와 종속변수 간의 관계를 대안적으로 설명할 수 있다.
② 통제변수는 독립변수와 종속변수 간의 허위적 관계를 밝히는 데 활용된다.
③ 매개변수와 통제변수는 같은 의미이다.
④ 종속변수는 결과변수로서 독립변수에 의해 변이 값을 가진다.

19

다음 중 사회복지조직 이론과 그 특징의 연결로 옳은 것은?

① 상황이론 : 모든 조직의 이상적 관리방법은 같다고 본다.
② 제도이론 : 조직의 생존을 위한 적응기제를 주목한다.
③ 정치경제이론 : 외부 자원에 의존이 강한 사회복지조직에는 설명력이 약하다.
④ 동기위생이론 : 조직외부 환경의 영향을 중요하게 인식한다.

20

다음 중 국민연금법상 유족연금에 관한 설명으로 옳은 것은?

① 유족의 범위에서 자녀는 19세 미만이어야 한다.
② 가입기간이 7년 이상인 가입자였던 자가 사망한 경우에 지급한다.
③ 배우자인 수급권자가 재혼하면 수급권은 소멸된다.
④ 연금보험료를 낸 기간이 가입대상기간의 4분의 1 이상인 가입자였던 자가 사망한 경우 유족연금을 지급한다.

01

□△✕

다음 중 판례가 재량행위로 본 경우는 몇 개인가?

ㄱ 지방병무청장의 공익근무요원소집처분
ㄴ 음주측정거부를 이유로 한 운전면허취소
ㄷ 개발제한구역 내에서의 건축물 용도변경허가
ㄹ 도시지역 안에서 토지의 형질변경행위를 수반하는 건축허가
ㅁ 자동차운수사업법상 자동차운송알선사업의 등록처분
ㅂ 개인택시운송사업면허

---

① 2개   ② 3개
③ 4개   ④ 5개

02

□△✕

대집행에 관한 설명으로 옳지 않은 것은?(다툼이 있는 경우 판례에 의함)

① 행정대집행에 있어서 1차 계고에 이어 2차 계고를 행한 경우, 2차 계고는 새로운 행정처분이 아니다.
② 대집행영장에 의한 통지는 비상시 등 그 절차를 취할 여유가 없는 경우 당해 수속을 거치지 아니하고 대집행을 할 수 있다.
③ 대집행을 실시하기 위하여 지출한 비용은 국세징수법의 예에 의하여 징수할 수 있다.
④ 행정상 의무이행확보수단으로 행정대집행의 절차가 인정되는 경우에도 따로 민사소송의 방법으로 의무이행을 구할 수 있다.

03

□△✕

행정상 손실보상에 대한 설명으로 가장 타당한 것은?(다툼이 있는 경우 판례에 의함)

① 손실보상액 산정에 있어 당해 공공사업과 관계 없는 다른 사업의 시행으로 인한 개발이익은 배제하지 아니한 가격으로 평가하여야 한다.
② 공공용지의 취득 및 손실보상에 관한 특례법에 의한 협의취득은 공법상 계약에 해당한다.
③ 영업의 폐지와 휴업의 구별기준은 실제로 이전하였는지에 따라 판단하며, 영업을 다른 장소로 이전이 가능한지에 따라 구별하는 것은 아니다.
④ 이주대책의 실시여부는 입법자의 입법정책적 재량의 영역에 속하더라도 이주대책 대상자에서 세입자를 제외하고 있는 토지보상법 시행령 제40조 제3항 제3호는 헌법에 위반된다.

04

□△✕

다음 중 판례가 선행행위와 후행행위 간의 하자의 승계를 인정한 경우는 모두 몇 개인가?

ㄱ 개별공시지가결정과 과세처분
ㄴ 안경사시험의 합격무효처분과 안경사면허취소처분
ㄷ 직위해제처분과 면직처분
ㄹ 택지개발예정지구의 지정과 택지개발계획의 승인
ㅁ 보충역편입처분과 공익근무요원소집처분

---

① 2개   ② 3개
③ 4개   ④ 5개

05

행정행위의 성격에 대한 설명으로 옳지 않은 것은?(다툼이 있는 경우 판례에 의함)

① 친일반민족행위자 재산의 국가귀속에 관한 특별법 제3조 제1항 본문, 제9조 규정들의 취지와 내용에 비추어 보면, 같은 법 제2조 제2호에 정한 친일재산은 친일반민족행위자재산조사위원회가 국가귀속결정을 하여야 비로소 국가의 소유가 된다.

② 민법상 재단법인의 정관변경 허가는 법률행위의 효력을 보충해 주는 것이지 일반적 금지를 해제하는 것이 아니므로, 그 법적 성격은 인가에 해당한다.

③ 도시 및 주거환경정비법에 따른 토지 등 소유자에 대한 사업시행인가처분은 사업시행계획에 대한 보충행위로서의 성질을 가지는 것이 아니라 정비사업 시행권한을 가지는 행정주체로서의 지위를 부여하는 일종의 설권적 처분의 성격을 가진다.

④ 구 표시·광고의 공정화에 관한 법률 위반을 이유로 한 공정거래위원회의 경고의결은 사업자의 자유와 권리를 제한하는 행정처분에 해당된다.

06

공법상 계약에 대한 설명으로 옳지 않은 것은?(다툼이 있는 경우 판례에 의함)

① 행정청이 자신과 상대방 사이의 근로관계를 일방적인 의사표시로 종료시켰다고 하더라도 곧바로 그 의사표시는 행정청으로서 공권력을 행사하여 행하는 행정처분에 해당한다고 단정할 수 없다.

② 구 공공용지의 취득 및 손실보상에 관한 특례법에 따른 토지 등의 협의취득에 기한 손실보상금의 환수통보는 사법상의 이행청구에 해당하는 것으로서 항고소송의 대상이 되는 행정처분이라고 할 수 없다.

③ 옴부즈맨 채용계약은 공법상 계약에 해당한다.

④ 중소기업기술정보진흥원장이 갑 주식회사와 중소기업 정보화지원사업 지원대상인 사업의 지원에 관한 협약을 체결하였는데, 협약이 갑 회사에 책임이 있는 사업실패로 해지되었다는 이유로 협약에서 정한 대로 지급받은 정부지원금을 반환할

것을 통보한 것은 항고소송의 대상이 되는 처분에 해당한다.

07

공공기관의 정보공개에 대한 설명으로 가장 옳지 않은 것은?

① 공공기관의 정보공개에 관한 법률 제6조 제1항은 "모든 국민은 정보의 공개를 청구할 권리를 가진다."고 규정하고 있는데, 여기에서 말하는 국민에는 자연인은 물론 법인, 권리능력 없는 사단·재단도 포함되고, 법인, 권리능력 없는 사단·재단 등의 경우에는 설립목적을 불문한다.

② 공개를 거부한 정보에 비공개대상정보에 해당하는 부분과 공개가 가능한 부분이 혼합되어 있는 경우라면 법원은 정보공개 거부처분 전부를 취소하여야 한다.

③ 정보공개청구권은 법률상 보호되는 구체적인 권리이므로 청구인이 공공기관에 대하여 정보공개를 청구하였다가 거부처분을 받은 것 자체가 법률상 이익의 침해에 해당한다고 할 것이고 거부처분을 받은 것 이외에 추가로 어떤 법률상의 이익을 가질 것을 요구하는 것은 아니다.

④ 판례에 의하면 공개대상 정보는 공공기관이 직무상 작성 또는 취득하여 관리하고 있는 문서에 한정되는 것이기는 하나, 그 문서가 반드시 원본일 필요는 없다.

08

$\boxed{\bigcirc\,\triangle\,\times}$

재량행위와 기속행위에 대한 설명으로 옳지 않은 것은?(다툼이 있는 경우 판례에 의함)

① 야생동 · 식물보호법 제16조 제3항에 의한 용도변경승인 행위 및 용도변경의 불가피성 판단에 필요한 기준을 정하는 행위는 행정청의 기속행위이다.

② 구 도시계획법상 개발제한구역 내에서의 건축허가는 재량행위에 해당한다.

③ 재량행위에 대한 사법심사의 경우 법원은 행정청의 재량에 기한 공익판단의 여지를 감안하여 독자의 결론을 도출함이 없이 당해 행위에 재량권의 일탈 · 남용이 있는지 여부만을 심사한다.

④ 법률에서 정한 귀화요건을 갖춘 신청에 대한 법무부장관의 귀화허가는 재량행위로 볼 수 있다.

09

$\boxed{\bigcirc\,\triangle\,\times}$

甲은 관할 행정청에 법령상 요건을 갖춘 적법한 신고를 하였다. 이에 관한 설명으로 옳지 않은 것은?(다툼이 있는 경우 판례에 의함)

① 수리를 요하지 않는 신고라면, 甲의 신고가 행정청에 도달한 때에 신고는 효력을 발생한다.

② 수리를 요하지 않는 신고라면, 甲의 신고의 수리가 거부된 경우 당해 신고대상인 행위를 하더라도 행정벌의 대상이 되지 않는다.

③ 수리를 요하는 신고라면, 甲의 신고의 수리가 거부된 경우 수리거부에 대해 항고소송으로 다툴 수 있다.

④ 수리를 요하는 신고라면, 관할 행정청은 甲의 신고의 수리 여부에 대하여 재량을 가지는 것이 원칙이다.

10

$\boxed{\bigcirc\,\triangle\,\times}$

다음 중 행정행위의 실효사유에 해당되지 않는 것은?(다툼이 있는 경우 판례에 의함)

① 자진폐업신고

② 선량한 풍속 기타 사회질서에 위반된 행위와 사기, 뇌물 등 부정행위

③ 해제조건의 성취

④ 행정행위의 종기 도래

11

$\boxed{\bigcirc\,\triangle\,\times}$

행정조사기본법상 행정조사에 관한 설명으로 옳은 것은?

① 행정조사는 조사목적을 달성하는 데 필요한 최소한의 범위 안에서 실시하여야 하며, 행정기관 내의 2 이상의 부서가 동일하거나 유사한 업무분야에 대하여 동일한 조사대상자에게 행정조사를 실시하는 경우 행정기관의 장은 공동조사를 실시할 수 있다.

② 행정조사란 현장조사, 문서열람, 시료채취, 보고요구, 자료제출요구를 의미하며, 진술요구 및 출석요구는 포함되지 않는다.

③ 조세에 관한 사항은 행정조사의 대상에서 제외된다.

④ 행정조사는 그 실효성 확보를 위해 수시조사를 원칙으로 한다.

12

⃝△✕

다음 중 판례의 입장으로 옳지 않은 것은?

① 국방일보의 발행책임자인 국방홍보원장 채용계약 해지는 당사자소송의 대상이 된다.

② 4급 공무원이 당해 지방자치단체 인사위원회의 심의를 거쳐 3급 승진대상자로 결정되고 임용권 자가 그 사실을 대내외에 공표한 경우 그 공무원 에게 승진임용신청권이 있다.

③ 공무원의 사직의 의사표시는 사인의 공법행위이 므로 민법상의 비진의의사표시의 무효에 관한 규 정은 적용되지 않는다.

④ 금강수계 중 상수원 수질보전을 위하여 필요한 지 역의 토지 등의 소유자가 국가에 그 토지 등을 매 도하기 위하여 매수신청을 하였으나 유역환경청 장이 이를 거절한 사안에서, 그 매수 거부행위는 항고소송의 대상이 되는 행정처분에 해당하지 않 는다.

13

⃝△✕

다음 중 행정행위의 철회에 대한 설명으로 옳은 것은?

① 행정행위의 철회권은 처분청과 감독청이 행사할 수 있다.

② 철회는 취소와 달리 행정행위 성립 당시의 하자를 전제로 한다.

③ 철회는 취소와 같이 소급하여 효력이 발생한다.

④ 행정행위를 한 처분청은 비록 그 처분 당시에 별 다른 하자가 없었고, 또 그 처분 후에 이를 철회 할 별도의 법적 근거가 없다 하더라도 원래의 처 분을 존속시킬 필요가 없게 된 사정변경이 생겼 거나 또는 중대한 공익상의 필요가 발생한 경우 에는 그 효력을 상실케 하는 별개의 행정행위로 이를 철회할 수 있다.

14

⃝△✕

특허와 인가에 대한 설명으로 옳지 않은 것은?(다툼이 있는 경우 판례에 의함)

① 공유재산의 관리청이 하는 행정재산의 사용·수 익에 대한 허가는 순전히 사경제주체로서 행하는 사법상의 행위가 아니라 관리청이 공권력을 가진 우월적 지위에서 행하는 행정처분으로서 특정인 에게 행정재산을 사용할 수 있는 권리를 설정하 여 주는 강학상 특허에 해당한다.

② 도시 및 주거환경정비법에 기초하여 주택재개발 정비사업조합이 수립한 사업시행계획은 그것이 인가·고시를 통해 확정되면 이해관계인에 대한 구속적 행정계획으로서 독립된 행정처분에 해당 하므로 사업시행계획을 인가하는 행정청의 행위 는 주택재개발정비사업조합의 사업시행계획에 대한 법률상의 효력을 완성시키는 보충행위에 해 당한다.

③ 토지 등 소유자들이 조합을 따로 설립하지 않고 직접 시행하는 도시환경정비사업에서 사업시행 인가처분의 법적 성격은 보충행위로서의 인가의 성질을 가진다.

④ 재개발조합설립인가신청에 대한 행정청의 조합설 립인가처분은 행정주체로서의 지위를 부여하는 일종의 설권적 처분의 성격을 가진다.

15 ☐☐☒

행정입법에 대한 판례의 내용으로 옳지 않은 것은?(다툼이 있는 경우 판례에 의함)

① 처분의 근거가 행정규칙에 규정되어 있다고 하더라도, 그 처분이 상대방에게 권리 설정 또는 의무부담을 명하거나 기타 법적인 효과를 발생하게 하는 등으로 상대방의 권리의무에 직접 영향을 미치는 행위인 경우에는 항고소송의 대상이 되는 행정처분에 해당한다.

② 정부 간 항공노선의 개설에 관한 잠정협정 및 비밀양해각서와 건설교통부 내부지침에 의한 항공노선에 대한 운수권배분처분이 항고소송의 대상이 되는 행정처분에 해당한다.

③ 구 부당한 공동행위 자진신고자 등에 대한 시정조치 또는 과징금 감면신청에 대한 감면불인정 통지는 항고소송의 대상이 되는 행정처분에 해당한다.

④ 국토의 계획 및 이용에 관한 법률 및 같은 법 시행령이 정한 이행강제금의 부과기준은 단지 상한을 정한 것에 불과한 것이므로 행정청은 이와 다른 이행강제금액을 결정할 재량권이 있다.

16 ☐☐☒

행정상 손실보상에 대한 설명으로 옳지 않은 것은?(다툼이 있는 경우 판례에 의함)

① 문화적·학술적 가치는 특별한 사정이 없는 한 손실보상의 대상이 되지 않는다.

② 구 공익사업을 위한 토지 등의 취득 및 보상에 관한 법률 제79조 제2항, 공익사업을 위한 토지 등의 취득 및 보상에 관한 법률 시행규칙 제57조에 따른 사업폐지 등에 대한 보상청구권은 손실보상의 일종으로 공법상 권리임이 분명하므로 그에 관한 쟁송은 민사소송이 아닌 행정소송절차에 의하여야 한다.

③ 구 공익사업을 위한 토지 등의 취득 및 보상에 관한 법률 제77조 제2항에서 정한 농업손실 보상청구권에 관한 쟁송은 행정소송절차에 의하여야 한다.

④ 지장물인 건물은 적법한 건축허가를 받아 건축된 건물만이 손실보상의 대상이 된다.

17 ☐☐☒

취소소송에서 판결의 효력에 대한 설명으로 옳은 것은?(다툼이 있는 경우 판례에 의함)

① 거부처분의 취소판결이 확정된 경우에 그 처분을 행한 행정청은 종전 처분 후에 발생한 새로운 사유를 내세워 다시 거부처분을 할 수 없다.

② 취소판결의 기판력과 기속력은 판결의 주문과 판결이유 중에 설시된 개개의 위법사유에까지 미친다.

③ 거부처분에 대한 취소의 확정판결이 있음에도 행정청이 아무런 재처분을 하지 않는 경우뿐만 아니라 재처분을 하였더라도 그 재처분이 취소판결의 기속력에 반하는 경우에는 간접강제의 대상이 된다.

④ 간접강제결정에서 정한 의무이행기한이 경과한 후에는 확정판결의 취지에 따른 재처분의 이행이 있더라도 처분상대방이 배상금을 추심하는 것은 특별한 사정이 없는 한 허용된다.

18 ☐☐☒

행정행위로서의 하명에 관한 설명으로 옳지 않은 것은?

① 하명의 대상은 법률행위뿐만 아니라 사실행위일 수도 있다.

② 하명에 위반한 법률행위의 효과는 무효이다.

③ 하명은 일반처분으로도 행하여진다.

④ 하명은 침익적 성격을 가지며 기속행위에 해당한다.

19

◯△✕

다음 국가배상에 대한 설명 중 옳게 설명한 것은 몇 개인가?(다툼이 있는 경우 판례에 의함)

(가) 국회의원의 입법행위는 그 입법 내용이 헌법의 문언에 명백히 위반됨에도 불구하고 국회가 굳이 당해 입법을 한 것과 같은 특수한 경우가 아닌 한 국가배상법 제2조 제1항 소정의 위법행위에 해당된다고 볼 수 없다.

(나) 법관의 재판에 법령의 규정을 따르지 아니한 잘못이 있다 하더라도 이로써 바로 그 재판상 직무행위가 국가배상법 제2조 제1항에서 말하는 위법한 행위로 되어 국가의 손해배상책임이 발생하는 것은 아니다.

(다) 소속 공무원이 전적으로 또는 부수적으로라도 국민 개개인의 안전과 이익을 보호하기 위하여 법령에서 정한 직무상의 의무에 위반하여 국민에게 손해를 가하면 상당인과관계가 인정되는 범위 안에서 국가 또는 지방자치단체가 배상책임을 부담한다.

(라) 공무원이 직무를 수행하면서 그 근거되는 법령의 규정에 따라 구체적으로 의무를 부여받았어도 그것이 국민의 이익과는 관계없이 순전히 행정기관 내부의 질서를 유지하기 위한 것이거나, 또는 국민의 이익과 관련된 것이라도 직접 국민 개개인의 이익을 위한 것이 아니라 전체적으로 공공 일반의 이익을 도모하기 위한 것이라도 그 의무에 위반하여 국민에게 손해를 가한 경우에는 국가 또는 지방자치단체는 배상책임을 부담한다.

---

① 1개   ② 2개

③ 3개   ④ 4개

20

◯△✕

행정심판법에 대한 설명으로 옳지 않은 것은?

① 위원회는 피청구인이 제49조 제3항의 재처분의무 규정에도 불구하고 처분을 하지 아니하는 경우에는 당사자가 신청하면 기간을 정하여 서면으로 시정을 명하고 그 기간에 이행하지 아니하면 직접 처분을 할 수 있다.

② 전자정보처리조직에 따라 제출된 전자문서는 이 법에 따라 제출된 것으로 보며, 부본을 제출할 의무는 면제되지 않는다.

③ 위원회는 피청구인이 제49조 제2항(제49조 제4항에서 준용하는 경우를 포함한다) 또는 제3항에 따른 처분을 하지 아니하면 청구인의 신청에 의하여 결정으로 상당한 기간을 정하고 피청구인이 그 기간 내에 이행하지 아니하는 경우에는 그 지연기간에 따라 일정한 배상을 하도록 명하거나 즉시 배상을 할 것을 명할 수 있다.

④ 제주도지사의 처분 또는 부작위에 대한 심판청구는 부패방지 및 국민권익위원회의 설치와 운영에 관한 법률에 따른 국민권익위원회에 두는 중앙행정심판위원회에서 심리·재결한다.

해설편 p.142

🕐 시간 체크　　적정 시간 : 100분　　시작 시간 ____ : ____　　종료 시간 ____ : ____　　소요 시간 ____ : ____

👍 OMR 마킹　　마지막 페이지에 있는 OMR 답안지를 이용하여 실전처럼 모의고사를 풀어보시기 바랍니다.

제**1**과목　국 어

01
〇△✕

다음 중 복수 표준어가 아닌 것은?

① 벌레 – 버러지, 꾀다 – 꼬이다, 나부랭이 – 너부렁이
② 넝쿨 – 덩쿨, 살코기 – 살고기, 애달프다 – 애닯다
③ 에는 – 엘랑, 주책없다 – 주책이다, 넝쿨 – 덩굴
④ 모내다 – 모심다, 끄적거리다 – 끼적거리다, 걸판지다 – 거방지다

02
〇△✕

다음 밑줄 친 부분의 맞춤법 사용이 적절한 것은?

① 이사 온 지 며칠 안 돼 아직 <u>익숙치</u> 않다.
② 네가 생각하는 것처럼 그 친구는 <u>그렇잖다</u>.
③ 잠시 갔다 오는 것이니 짐을 <u>간편케</u> 꾸려라.
④ 우리는 남의 눈에 <u>띄이지</u> 않게 밤에 움직였다.

03
〇△✕

밑줄 친 부분의 띄어쓰기가 바르지 않은 것은?

① 어제는 아파서 학교에 <u>못 갔다</u>.
② 형이 동생만 <u>못 하다</u>.
③ 너<u>대로</u> 살 궁리를 해라.
④ <u>아는 대로</u> 다 말해 주십시오.

04
〇△✕

다음 중 외래어 표기와 로마자 표기가 모두 옳지 않은 것은?

① leadership → 리더십, 구리 → Kuri
② cake → 케익, 설악 → Seorak
③ vision → 비젼, 알약 → alryak
④ workshop → 워크샵, 울릉 → Ulleung

05
〇△✕

다음 밑줄 친 부분의 사례로 적절하지 않은 것은?

> 높임법이란 말하는 이가 듣는 이나 다른 대상을 높이거나 낮추는 정도를 언어적으로 구별하여 표현하는 문법 요소를 말한다. 높임법은 높이는 대상이 누구인가에 따라 크게 세 가지 차원으로 나뉜다. 하나는 행위의 주체를 대상으로 하는 높임법이요, <u>다른 하나는 그 행위가 미치는 쪽을 대상으로 하는 높임법이다.</u> 그리고 마지막으로 말을 듣는 상대, 곧 청자를 대상으로 하는 높임법이 있다.

① 민수는 할머니를 <u>모시고</u> 산책을 다녀왔다.
② 영철이는 선생님께 모르는 내용을 <u>여쭈어</u> 보았다.
③ 우리는 할아버지께서 과일을 <u>잡수시기</u>를 기다렸다.
④ 어머니는 막내를 집에서 데려다가 할머니를 <u>뵙고</u> 병원에 가셨다.

06 ○△✕

밑줄 친 한자성어의 쓰임이 옳지 않은 것은?

① 그녀는 병입고황(病入膏肓) 상태라 더 이상 손 쓸 수가 없다.
② 양호유환(養虎遺患)이라더니, 자기를 돌봐 주던 은인을 고발했대.
③ 두 사람이 다투는 사이에, 민서가 어부지리(漁夫之利)로 회장이 되었다.
④ 지애가 불쌍한 사람을 열심히 돕는 모습을 보니 진정한 송양지인(宋襄之仁)의 모습이구나.

07 ○△✕

다음 국어사전의 정보를 참고할 때, 접두사 '참–'의 의미가 다른 것은?

참– [접두사]
① 일부 명사 앞에 붙어, 거짓이 아닌 '진짜' 또는 '진실하고 올바른'의 뜻을 더하는 접두사
② '품질이 우수한'의 뜻을 더하는 접두사

① 그는 참숯을 구워 시장에 내다 팔았다.
② 그의 말은 참말인지 거짓말인지 모르겠다.
③ 부모님의 참뜻을 너무 늦게 알아버렸다.
④ 저는 민서 씨 외에 이 세상에 참사람이 있을는지 의심합니다.

08 ○△✕

다음에서 '품사의 통용'의 사례로 적절하지 않은 것은?

① ┌ 방 안은 숨소리가 들릴 만큼 조용했다.
　 └ 나도 당신만큼은 달리기를 할 수 있다.
② ┌ 하나를 들으면 열을 안다.
　 └ 열 번 찍어 안 넘어가는 나무 없다.
③ ┌ 벌써 새벽이 밝아 온다.
　 └ 벽지가 밝아서 집 안이 아주 환해 보인다.
④ ┌ 나는 한창 푸른 시절을 덧없이 보냈다.
　 └ 비 온 뒤라 그런지 앞산이 한결 더 푸르러 보인다.

09 ○△✕

다음 글의 서술 방식과 가장 가까운 것은?

영어만 잘 하면 성공한다는 믿음에 온 나라가 야단법석이다. 배워서 나쁠 것 없고, 영어는 국제 경쟁력을 키우는 차원에서 반드시 배워야 한다. 하지만 영어보다 더 중요한 것은 우리 한글이다. 한술 더 떠 일본을 따라 영어를 공용어로 하자는 주장이 심심찮게 들리고 있다. 그러나 우리글을 제대로 세우지 않고 영어를 들여오는 일은 우리 개구리들을 돌보지 않은 채 황소개구리를 들여온 우를 또다시 범하는 것이다.
영어를 자유롭게 구사하는 일은 새 시대를 살아가는 필수 조건이다. 하지만 우리 한글을 바로 세우는 일에도 소홀해서는 절대 안 된다. 황소개구리의 황소 울음 같은 소리에 익숙해져 청개구리의 소리를 잊어서는 안 되는 것처럼.

① 다양한 요소들이 서로 조응하면서 전체적인 의미를 형성하는 문학 작품은 집이라는 구조와 같다.
② 영어나 독어, 불어 등이 이중 체계로 되어 있는 것과 달리 국어의 자음 체계는 삼중 체계로 되어 있다.
③ 민속학은 민간 생활과 결부된 신앙, 습관, 풍속, 전설, 기술, 전승 문화 따위를 과학적으로 연구하는 학문이다.
④ 우리는 이웃을 사랑해야 한다. 왜냐하면 이웃을 사랑한다는 것은 결국 자기를 사랑하는 것이기 때문이다.

10

'남북한 언어의 차이'에 대한 개요를 작성하였다. 개요를 수정하거나 보완하기 위한 방안으로 적절하지 않은 것은?

Ⅰ. 서론 : 언어의 오염이 심화되는 남북한의 현실 ……㉠
Ⅱ. 본론
　1. 남한어와 북한어의 언어 차이
　　가. 의미와 발음의 차이
　　나. 어조와 억양의 차이
　　다. 어휘의 차이
　2. 언어 차이가 생기는 원인
　　가. 오랫동안 중단된 남북한의 교류
　　나. 북한 핵문제로 인한 갈등 심화 …………㉡
　　다. 남북한 언어 정책의 차이
　3. 남북한 언어 순화 정책의 방안 …………㉢
　　가. 남북 교류의 확대
　　나. 남북한 공용 사전의 개발 및 보급
　　다. 남북 언어 통일을 위한 기구 설립
Ⅲ. 결론 : 협력 촉구 ……………………………㉣

---

① ㉠은 '남북한 언어의 차이가 심화되고 있는 현실'로 바꿔야겠어.
② ㉡은 '의사소통 방법의 다양화'로 바꿔야겠어.
③ ㉢은 '남북한 언어의 차이를 극복하기 위한 방안'으로 바꿔야겠어.
④ ㉣은 '언어의 차이를 극복하기 위한 남북한의 협력 촉구'로 수정해야겠어.

11

다음 글에 대한 이해로 적절하지 않은 것은?

　동맥이 뻥 뚫려 있고, 폐에 산소가 가득한 것만으로는 젊게 살 수 없다. 만일 눈이 침침해지고 소리가 잘 들리지 않는다면 그때 당신은 스스로 나이가 들었다고 느끼게 될 것이다. 아래의 내용에 유의하여 젊고 건강한 삶을 유지하자.

　눈이 햇빛에 장시간 노출되는 것은 해로운 일이다. 특정 파장의 빛(자외선 A와 B)이 수정체와 망막에 손상을 입히기 때문이다. 눈(雪)이나 물에 반사되어 눈에 들어오는 햇빛도 마찬가지이다. 자외선 B는 각막이나 자동차 앞 유리창으로 걸러지지만 자외선 A는 잘 걸러지지 않는다. 이들 광선에 노출되는 것은 백내장과 황반변성 발생과 관련이 있다.

　귀에는 큰 소리보다 더 해로운 것이 없다. 85데시벨을 넘는다면 어떤 소리든 영구적인 청력 손실로 이어질 수 있다. 참고로 나뭇잎이 바스락거리는 소리는 0데시벨, 속삭이는 소리는 20데시벨이다. 헤어드라이어나 잔디 깎는 기계 소리는 90데시벨로, 두 시간 연속 사용할 경우 청력에 치명적인 손실을 입을 수 있다. 소음이 크면 클수록 빠른 시간 안에 손상을 입을 수 있다. 록 콘서트의 경우 110데시벨로, 45분 동안 지속적으로 노출될 경우 영구 청력 상실까지 초래할 수 있다. 100데시벨의 소음이 계속해서 노출되는 경우는 최대 3분까지만 안전하다.

---

① 미용사나 정원사는 직업의 특성상 청력에 손상을 입을 위험이 클 것이다.
② 스키를 즐기는 사람은 수정체와 망막에 손상을 입을 위험이 클 것이다.
③ 지속적으로 110데시벨의 소음을 겪는 근로자는 반드시 50분 간격으로 휴식해야 한다.
④ 특정 파장의 빛이 나오지 않는 조명 기구를 사용하는 것이 시력 보호에 도움이 될 수 있다.

12

다음 중 통사적 합성어로만 묶인 것은?

① 뛰놀다, 밤낮
② 스며들다, 검붉다
③ 길짐승, 척척박사
④ 가로막다, 군밤

13

다음 글의 연결 순서로 가장 적절한 것은?

ㄱ. 반면, 독점화되어 있는 시장에서는 생산량이 사회적으로 최적인 수준에 미치지 못하는 결과가 나타난다.

ㄴ. 완전 경쟁 시장은 효율적인 자원 분배를 가져다준다는 점에서 이상적인 경쟁 형태라고 말할 수 있다.

ㄷ. 독점 기업이 이윤을 더 크게 만들기 위해 상품 생산량을 스스로 줄이기 때문이다. 상품 생산량이 최적에 이를 때 사회 후생이 가장 커질 수 있다면, 독점 체제 하의 사회 후생은 이보다 더 작을 것이 분명하다.

ㄹ. 이와 같이 상품 생산량이 최적 수준에 미치지 못해 사회 후생이 줄어드는 것을 독점이 가져다주는 사회적 손실의 첫 번째 것으로 꼽을 수 있다.

ㅁ. 이는 사회 후생의 관점에서 볼 때, 생산 수준은 완전 경쟁이 실현된 상태가 가장 바람직한 결과를 낳는다는 것을 말한다.

① ㄴ — ㅁ — ㄱ — ㄷ — ㄹ

② ㄴ — ㄱ — ㄷ — ㄹ — ㅁ

③ ㄴ — ㄱ — ㅁ — ㄷ — ㄹ

④ ㄴ — ㅁ — ㄷ — ㄹ — ㄱ

14

㉠~㉣에 대한 설명으로 적절하지 않은 것은?

㉠ 늘고 병(病)든 몸을 주사(舟師)로 보뇌실시, 을사(乙巳) 삼하(三夏)애 진동영(鎭東營)노려오니 관방중지(關防重地)예 병(病)이 깁다 안자실랴. 일장검(一長劍) 비기 초고 병선(兵船)에 구테 올나, 여기 진목(勵氣瞋目)ᄒᆞ야 대마도(對馬島)를 구어보니, 부람 조친 황운(黃雲)은 원근(遠近)에 사혀 잇고, 아득흔 창파(滄波)는 긴 하늘과 흔 빗칠쇠. 선상(船上)에 배회(徘徊)ᄒᆞ며 고금(古今)을 사억(思憶)ᄒᆞ고, 어리미친 회포(懷抱)애 헌원씨(軒轅氏)를 애ᄃᆞ노라. ㉡ 대양(大洋)이 망망(茫茫)ᄒᆞ야 천지(天地)예 둘러시니, 진실로 빈 아니면 풍파 만리(風波萬里) 밧긔, 어늬 사이(四夷) 엿볼넌고. 무슴 일ᄒᆞ려 ᄒᆞ야 빈 못기를 비롯흔고. 만세천추(萬世千秋)에 ᄀ업슨 큰 폐(弊) 되야, 보천지하(普天地下)애 만민원(萬民怨) 길우ᄂᆞ다. 어즈버 씨ᄃᆞ라니 진시황(秦始皇)의 타시로다. ㉢ 빈 비록 잇다 ᄒᆞ나 왜(倭)를 아니 삼기던들, 일본(日本) 대마도(對馬島)로 뷘 빈 졀로 나올넌가. 뉘 말을 미더 듯고, 동남동녀(童男童女)를 그딕도록 드려다가, 해중(海中) 모든 셤에 난당적(難當賊)을 기쳐 두고, 통분(痛憤)흔 수옥(羞辱)이 화하(華夏)애 다 밋나다. 장생(長生) 불사약(不死藥)을 얼미나 어더 닉여, 만리 장성(萬里長城) 놉히 사고 몇 만년(萬年)을 사도썬고. 놈듸로 죽어 가니 유익(有益)흔 줄 모ᄅᆞ로다. ㉣ 어즈버 싱각ᄒᆞ니 서불(徐市) 등(等)이 이심(已甚)ᄒᆞ다. 인신(人臣)이 되야셔 망명(亡命)도 ᄒᆞᄂᆞᆫ 것가. 신선(神仙)을 못 보거든 수이나 도라오면, 주사(舟師) 이 시름은 전혀 업게 삼길럿다.

– 박인로,「선상탄(船上歎)」–

① ㉠ : 임금님께서 내려주신 통주사의 임무를 병을 핑계로 피하지 않겠다는 강한 의지가 드러나 있다.

② ㉡ : 배가 없었다면 일본이 우리나라를 침략하지 못했을 것이라며 배를 만든 황제를 원망하고 있다.

③ ㉢ : 전쟁 중에 대마도로부터 빈 배가 나왔다는 사실을 활용하여 배를 타고 우리나라를 침략한 일본을 원망하고 있다.

④ ㉣ : 신하로서 자신이 모시던 황제를 배반한 서불의 무리를 비판하고 있다.

15

다음 글에서 알 수 있는 내용으로 적절하지 않은 것은?

○△×

조석(潮汐)이 왜 일어나는지를 과학적으로 처음 밝혀낸 사람은 뉴턴이었다. 뉴턴은 조석을 일으키는 힘의 정체를 조석력으로 보았다. 조석력은 달이나 태양의 만유인력이 지구의 각 부분에 미치는 크기가 다르기 때문에 생기는 힘을 말한다. 조석력은 천체와 지구를 잇는 축의 양쪽으로 작용하기 때문에 천체 가까운 쪽과 정반대 쪽의 수위가 동시에 높아진다. 그리고 지구는 하루에 한 바퀴씩 자전하고 있기 때문에 하루에 두 번씩 조석이 생기게 된다.

조석은 태양보다는 달의 영향을 많이 받는다. 달보다 2,700만 배나 무거운 태양이 지구의 작은 위성에 불과한 달보다 영향력이 더 작다는 사실은 놀랍게 들린다. 그러나 우주의 역학에서는 질량보다는 거리가 더 큰 위력을 발휘할 때가 많은데, 수학적으로 계산해 보면 조석에 미치는 달의 영향력은 태양의 두 배 이상이 된다. 그렇기 때문에 달이 매일 약 50분씩 늦게 뜨는 것에 맞추어 만조 시간도 매일 그만큼씩 늦어진다. 그리고 달이 한 달을 주기로 차고 기욺에 따라 만조 때의 수위도 변하게 된다.

조차(조석 간만의 차)는 그믐달과 보름달일 때 가장 크게 나타난다. 이때에는 태양과 달이 지구와 일직선상에 놓이므로 그 조석력이 합쳐져서 수위가 가장 높아지는 '사리'가 된다. 그러나 상현달과 하현달일 때는 태양과 달은 지구를 중심으로 직각 상태에 놓이게 되어 이들의 조석력이 상쇄되기 때문에 수위가 가장 낮아지는 '조금'이 된다. 이때에는 한 달 중 조석 간만의 차가 가장 작게 나타난다.

① 밀물과 썰물이 일어나는 시간은 예측할 수 있다.
② 계절이 변함에 따라서 조석력의 크기도 변하게 된다.
③ 조석력의 작용으로 천체 가까운 곳과 정반대 쪽의 수위가 동시에 높아진다.
④ 조석력에 대한 태양의 영향력이 10이라면 달은 20 이상이다.

16

( ) 안에 들어갈 표기로만 짝지어진 것은?

○△×

• 그 사람 이전에 보니까 사람이 아주 (㉠).
• 내가 내일 다시 (㉡).
• 적장의 어깨에 화살을 (㉢) 것은 거의 불가능해.
• 들창 (㉣) 파란색 하늘이 눈에 들어왔다.

① 똑똑하데 – 연락할게 – 맞히는 – 너머
② 똑똑하대 – 연락할게 – 맞추는 – 너머
③ 똑똑하대 – 연락할께 – 맞추는 – 넘어
④ 똑똑하데 – 연락할께 – 맞히는 – 넘어

17

다음 시에 대한 감상으로 적절하지 않은 것은?

> 차디찬 아침인데
> 묘향산행 승합 자동차는 텅하니 비어서
> 나이 어린 계집아이 하나가 오른다.
> 옛말속같이 진진초록 새 저고리를 입고
> 손잔등이 밭고랑처럼 몹시도 터졌다.
> 계집아이는 자성으로 간다고 하는데
> 자성은 예서 삼백오십 리 묘향산 백오십 리
> 묘향산 어디메서 삼촌이 산다고 한다.
> 새하얗게 얼은 자동차 유리창 밖에
> 내지인 주재소장 같은 어른과 어린아이 둘이 내임을 낸다.
> 계집아이는 운다, 느끼며 운다.
> 텅 비인 차 안 한 구석에서 어느 한 사람도 눈을 씻는다.
> 계집아이는 몇 해고 내지인 주재소장 집에서
> 밥을 짓고 걸레를 치고 아이보개를 하면서
> 이렇게 추운 아침에도 손이 꽁꽁 얼어서
> 찬물에 걸레를 쳤을 것이다.
>
> – 백석, 「팔원(八院) – 서행시초 3」 –

① 구체적인 지명을 통하여 인물의 처지를 생생하게 드러내고 있다.
② 시대적 배경을 나타내는 시어를 사용하여 계집 아이가 처한 상황을 사실적으로 표현하고 있다.
③ '계집아이'의 외양을 통해 '계집아이'가 살아온 지난 삶을 추측하는 데 도움을 주고 있다.
④ 계집아이의 내면 심리를 꼼꼼하고 자세하게 묘사 하여 일제 강점기 민중들이 겪는 고통을 생동감 있게 그리고 있다.

18

다음 글의 서술 방식으로 적절한 것은?

> 나와 같이 징역살이를 한 노인 목수(木手) 한 분이 계셨습니다. 언젠가 그 노인이 내게 무얼 설명하면서 땅바닥에 집을 그렸습니다. 그 그림에서 내가 받은 충격을 잊을 수 없습니다. 집을 그리는 순서가 판이하였기 때문입니다. 지붕부터 그리는 우리들의 순서와는 거꾸로였습니다.
>
> 먼저 주춧돌을 그린 다음 기둥, 도리, 들보, 서까래, 지붕의 순서로 그렸습니다. 그가 집을 그리는 순서는 집을 짓는 순서였습니다. 일하는 사람의 그림이었습니다.
>
> 세상에 지붕부터 지을 수 있는 집은 없습니다. 그럼에도 불구하고 지붕부터 그려온 나의 무심함이 부끄러웠습니다. 나의 서가(書架)가 한꺼번에 무너지는 낭패감이었습니다. 나는 지금도 책을 읽다가 '건축'이라는 단어를 만나면 한동안 그 노인의 얼굴을 상기합니다.
>
> 차치리(且置履)라는 사람이 어느 날 장에 신발을 사러 가기 위하여 발의 크기를 본을 떴습니다. 이를테면 종이 위에 발을 올려놓고 발의 윤곽을 그렸습니다. 한자로 그것을 탁(度)이라 합니다. 그러나 그가 막상 장에 갈 때는 깜박 잊고 탁을 집에 두고 갔습니다. 신발 가게 앞에 와서야 탁을 집에 두고 온 것을 깨닫고는 탁을 가지러 집으로 되돌아갔습니다. 제법 먼 길을 되돌아가서 탁을 가지고 다시 장에 도착하였을 때는 이미 장이 파하고 난 뒤였습니다. 그 사연을 듣고 사람들이 말했습니다.
>
> "탁을 가지러 집에까지 갈 필요가 어디 있소, 당신의 발로 신어보면 될 일이 아니오."
>
> 차치리가 말했습니다.
>
> "아무려면 탁만큼 정확했겠습니까?"
>
> 주춧돌부터 집을 그리던 노인이 발로 신어보고 신발을 사는 사람이라면, 나는 탁을 가지러 집으로 가는 사람이었습니다.
>
> 탁(度)과 족(足), 교실과 공장, 종이와 망치, 의상(衣裳)과 사람, 화폐와 물건, 임금과 노동력…….
>
> 이러한 것들이 뒤바뀌어 있는 우리의 사고를 반성케 하는 교훈이라고 생각합니다.
>
> – 신영복, 「새 출발점에 선 당신에게」 –

① 고사(古事)를 인용하여 옛것의 소중함을 알게 하고 있다.
② 글쓴이는 자신의 경험을 제시하여 흥미를 유발하고 있다.
③ 특정한 독자에게 전문적인 내용을 서술하고 있다.
④ 상반된 삶의 방식을 대조한 후 이를 절충하여 결론을 제시하고 있다.

19

문장의 의미가 모호하게 해석되지 않는 것은?

① 내가 좋아하는, 제주도의 갑순이를 만나고 싶다.
② 어머니께서 아이에게 옷을 입혔다.
③ 모자 쓴 사람은 그 여자를 때리지 않았어요.
④ 아줌마가 사과와 참외 두 개를 깎아 주셨다.

20

다음 작품에 대한 설명으로 적절하지 않은 것은?

> 이튿날 양생은 여인의 말대로 은 주발을 들고 보련사가는 길에서 기다렸다.
>
> 과연 어떤 귀족 집안에서 딸자식의 대상(大祥)에 재(齋)를 올려 천도(薦度)하려고 하여, 수레와 말이 길을 가득 메우고 보련사로 올라가고 있었다. 그러다가 길가에서 어떤 서생이 주발을 손에 들고 있는 것을 보고, 귀족의 하인이 말하였다.
>
> "아가씨 무덤에 묻은 순장물을 벌써 다른 사람이 훔쳐 갔습니다!"
>
> 귀족이 말하였다.
>
> "무얼 두고 하는 말이냐?"
>
> 하인이 말하였다.
>
> "저 선비님이 손에 들고 있는 주발을 보십시오."
>
> 귀족은 마침내 말을 서생이 있는 곳으로 몰아가서 은 주발을 얻은 경위를 물었다. 양생은 전날 여인과 약속한 그대로 대답하였다.
>
> 여인의 부모가 한참 동안 감동하기도 하고 의아해 하기도 하였다. 그러다가 마침내 이렇게 말하였다.
>
> "내게는 오직 딸자식 하나가 있었는데, 왜적이 침입하여 난리치는 때에 적에게 해를 입어 죽었네. 난리 통이라 묘지를 정해 제대로 장례를 치르지 못하고 개령사의 골짜기에 임시로 매장을 하였지. 그리고는 이러저러한 일 때문에 그대로 두고 아직 장례를 치르지 못한 채 오늘에 이르게 되었다네. 오늘 대상날이 벌써 이르렀기에, 잠시 제수(祭需)를 갖추고 공양의 자리를 열어 저승길을 추도하려고 한다네. 그대는 딸아이와의 약속대로 딸아이를 기다렸다가 오게. 부디 조금도 놀라지 말게나!"
>
> 말을 마치고 귀족은 먼저 보련사로 떠났다.
>
> 양생은 우두커니 서서 기다렸다. 약속한 시간이 되자 과연 한 여자가 몸종을 데리고 나긋나긋한 자태로 오는데, 바로 그 여인이었다. 양생과 여인은 서로 기뻐하면서 손을 잡고 보련사로 향하였다.
>
> – 김시습, 「만복사저포기」 –

① 시간의 흐름에 따라 서술하고 있다.
② 생사를 초월한 남녀 간의 사랑을 다루고 있다.
③ 가치관이 대립적인 인물 간의 갈등이 나타나고 있다.
④ 비현실적이고 환상적인 분위기가 드러나는 부분이 있다.

제 2 과목 영 어

※ 다음 밑줄 친 부분의 의미와 가장 가까운 것을 고르시오. [01~03]

01 ○△✕

The history of the nation in the last two centuries had been characterized by a series of ordeals and tribulations.

① predicament
② restraints
③ burden
④ blame

02 ○△✕

I'm going to venture a totally off-the-wall idea, not based on any serious scientific knowledge.

① unusual
② uncertain
③ dull
④ normal

03 ○△✕

I long for the day when I can walk around in light clothing and stop wearing my heavy winter coat.

① censure
② resign
③ annul
④ crave

※ 다음 빈칸에 들어갈 말로 가장 적절한 것을 고르시오. [04~05]

04 ○△✕

The sunrise watch has become a(n) _____ for many people who want to wish upon the rising sun on the first day of the year.

① arrogance
② ritual
③ profitability
④ fallacy

05 ○△✕

For every nine people who have been sentenced to death, we've actually identified one innocent person who's been _____ and released from death row.

① convicted
② embezzled
③ exonerated
④ punished

06

◯ △ ✕

다음 중 어법상 올바르지 않은 것은?

① He cannot have been at home yesterday.
② Physical appearance is less important as a healthy mind.
③ This service is operated weather permitting.
④ The investigation was made with the utmost care lest suspicion be aroused.

※ 다음 빈칸에 들어갈 표현으로 가장 적절한 것을 고르시오. [07~08]

07

◯ △ ✕

A : It's getting late. Shall we call it a night?
B : _____

① It's too late to call now.
② The clock struck midnight.
③ Let's go check it out.
④ It'd be best. I'm an early riser.

08

◯ △ ✕

A : Excuse me. Where do I get off for the Empire State Building?
B : Oh, _____ Get off at the next stop, and take the bus number 25L on the other side.
A : Thank you so much.

① we're only halfway there, though.
② could be that it's stuck in traffic.
③ I checked. They come every ten minutes.
④ you're on the wrong bus.

09

◯ △ ✕

다음 빈칸에 들어갈 말로 올바르게 짝지어진 것은?

- Let the world _____ that Dokdo belongs to Korea.
- This mask does not allow dust to _____ your mouth and nose.

① know – enter
② know – enter into
③ to know – enter
④ knows – enter into

10

◯ △ ✕

다음 우리말에 대한 영작문의 ㉠, ㉡에 들어갈 말로 올바르게 짝지어진 것은?

이 남성에 대한 어떠한 자세한 정보도 아직까지 밝혀지지 않은 상태이다.
→ No ㉠ details of the man's identity ㉡ so far.

	㉠	㉡
①	farther	have released
②	further	released
③	farther	released
④	further	have been released

다음 글의 목적으로 가장 적절한 것은?

I have received the proposed renewal lease for my unit at Rolling Meadow Garden Apartments. I was shocked to see a 20 percent increase in the monthly rent. I find it hard to understand why such a large increase would be asked, especially when there are so many empty apartments in the complex. As you know, I have lived here for four years. I have never missed a rent payment, and I believe I have been a model tenant in all other ways. I would like to continue to live here. I am asking that you redraw the lease so that the rent does not increase for the coming year. I am willing to live here for another year but not to pay 20 percent more. I don't want to move, but if I must I will. At the same time, I'm sure you don't want to see another empty apartment. I look forward to hearing from you soon with a revised lease.

① 임대 아파트에 대해 문의하려고
② 아파트 부실 공사를 고발하려고
③ 아파트 월세 동결을 요구하려고
④ 아파트 전세 재계약을 체결하려고

12

다음 글의 주제로 가장 적절한 것은?

Much of the influence of social institutions lies beyond our ordinary awareness. For example, because of our economic institution, it is common to work eight hours a day for five days every week. There is nothing normal or natural about this pattern, however. This rhythm is only an arbitrary arrangement for dividing work and leisure. Yet, this one aspect of a single social institution has far-reaching effects. Not only does it rule how people divide up their days, but it also lays out a structure for their interaction with their family and friends and for how they meet their personal needs. Each of the other social institutions also has far-reaching effects on our lives. They establish the context in which we live, shaping our behavior and coloring our thoughts.

① developmental stages of economic institutions
② widespread effects of social institutions on our lives
③ the necessity of balancing between work and leisure
④ why personal needs conflict with social responsibility

13

글의 흐름으로 보아 주어진 문장이 들어가기에 가장 적절한 곳은?

> Another example is a law involving conscription for the armed services.

Sometimes, restriction of rights is in the interests of the individual. A classic example is to be seen in the 'tragedy of the commons'. A common resource, such as a fish population, may be self-sustaining so long as individuals are forced to restrict their exploitation. (①) If individuals take more than their allotted share, the resource may disappear. (②) In times of war, it may be seen as serving the common good to require all individuals to serve the government's purposes. (③) This may invade the rights of individuals in the short term, but benefits the community as a whole. (④) More everyday examples of the law restricting individuals for their own good even when that is against their own wishes are some of the health and safety laws that make jobs more difficult to carry out.

* conscription : 징병

14

다음 글에서 전체 흐름과 관계없는 문장은?

When it comes to shopping, it is important to develop a clear vision of who you are becoming. It will guide you through many of your purchases. For example, if you see yourself living in a big house, then you will be more likely to put the unexpected items back on the shelf in order to get to a financial standing where you can purchase the house. ① Even if you have plenty of purchases, this question can still guide you on your spending patterns. ② If you have a strong conviction that family unity is important, then you will be more likely to spend your money on items that foster togetherness, such as board games or a family vacation. ③ Good deals are very hard to resist, but a good deal now can be a big problem later, when you are low on funds and the bills are flying in. ④ If you have a strong will on increasing your wealth, you will probably look for investment purchases, such as real estate or business ventures.

15

다음 빈칸에 들어갈 단어로 가장 적절한 것은?

The psychologist Robert Rosenthal and his colleagues set up experiments to test what is sometimes called 'self-fulfilling prophecy'. Randomly assigned rats were divided into two groups termed 'maze-bright' and 'maze-dull'. College undergraduates who tested the rats on maze trials only knew their rat sample as either 'bright' or 'dull'. Ten trials later (over five consecutive days), the results indicated that the 'bright' rats' scores were nearly double the 'dull' rats' scores in maze performances. Rosenthal concluded that rather than any real 'intelligence' differences increasing the score of the 'bright' rats, it was the _____ of the experimenters, communicated via tactile cues, that had a differential effect on rat performance.

* tactile : 촉각의

① age
② expectations
③ observations
④ appearance

16

다음 빈칸에 들어갈 표현으로 가장 적절한 것은?

Marathon runners can be divided into two groups : those who want to know every detail about the course beforehand and those who want to see it for the first time on race day. Both approaches are fine, but I urge you to _____.
Some races even provide guided tours of the course. You may receive information in the mail or by email. I also encourage you to visit the race website (if there is one) and review it thoroughly. Print out any documents that you might need to have with you. Make sure you know where you need to be, at what time, and how you will get there. The start line for some races is very easy to get to, while others can only be reached in very specific ways, which is the case with the New York and Boston marathons.

① take plenty of rest before the long run
② learn as much about the race as possible
③ stick with the foods that you've been eating
④ consider the danger of drinking too much water

17

다음 글에서 필자가 주장하는 바로 가장 적절한 것은?

Your friend has the voice of an angel, but sings only in the shower. Or she creates beautiful, one-of-a-kind purses from silk fabric and embellishments and gives them to her nieces and friends as gifts, but can only make those lovely creations when she isn't studying, working, or caring for her children. The demands of marriage and family, not to mention a busy career, leave little time and energy at the end of the day for many people to fully express or improve their talents. Yet, psychologists say that doing activities that involve our natural talents often boosts self-esteem levels and gives meaning to our lives. Tell your friend how talented she is. Ask her how you can help her develop, express, or pursue her talent to wherever it might lead her.

* embellishment : 장식품

① 자신의 생활에서 일과 놀이의 균형을 유지해라
② 상대의 약점을 지적하기보다는 강점을 칭찬해라
③ 다양한 취미 활동을 경험하고 즐기는 법을 배워라
④ 친구가 자신의 재능을 계발할 수 있게 격려하고 도와라

18

다음 글의 제목으로 가장 적절한 것은?

Property management professionals often say that unexpected expenditures should be expected. Actually, roof repair, boiler replacement, or outside masonry repair may be required due to flooding or other natural disasters, which cannot be covered by general insurance. That's why extra funds should be put aside under the expense category when making a management budget. In large buildings, this figure is often estimated at 10 to 15 percent of the total cost of all maintenance and repairs, but the actual amount of necessary funds differs greatly according to a property's size and age. Experience alone will teach the manager to calculate funds realistically. In any case, they always should be an essential part of the budget assignment, whether they are listed separately or under the maintenance and repairs category.

* masonry : (건물에서 돌, 벽돌 등으로 된) 석조 부분

① How to Save Property Maintenance Costs
② Which One Is More Profitable, Real Estate or Stocks?
③ Find Inexpensive Coverage for Your Personal Property
④ Reserve Funds for Maintenance Expenses Just in Case

19

다음 ㉠, ㉡의 각 괄호 안에서 문맥에 맞는 단어로 가장 적절한 것은?

There are certain traits that great leaders share in common that anyone can practice and adopt to become more effective. What qualities are those? Well, to be a highly effective leader, you first must be ㉠ (industrious / optimistic). Make sure to lift your people up with a positive attitude, helping them overcome their own negative feelings of self-doubt. Another important characteristic of a great leader is ㉡ (consistency / flexibility). To lead an organization, you must be willing to revise a plan when shown that another approach, direction, or result is more appropriate.

	㉠	㉡
①	industrious	consistency
②	industrious	flexibility
③	optimistic	consistency
④	optimistic	flexibility

20

다음 글에 드러난 'I'의 심경으로 가장 적절한 것은?

After driving around campus for an hour, it was time to go to the head coach's house. When I first saw his home, I immediately searched for a different word instead of house. The closest word that I could come up with at that moment was palace. The head coach's family were cool. They all really seemed to like me. This may sound bizarre, but I was convinced that even his dog seemed to really like me. After dinner, we went into a private film room. The head coach wanted to show me a film on some of the greatest running backs of all time. The coach made me feel really special. He said, "I'm happy that you signed up to our college team. I'm sure you'll be like these great players." I didn't know what to say.

* running back : (라인 후방에 있다가 공을 받아 달리는 공격팀의) 러닝백 선수

① sorry and regretful
② sad and disappointed
③ bored and indifferent
④ impressed and proud

01

우리나라 구석기 문화에 대한 설명으로 옳지 않은 것은?

① 한반도에서 가장 오래된 구석기 유적지는 충북 단양 금굴 유적이다.
② 평남 덕천 승리산 동굴에서는 한반도 최초로 구석기인의 인골이 발견되었다.
③ 경기도 연천군 전곡리에서는 유럽형인 아슐리안계 주먹도끼가 발견되었다.
④ 충북 청원 두루봉 동굴에서는 '역포 아이'라는 어린 아이의 유골이 발견되었는데 구석기인들의 장례 문화를 확인할 수 있다.

02

다음 자료와 가장 관련이 있는 초기 국가에 대한 설명으로 옳은 것은?

- 중국과의 교통이 편하고 물산이 풍부하며, 고조선에서 망명한 준왕의 정치 집단이 정착한 곳이다.
- 마을에 모여 살지만 성곽(城郭)은 없으며, 토실(土室)을 지어 사는데, 모양이 무덤과 같고 문이 위로 났다는 기록이 있다.

① 일종의 매매혼으로 어린 나이에 시집을 가는 민며느리제의 풍속이 있었다.
② 제정 분리 사회로 천군이 다스리는 특별 신성 지역인 소도가 있었는데, 이곳은 군장 세력이 미치지 못하였다.
③ 왕은 없고 후·읍군·삼로 등의 군장이 다스리며, 부족 간의 영역을 침범할 경우 소나 말 또는 노비로 배상하여야 한다.
④ 절도죄의 경우 12배를 배상하게 했으며, 투기가 심한 여성의 경우에는 사형을 하여 그 시신을 버렸는데 친정 식구들이 시신을 수습하려면 소나 말을 내야 했다.

03

(가), (나) 사이의 사실로 옳은 것만을 고른 것은?

(가) 위만이 조선으로 망명하였다. 준왕은 그를 믿고 박사에 임명하였으며, 서쪽 변경 백 리의 땅을 봉해 주어 서쪽 변방을 지키게 하였다.
(나) 왕검성을 함락시키고 조선을 평정하여 군현을 설치하였다. 그러나 전쟁을 지휘한 장수들은 병사들을 많이 잃고 서로 반목하였다는 죄목으로 처벌받았다.

㉠ 연나라 진개의 침입으로 서쪽 2천 리 땅을 상실하여 한반도 북부 대동강 유역으로 그 중심지가 이동하게 되었다.
㉡ 임둔과 진번 지역을 복속시키고 본격적으로 철기 문화를 수용하였다.
㉢ 부왕, 준왕 같은 강력한 왕이 등장하여 왕위를 세습하고, 그 아래에 상, 대부, 장군 등의 관직을 두었다.
㉣ 법 조항이 8개 조항에서 60여 조로 증가하였으며 풍속도 점차 각박해져 갔다.
㉤ 조선상 역계경은 우거왕이 의견을 들어주지 않자 자신을 따르는 2,000여 호의 주민을 데리고 남쪽 진국으로 내려갔다.

① ㉠, ㉡   ② ㉡, ㉤
③ ㉡, ㉢, ㉤   ④ ㉠, ㉡, ㉢, ㉣

04

○△×

다음 중 삼국 각국 국왕에 대한 설명으로 옳은 것은 무엇인가?

① 고구려의 광개토 대왕은 우리 역사상 최초로 '건양'이라는 연호를 사용하여 중국과의 정치적 대등함을 나타냈다.

② 고구려의 소수림왕은 북중국의 전진과 수교를 맺고, 불교를 삼국 중 가장 먼저 수용하였다.

③ 백제의 고이왕은 내관 12부와 외관 10부 등의 중앙 행정 관서 22부를 설치하고, 5부와 5방으로 지방 행정 제도를 개편하였다.

④ 신라의 법흥왕은 병부를 설치하고, 율령 반포, 공복 제정 등을 통해 고대 국가로서의 통치 질서를 확립하였고, 고령의 대가야를 정복하였다.

05

○△×

고대 우리 문화의 일본 전파에 관한 설명으로 옳지 않은 것은?

① 가야 문화와 삼국의 문화는 각각 일본의 스에키 문화와 아스카 문화에 영향을 주었다.

② 백제 근초고왕 때 일본에 왕인이 「논어」와 「천자문」을 전파하였다.

③ 고구려 영양왕 때 묵호자는 일본으로 건너가 불경과 불상을 전파하여 일본 불교계에 큰 영향을 미쳤다.

④ 고구려 승려 혜자는 일본 쇼토쿠 태자의 스승이 되고, 혜관은 삼론종을 전파하였다.

06

○△×

발해의 역사를 순서대로 바르게 나열한 것은?

> ㉠ 당으로부터 3성 6부를 수용하여 독자적으로 운영하였고, 신라와도 상설 교통로인 신라도를 개설하면서 관계를 개선하였다.
>
> ㉡ 돌궐과 일본 등을 연결하면서 당과 신라를 견제하였고 당의 산둥 지방에 있는 덩저우(등주)를 공격하기도 하였다.
>
> ㉢ 거란이 동쪽으로 세력을 확대해 오고, 발해 내부에서 귀족들의 권력 투쟁이 격화되기 시작하였다.
>
> ㉣ 대부분의 말갈족을 복속시키고 요동으로 진출하였으며, 남쪽으로는 신라와 국경을 접할 정도로 넓은 영토를 차지하면서 최대 영역의 판도를 이룩하여 지방 행정 제도를 완비하였다.

① ㉡ - ㉠ - ㉣ - ㉢

② ㉡ - ㉠ - ㉢ - ㉣

③ ㉣ - ㉡ - ㉠ - ㉢

④ ㉣ - ㉠ - ㉡ - ㉢

07

○△×

다음의 각 서적들에 대한 설명 중 옳지 않은 것은?

① 「해동고승전」은 고려 시대의 명승 30여 명의 계통을 밝힌 책이다.

② 「동명왕편」은 이규보가 쓴 것으로 고구려 건국 영웅인 동명왕의 업적을 칭송한 서사시이다.

③ 「제왕운기」는 우리의 역사 서술을 단군부터 시작하여 중국 역사와의 대등함을 강조하였다.

④ 서거정의 「동국통감」은 고조선부터 고려 말까지의 역사를 편년체로 서술한 통사였다.

08
⟨○△✕⟩

다음과 같은 상황이 전개되었던 시기의 모습으로 적절한 것은?

• 조위총의 난	• 망이 · 망소이의 난
• 전주 관노의 난	• 김사미 · 효심의 난
• 최광수의 난	• 이연년 형제의 난

① 최충의 9재 학당을 비롯한 사학 12도가 크게 융성하면서 관학이 쇠퇴하였다.

② 전국에 12목을 설치하고 지방관(외관)을 파견하여 중앙 집권을 강화하였다.

③ 경기도 용인의 처인 부곡민들의 필사적 저항 끝에 몽골 장수 살리타를 사살하였다.

④ 홍건적의 침입으로 개경이 함락 당하면서 왕이 복주까지 피난을 가야했다.

09
⟨○△✕⟩

고려 시대의 대표적 승려인 (가), (나)에 대한 설명으로 옳은 것을 〈보기〉에서 고르면?

(가) 문종의 왕자로 승려가 되었다. 그는 "교종을 공부하는 사람은 내적인 것을 버리고 외적인 것을 구하는 경향이 강하고, 선종을 공부하는 사람은 외적인 대상을 잊고 내적으로만 깨치려는 경향이 강하다. 이는 양 극단에 치우친 것으로, 양자를 고루 갖추어 안팎으로 모두 조화를 이루어야 한다."고 하였다.

(나) 명리에 집착하는 당시 불교계의 타락상을 비판하였다. 그는 "선(禪)은 부처님의 마음이요, 교(敎)는 부처의 말씀이다. 깨닫는 것(悟)과 수련하는 것(修)은 분리될 수 없으며, 정(定)과 혜(慧) 또한 같이 닦아야 한다."고 하였다.

┤ 보 기 ├

㉠ (가)는 교종의 입장에서, (나)는 선종의 입장에서 종파를 통합하려 하였다.

㉡ (가)는 왕실과 중앙 귀족의 후원을 받았고, (나)는 무신 정권의 후원을 받았다.

㉢ (나)가 죽은 뒤 교단이 다시 분열되어 고려 불교의 분열은 더욱 심해졌다.

㉣ (가)는 수선사 결사 운동을 주도하였고, (나)는 백련 결사 운동을 주도하였다.

10
⟨○△✕⟩

다음 글의 (가)에 들어갈 기구에 대한 설명으로 옳은 것은?

지금까지 고을에서 백성을 예속(禮俗)으로 이끈 사람이 몇이나 되는가? 수령은 장부 처리에 바빠서 그럴 틈이 없었고, 선비들은 풍속을 교화시킬 방법은 있었으나 지위가 없어서 사람들이 따르지 않았다. 이제 우리 전하께서 전에 폐지되었던 (가)를(을) 두게 하셨으니, 나이와 덕망이 높은 자를 추대하여 좌수(座首)라고 일컫고, 그 다음 별감(別監)이라고 일컬었다.

① 중앙과 지방의 연락 사무를 담당하여 유향소를 통제하였다.

② 선현에 대한 제사와 교육의 기능을 하며 전국에서 유생이 모여 학문을 연구하였다.

③ 전통적 공동 조직과 미풍양속을 계승하면서 삼강오륜을 중심으로 한 유교 윤리를 가미하여 향촌 사회의 질서를 유지하는 기능을 담당하였다.

④ 향안과 향회, 향규 등을 통해 지방 재지사족의 권한을 강화하며 수령을 보좌하고 향리를 통제하는 기능을 담당하였다.

11
⟨○△✕⟩

조선 시대에 일본과의 외교 관계에 대한 사실로 옳지 않은 것은?

① 세종은 3포를 개항하고, 계해약조를 맺어 일본과의 제한된 무역을 허용하였다.

② 중종 때 삼포왜란을 계기로 임시회의 기구로서 비변사가 설치되었다.

③ 한산도 대첩, 진주 대첩, 행주 대첩을 임진왜란 3대 대첩이라고 한다.

④ 임진왜란 이후 선조 때 대마도주와 맺은 기유약조를 계기로 일본과의 교역이 재개되었다.

12

자료를 통해 알 수 있는 시기의 경제 상황으로 옳지 않은 것은?

> • 요즘은 오로지 광작을 농사로 여기는 풍조가 성행한다. 그리하여 가족이 몇 명 되지 않는 집에서도 모두 수 석락지의 논을 경작한다.
> – 「천일록」 –
>
> • 사신이 돌아올 때 단련사를 보내 수행하도록 하였다. 그런데 단련사가 상인과 결탁하여 책문 후시와 중강 후시 등에서 무역으로 이득을 취하였다.
> – 「만기요람」 –

① 쌀이 상업적으로 재배되면서 밭을 논으로 바꾸는 현상이 점차 늘어났다.

② 수공업자들이 상인에게 주문 제품의 원료와 자본(공가)을 미리 지불하는 선대제 수공업이 일반적인 형태였다.

③ 물주가 전문 광산 경영인인 덕대를 고용하고 덕대는 채굴업자와 제련 기술자를 고용하는 분업을 토대로 둔 협업 형태의 민영 광산이 크게 늘어나 광산 개발이 활기를 띠었다.

④ 밭농사는 기존의 농종법에서 점차 견종법으로 바뀌고 이앙법의 확대로 인한 광작이 유행하면서 농민의 계층 분화가 이루어졌다.

13

다음은 조선 시대 붕당 정치의 흐름을 나타낸 표이다. 각각에 대한 설명으로 옳지 않은 것은?

동·서 붕당 형성	남인과 북인으로 분리	예송논쟁 시기	경신환국
㉠	㉡	㉢	㉣

① ㉠ – 이조전랑의 문관 인사 추천권을 놓고 동인과 서인으로 나뉘게 되었다.

② ㉡ – 정여립 모반 사건, 정철의 세자 건저의 사건을 계기로 동인이 남인과 북인으로 나뉘게 되었다.

③ ㉢ – 효종이 사망하게 되자 상복 입는 시기를 놓고 효종의 정통성 문제가 제기되어 노론과 소론의 대립이 격화되었다.

④ ㉣ – 서인이 집권하면서 남인을 몰아내고, 서인은 노론과 소론으로 분열되었다.

14

다음과 같은 비판을 받았던 종교에 대한 설명으로 옳은 것은?

> 우습다. 저 사람은 저의 부모 죽은 후에 신(神)도 없다 이름하고 제사조차 안 지내며, 오륜(五倫)에 벗어나서 빨리 죽기만 바라는데, 부모 없는 혼령 혼백 저는 어찌 유독 있어 승천(昇天)하면 무엇할꼬?

① 16세기 중종 때 들어와 이황의 비판을 받았으며, 조선 후기에 소론을 중심으로 일부 남인과 불우 종친이 연구하여 강화학파를 형성하였다.

② 17세기에 남인 계열의 양반들에 의해 점차 종교로 수용되기 시작하였다.

③ 1801년 순조 때 노론 벽파가 남인과 시파 세력을 대거 축출하기 위해 신유박해를 일으켰다.

④ 1882년 조·미 수호 통상 조약 체결로 이 종교에 대한 종교의 자유가 허용되었다.

15

다음 제시된 사료와 관련된 시기의 모습으로 옳은 것을 모두 고르면?

> 평서 대원수는 급히 격문을 띄우노니, 관서의 부로(父老)와 자제 공, 사 천민들은 이 격문을 들어라. … 조정에서는 관서를 버림이 분토(糞土)와 다름없다. …… 지금 임금이 나이가 어려서 권세 있는 간신배가 그 세를 날로 떨치고, 김조순, 박종경의 무리가 국가 권력을 마음대로 하니 …… 이제 격문을 띄워 여러 고을의 군후(君侯)에게 알리노니, 절대로 동요하지 말고 성문을 열어 우리 군대를 맞으라.

> ㄱ. 삼정의 문란과 탐관오리의 횡포가 전국적으로 횡행하였다.
> ㄴ. 지배층의 학문은 고증학에 치우쳐 개혁의 의지를 상실하였다.
> ㄷ. 신주를 소각하여 유교식 제사 의식을 거부하던 윤지충이 처형당하였다.
> ㄹ. 지대 납부 방식이 점차 타조법에서 도조법으로 바뀌어가고 지주와 소작농의 관계도 점차 경제적 관계에서 신분적 관계를 바뀌게 되면서 소작료의 금납화도 진행되었다.

① ㄱ, ㄴ   ② ㄷ, ㄹ
③ ㄱ, ㄷ   ④ ㄴ, ㄹ

16

다음 제시된 내용을 주장한 단체와 관련된 설명으로 옳은 것은?

> 1. 요순의 법을 행할 것.
> 2. 선왕의 복제를 본받을 것.
> 5. 방곡을 실시하여 구민법을 채용할 것.
> 6. 시장에 외국 상인의 출입을 엄금할 것.
> 8. 금광의 채굴을 엄금할 것.
> 9. 사전을 혁파하고 균전법을 시행할 것.
> 13. 외국에 철도 부설권을 허락하지 말 것.

① 방성칠을 중심으로 일어난 화전민의 난인 제주 농민 봉기에 참여하였다.
② 외교권을 강탈당하자 의병을 거병하였고, 최초의 평민 출신 의병장을 배출하였다.
③ 반봉건과 반외세를 부르짖으며 열강의 침탈에 맞서 투쟁하였다.
④ 일본이 경복궁을 침범하여 고종을 위협하자 남접과 북접이 충남 논산에서 다시 봉기하였다.

17

다음 제시된 사료의 시기에 우리나라 주변 정세에 관한 설명으로 옳은 것은?

> 아뢰올 바는 우리나라의 시세(時勢)가 크게 바뀌어서 정권(政權)이 황실(皇室)에 돌아갔다는 것입니다. 이는 귀국과의 인의(仁義)를 굳게 하는 데에 있어서도 크게 기뻐할 일이라 하겠습니다. …… 이번 서한에는 특히 신인(信印)을 찍어 조정에 성의를 표합니다. 귀국 역시 마땅히 받아들여야 할 것입니다. 지난날 도서(圖書)를 받아 교제를 해 온 것은 후의에서 나온 것으로 알고 있으며 따라서 쉽게 바꿀 수 없으나, 조정의 특명이니 어찌 이사해공(以私害公)할 이유가 있겠습니까? 제 뜻이 이와 같습니다. 귀조가 다행히 이를 체량하시길 깊이 바라는 바입니다.

> ㄱ. 흥선대원군은 경복궁을 중건 및 원납전을 징수하고, 당백전을 발행하였다.
> ㄴ. 일본은 기존의 막부를 해체하고, 입헌군주국을 수립하였다.
> ㄷ. 청나라에서는 서양의 과학 기술만을 수용하자는 양무운동이 전개되었다.
> ㄹ. 청은 러시아가 송화강 유역 일대까지 러시아가 남하해오자 조선에 2차례의 조총 부대 파병을 요청하였다.

① ㄱ, ㄴ   ② ㄴ, ㄷ
③ ㄴ, ㄹ   ④ ㄱ, ㄴ, ㄷ

18

다음 (가)~(마)는 개항 이후 일제 강점 이전까지 발생한 사건에 대한 평가이다. 이와 관련하여 옳은 설명을 모두 고르면?

(가) 전봉준을 중심으로 한 농민들의 반봉건과 반외세의 저항 운동이었으나 구체적인 개혁 방안을 제시하지는 못하였다.
(나) 우리나라 최초의 근대 국민 국가 수립을 위한 정치적 개혁 운동이었다.
(다) 통치 체제를 정비하고 왕권을 강화시키며 국가 재정을 확충하였으나, 우리나라의 근대화를 지연시켰다.
(라) 자주 국권, 자유 민권, 자강 개혁을 통해 우리의 자주권을 수호하기 위한 단체이기도 하였다.
(마) 토지 제도, 군사 제도, 상공업 진흥(식산흥업)에 관한 개혁에는 소홀하였다.

ㄱ. (마)의 내용에는 (가)와 (나)의 요구 사항 일부가 수용되었다.
ㄴ. (나)의 개혁 세력과 (라) 단체는 입헌 군주제 형태의 정치 체제를 추구하였다.
ㄷ. (나)와 (라)는 하층민의 동의와 지지를 얻기 위하여 각종 토론회를 개최하였다.
ㄹ. 각 사건을 순서대로 하면 (다) – (나) – (가) – (마) – (라)이다.

① ㄱ, ㄴ
② ㄷ, ㄹ
③ ㄱ, ㄴ, ㄷ
④ ㄱ, ㄴ, ㄹ

19

다음은 어떤 인물의 주요 경력이다. 이 인물에 대한 설명으로 옳은 것은?

• 1907년 양기탁 등과 함께 비밀 결사인 '신민회'를 창립하였다.
• 1923년 국민 대표 회의에 개조파로 참여하였다.
• 1926년 북경에서 유일당으로서 '대독립당 조직 북경 촉성회'를 창립하였다.
• 1932년 윤봉길 의거로 상하이에서 체포되어 국내로 이송되었다.

① 미국 샌프란시스코에서 흥사단을 조직하였으며 애국 계몽 운동을 주도하였다.
② 김규식, 조소앙과 함께 남북 지도자 회담에 참석하여 남한만의 총선거 실시를 반대하였다.
③ 평양에서 토산품 애용 운동을 주도하였던 민족주의의 대표 인물이다.
④ 한성 정부의 집정관 총재를 지냈으며 미국의 구미 위원부를 운영하였다.

20

다음의 북한과 관련된 사건을 시대순으로 바르게 나열한 것은?

ㄱ. 천리마 운동
ㄴ. 푸에블로 호 납북 사건
ㄷ. 주체사상 채택
ㄹ. 국가주석제 채택
ㅁ. 김일성 사망

① ㄱ – ㄴ – ㄷ – ㄹ – ㅁ
② ㄷ – ㄱ – ㄴ – ㅁ – ㄹ
③ ㄴ – ㄷ – ㄱ – ㅁ – ㄹ
④ ㄴ – ㄷ – ㄱ – ㄹ – ㅁ

제4과목 사회복지학개론

01

다음 중 사회행동모델에 대한 설명으로 옳은 것은?

① 지역사회 내 자원과 권력의 배분이 불평등하다고 전제한다.
② 기본전략은 논리적 조치를 강구하는 데 초점을 둔다.
③ 클라이언트는 지역사회에 거주하는 주민들이며, 지역사회복지사는 조정자, 촉매자, 지지자, 교육자 등의 역할을 수행해야 한다.
④ 공공의 이익은 지도자의 판단과 양심이 실천에 옮겨짐으로써 가능하다고 본다.

02

다음 중 조사의 유형에 관한 설명으로 옳은 것은?

① 질적 조사는 평가연구에 활용될 수 없다.
② 시계열설계 유형은 평가연구에 활용될 수 없다.
③ 내용분석은 인간의 의사소통기록을 분석한다.
④ 코호트 조사는 구축된 패널을 매회 반복 조사한다.

03

다음 중 장애인복지법에 관한 내용으로 옳은 것은?

① 장애인정책조정위원회는 보건복지부 소속하에 둔다.
② 장애인의 장애 인정과 등급 사정에 관한 업무를 담당하게 하기 위하여 국민건강보험공단에 장애 판정위원회를 둔다.
③ 국가와 지방자치단체는 장애인에게 적합한 사업을 경영하는 자에게 장애인의 능력과 적성에 따라 장애인을 고용하도록 권유할 수 있다.
④ 국가는 대학에서 사용하는 교양도서에 장애인에 대한 인식개선을 위한 내용이 포함되도록 하여야 한다.

04

다음 중 가족사정에 관한 설명으로 옳지 않은 것은?

① 생태도로 주변 체계와의 상호작용을 파악할 수 있다.
② 가족 상호작용에 관한 새로운 정보로 인해 초기의 사정 내용이 변화할 수 있다.
③ 가계도를 통해 세대 간 전수되는 가족의 특징이나 반복되는 사건 등을 파악할 수 있다.
④ 사회관계망표를 활용하여 가족 내 규칙을 파악할 수 있다.

05

다음 중 사례관리의 특성에 관한 설명으로 옳지 않은 것은?

① 자원체계 간 연결, 조정 등의 활동을 한다.
② 투입과 과정에 대한 평가를 한다.
③ 클라이언트 욕구에 초점을 두어 기관 내 서비스로 한정하지 않는다.
④ 공적 책임을 강화하기 위해 직접적 개입의 활용을 최소화한다.

06

다음 중 자선조직협회(COS)와 인보관 운동에 관한 설명으로 옳지 않은 것은?

① 자선조직협회에서는 우애방문원들이 가정방문을 하였다.
② 인보관 운동은 사회진화론에 바탕을 두었다.
③ 우애방문원은 오늘날 사회복지사의 모태라고 할 수 있다.
④ 인보관 운동은 사회개혁을 추구했다.

07

다음 중 사회복지정책의 할당원칙(Principles of Allocation)에 관한 설명으로 옳지 않은 것은?

① 시장을 통해 충족되지 않는 어떤 욕구를 공통적으로 가진 집단에 속하는지 여부에 근거하는 원칙을 귀속적 욕구(Attributed Need)라고 한다.

② 보상(Compensation)이란 사회·경제적으로 특별한 공헌을 했는지 또는 사회로부터 부당한 피해를 입었는지 여부에 근거하는 원칙이다.

③ 진단적 차등(Diagnostic Differentiation)이란 개별사례에 대해 전문가가 어떤 재화 또는 서비스를 특별히 필요로 하는지를 판단하는 것이다.

④ 역량(Capability)은 보유하고 있거나 동원 가능한 자원의 종류와 양에 근거하여 대상 여부를 판단하는 것이다.

08

다음 중 지역사회에 관한 설명으로 옳은 것은?

① 지리적 지역사회와 기능적 지역사회로 구분한 사람은 로스만(Rothman)이다.

② 장애인 부모회는 지리적 지역사회에 해당한다.

③ 교통 및 통신수단의 발달로 과거에 비해 기능적 지역사회가 더 많이 나타나게 되었다.

④ 지역사회는 의사소통, 교환, 상호작용의 필요성이 점차 줄어들고 있다.

09

다음 중 아동복지법에 관한 내용으로 옳은 것은?

① 국가 또는 지방자치단체 외의 자가 아동복지시설을 설치하려는 경우에는 관할 시장·군수·구청장의 허가를 받아야 한다.

② 지방자치단체는 학대받은 아동의 발견, 보호, 치료에 대한 신속처리 및 아동학대예방을 담당하는 아동보호전문기관을 시·도 및 시·군·구에 3개소 이상 두어야 하며 둘 이상의 시·군·구를 통합하여 하나의 아동보호전문기관을 설치·운영할 수 있다.

③ 아동복지시설의 장은 보호하고 있는 18세 미만의 아동을 대상으로 매년 개별 아동에 대한 자립지원계획을 수립해야 한다.

④ 누구든지 아동을 위하여 증여 또는 급여된 금품을 그 목적 외의 용도에 사용하는 행위를 하여서는 아니 된다.

10

다음 중 에스핑-앤더슨(G. Esping & Andersen)의 복지국가 유형에 대한 설명으로 옳은 것은?

① 조합주의 복지국가가 주로 제공하는 제도는 공공부조이다.

② 탈상품화와 사회계층화라는 개념을 기준으로 구분하였다.

③ 자유주의적 복지국가는 보편적인 사회보험제도를 주로 제공한다.

④ 사회민주주의적 복지국가는 탈상품화 효과가 가장 낮다.

11
○△✕

다음 중 우리나라 사회복지재원에 관한 설명으로 옳은 것은?

① 사회보장의 주된 재원은 사회보장세이다.
② 국민연금기금은 특별예산에 해당한다.
③ 공공부조 시행에 필요한 모든 비용은 중앙정부가 부담한다.
④ 국고보조금은 중앙정부 각 부처가 지방자치단체에 지원하는 재원이다.

12
○△✕

다음 중 기초연금에 관한 설명으로 옳지 않은 것은?

① 연금지급 대상은 65세 이상으로 소득인정액이 선정기준액 이하인 자이다.
② 연금지급에 드는 비용은 지방자치단체가 모두 부담한다.
③ 기초연금액은 수급권자의 기준연금액에 따라 달리 산정한다.
④ 연금수급희망자의 연금지급 신청은 그 친족이 대신할 수 있다.

13
○△✕

다음 중 사회복지실천에서 면접의 특성으로 옳지 않은 것은?

① 개입목적에 따라 의사소통 내용이 제한된다.
② 정해진 장소에서 수행된다.
③ 기관의 상황적 특성과 맥락에서 이루어진다.
④ 특정한 역할 관계가 있다.

14
○△✕

다음 중 사회복지 전달체계 중 중앙정부의 역할이 아닌 것은?

① 다양한 프로그램의 통합이나 조정
② 소득재분배 및 평등의 가치 구현
③ 전국적으로 통일성 있는 서비스 제공
④ 클라이언트의 특수한 욕구에 대한 전문적인 대응

15
○△✕

다음 중 노인복지법상 노인복지시설에 관한 설명으로 옳지 않은 것은?

① 노인공동생활가정은 노인의료복지시설이다.
② 노인교실은 노인여가복지시설이다.
③ 노인학대 신고전화 운영은 지역노인보호전문기관의 업무이다.
④ 방문요양서비스의 제공을 목적으로 하는 시설은 재가노인복지시설이다.

16
○△✕

다음 중 통합적 접근방법이 사회복지실천에 미친 영향으로 옳지 않은 것은?

① 전통적 실천방법을 해체하고 새로운 실천방법을 제시하였다.
② 사회복지전문직의 정체성 확립에 기여하였다.
③ 사회복지실천을 구성하는 공통점이 도출되었다.
④ 클라이언트 욕구에 따른 맞춤형 원조가 가능하게 되었다.

17　◯△✕

다음 중 생활모델에 대한 설명으로 옳지 않은 것은?

① 생태체계적 관점에 입각한 모델이다.
② 유기체로서의 개인이 그를 둘러싸고 있는 환경과 어떻게 적응관계를 유지하는가에 주요 관심을 둔다.
③ 개입에 있어 구조화된 절차를 가지고 교육적 접근을 강조한다.
④ 생활상의 문제에 초점을 두고 있다.

18　◯△✕

다음 중 정책분석의 3P(과정분석, 산물분석, 성과분석) 중 과정분석의 사례에 해당하는 것은?

① 근로장려세제(EITC)의 근로유인효과 분석
② 자활사업참여자의 공공부조 탈수급효과 분석
③ 노인장기요양보험법 제정에서 이익집단의 영향 분석
④ 보육서비스 정책이 출산율 증가에 미치는 영향 분석

19　◯△✕

다음 중 장애인 직업재활프로그램을 논리모델로 구성하였을 때 올바르게 연결된 것은?

① 투입 – 교육회기 수
② 성과 – 취업
③ 산출 – 제빵기술 교육
④ 활동 – 장애인

20　◯△✕

다음 중 사회복지서비스 전달체계 구축에 관한 설명으로 옳지 않은 것은?

① 서비스의 적절성은 서비스의 양과 질, 기간이 클라이언트의 문제해결에 충분한 것을 의미한다.
② 서비스의 접근성은 수급자격의 요건을 강화하여 자원을 효율적으로 활용하는 것을 의미한다.
③ 서비스의 포괄성은 다양한 욕구해결을 위해 필요한 서비스를 종합적으로 제공하는 것을 의미한다.
④ 서비스의 통합성은 각종 서비스가 질서정연하고 체계적으로 제공되어 욕구충족을 효과적으로 달성하는 것을 의미한다.

01

☐△✕

다음 중 허가에 대한 설명으로 옳지 않은 것은?(다툼이 있는 경우 판례에 의함)

① 건축허가의 법적 성격상 건축 중인 건물의 소유자와 건축허가 명의자가 일치하여야 한다.

② 채석허가를 받은 자에 대한 관할 행정청의 채석허가 취소처분에 대하여 수허가자의 지위를 양수한 양수인에게 그 취소처분의 취소를 구할 법률상 이익이 있다.

③ 한의사가 약사에게 한약조제권을 인정해 주는 한약조제시험 합격처분의 효력에 대하여 다툴 원고적격은 인정되지 않는다.

④ 기존 목욕장영업자가 누리는 영업상의 이익은 반사적 이익에 해당한다.

02

☐△✕

행정지도에 관한 설명으로 옳지 않은 것은?(다툼이 있는 경우 판례에 의함)

① 세무당국이 소외 회사에 대하여 원고와의 주류 거래를 일정기간 중지하여 줄 것을 요청한 행위는 항고소송의 대상이 될 수 없다.

② 토지거래계약신고에 관한 행정관청의 위법한 관행에 따라 토지의 매매가격을 허위로 신고한 행위는 사회상규에 위배되지 않는 정당한 행위라고 볼 수 없다.

③ 행정지도가 강제성을 띠지 않은 비권력적 작용으로서 행정지도의 한계를 일탈하지 아니하였다면, 그로 인하여 상대방에게 어떤 손해가 발생하였다 하더라도 행정기관은 그에 대한 손해배상책임이 없다.

④ 행정절차법은 행정지도 원칙과 관련하여 비례원칙, 불이익조치금지원칙, 임의성 원칙, 신뢰보호원칙을 규정하고 있다.

03

☐△✕

소의 이익에 대한 설명으로 옳지 않은 것은?(다툼이 있는 경우 판례에 의함)

① 조합설립변경인가 후에 다시 변경인가를 받은 경우에 당초 조합설립변경인가소송에 대한 소의 이익은 없다.

② 건축허가가 건축법 소정의 이격거리를 두지 아니하고 건축물을 건축하도록 되어 있어 위법하다 하더라도 이미 건축공사가 완료되었다면 인접한 대지의 소유자로서는 위 건축허가처분의 취소를 구할 소의 이익이 없다.

③ 공개청구의 대상이 되는 정보가 이미 다른 사람에게 공개되어 널리 알려져 있다거나 인터넷 등을 통하여 공개되어 인터넷검색 등을 통하여 쉽게 알 수 있다는 사정만으로는 소의 이익이 없다거나 비공개결정이 정당화될 수 없다.

④ 보충역편입처분취소처분이 취소되어 확정되면 현역병입영대상편입처분에 터 잡은 현역병입영통지처분에 따라 현역병으로 복무하는 것을 피할 수 없는 경우, 보충역처분취소의 취소를 구할 법률상의 이익이 있다.

04

☐△✕

다음 행정청의 행위 중 판례에 의할 때 처분성이 인정되는 않는 것은 모두 몇 개인가?(다툼이 있는 경우에 판례에 의함)

> ㉠ 지적공부 소관청이 토지분할신청을 반려한 행위
> ㉡ 건축물대장 소관청이 용도변경신청을 거부한 행위
> ㉢ 지적공부 소관청이 토지대장을 직권으로 말소한 행위
> ㉣ 소관청이 토지대장상의 소유자명의변경신청을 거부한 행위
> ㉤ 건물등재대장 소관청이 무허가건물을 무허가건물 관리대장에서 삭제하는 행위
> ㉥ 산업단지관리공단이 구 산업집적활성화 및 공장설립에 관한 법률 제38조 제2항에 따른 변경계약의 취소
> ㉦ 공무원연금법령에 따른 공무원연금공단의 급여에 관한 결정

① 1개   ② 2개
③ 3개   ④ 4개

05

행정절차법에 대한 설명으로 옳지 않은 것은?(다툼이 있는 경우 판례에 의함)

① 구 군인사법상 보직해임처분은 구 행정절차법 제3조 제2항 제9호, 같은 법 시행령 제2조 제3호에 의하여 당해 행정작용의 성질상 행정절차를 거치기 곤란하거나 불필요하다고 인정되는 사항 또는 행정절차에 준하는 절차를 거친 사항에 해당하므로, 처분의 근거와 이유 제시 등에 관한 구 행정절차법의 규정이 별도로 적용되지 아니한다.

② 군인사법령에 의하여 진급예정자명단에 포함된 자에 대하여 의견제출의 기회를 부여하지 아니한 채 진급선발을 취소하는 처분을 한 것이 절차상 하자가 있어 위법하다.

③ 건축법상 공사중지명령에 대한 사전통지를 하고 의견제출의 기회를 준다면 많은 액수의 손실보상금을 기대하여 공사를 강행할 우려가 있다는 사정은 사전통지 및 의견제출절차의 예외사유에 해당하지 아니한다.

④ 공정거래위원회의 시정조치 및 과징금납부명령에 행정절차법 소정의 의견청취절차 생략사유가 존재하는 경우에는 공정거래위원회가 행정절차법을 적용하여 의견청취절차를 생략할 수 있다.

06

행정법령의 적용에 관한 설명으로 옳지 않은 것은?(다툼이 있는 경우 판례에 의함)

① 국민의 권리 제한 또는 의무 부과와 직접 관련되는 법률, 대통령령, 총리령 및 부령은 긴급히 시행하여야 할 특별한 사유가 있는 경우를 제외하고는 공포일부터 적어도 30일이 경과한 날부터 시행되도록 하여야 한다.

② 건설업자가 시공자격 없는 자에게 전문공사를 하도급한 행위에 대하여 과징금 부과처분을 하는 경우, 구체적인 부과기준에 대하여 처분시의 법령이 행위시의 법령보다 불리하게 개정되었더라도 어느 법령을 적용할 것인지에 대하여 특별한 규정이 없다면 처분시의 법령을 적용하여야 한다.

③ 의사가 파산선고를 받고 복권되지 아니한 경우를 임의적 면허취소사유로 규정한 개정 전 의료법하에서 파산선고를 받았으나 같은 경우를 필요적 면허취소사유로 규정한 개정 의료법하에서도 복권되지 아니한 의사에 대하여 개정 의료법을 적용하여 의사면허를 반드시 취소하여야 한다.

④ 대학이 성적불량을 이유로 학생에 대하여 징계처분을 하는 경우에 있어서 수강신청이 있은 후 징계요건을 완화하는 학칙개정이 이루어지고 이어 당해 시험이 실시되어 그 개정학칙에 따라 징계처분을 한 경우라면 이는 이른바 부진정소급효에 관한 것이다.

07

다음 중 판례의 입장으로 옳지 않은 것은?(다툼이 있는 경우 판례에 의함)

① 구 주한미군 공여구역주변지역 등 지원특별법 제11조에 의한 사업시행승인을 하는 경우 동법 제29조 제1항에서 정한 사업 관련 모든 인허가 의제사항에 관하여 관계 행정기관의 장과 일괄하여 사전 협의를 거칠 것을 요건으로 한다.

② 국민건강보험공단의 조사원이 수기로 작성한 장기요양인정조사표는 비공개대상정보가 아니다.

③ 국민건강보험공단의 장기요양등급판정위원회의 회의록은 비공개대상정보이다.

④ 구 친일반민족행위자 재산의 국가귀속에 관한 특별법 제3조 제1항 본문의 귀속조항은 진정소급입법에 해당하지만 헌법상 과잉금지원칙이나 재산권 보장원칙에 위반되지 않는다.

08

◯△✕

다음 중 판례의 입장으로 옳지 않은 것은?

① 감액처분으로도 아직 취소되지 않고 남아 있는 부분이 위법하다 하여 다투고자 하는 경우 감액처분을 항고소송의 대상으로 할 수는 없고, 당초 징수결정 중 감액처분에 의하여 취소되지 않고 남은 부분을 항고소송의 대상으로 할 수 있을 뿐이다.

② 이미 제소기간이 지나 불가쟁력이 발생한 후에 행정청이 행정심판청구를 할 수 있다고 잘못 알린 경우에는 그 안내에 따라 청구된 행정심판 재결서 정본을 송달 받은 날부터 다시 취소소송의 제소기간이 기산된다.

③ 직무유기혐의 고소사건에 대한 내부 감사과정에서 경찰관들에게 받은 경위서는 비공개대상정보에 해당한다.

④ 행정청이 주택재건축사업조합 설립인가처분을 한 후 구 도시 및 주거환경정비법 시행령 제27조 각 호에서 정하는 경미한 사항의 변경에 대하여 조합설립 변경인가 형식으로 처분을 한 경우 당초 조합설립인가처분을 다툴 소의 이익은 소멸하지 않는다.

09

◯△✕

다음 중 판례의 입장으로 옳지 않은 것은?

① 정보통신매체를 이용하여 학습비를 받고 불특정 다수인에게 원격평생교육을 실시하기 위해 구 평생교육법 제22조 등에서 정한 형식적 요건을 모두 갖추어 신고한 경우이더라도 행정청이 실체적 사유를 들어 신고 수리를 거부할 수 있다.

② 어업에 관한 허가 또는 신고의 경우에는 어업면허와 달리 유효기간 연장제도가 마련되어 있지 아니하므로 그 유효기간이 경과하면 그 허가나 신고의 효력이 당연히 소멸한다.

③ 공익사업시행지구에 편입되는 주거용 건축물의 소유자 또는 세입자가 아닌 가구원이 사업시행자를 상대로 직접 주거이전비 지급을 구할 수 없다.

④ 수리란 신고를 유효한 것으로 판단하고 법령에 의하여 처리할 의사로 이를 수령하는 수동적 행위이므로 수리행위에 신고필증 교부 등 행위가 꼭 필요한 것은 아니다.

10

◯△✕

손해배상에 관한 다음 기술 중 옳은 것은?(다툼이 있는 경우 판례에 의함)

① 공무원이 자동차손해배상보장법상 자기를 위하여 자동차를 운행하는 자에 해당하는 경우 공무원에게 고의 또는 중과실이 있는 경우에 한해 공무원은 자동차손해배상보장법상의 책임을 부담한다.

② 헌법재판소는 공무원과 군인의 공동불법행위로 직무집행 중인 다른 군인에게 손해를 발생하게 한 경우 민간인이 손해액 전부를 군인에 대해 배상한 후 국가에 구상청구를 할 수 있는지에 대해 부정하는 입장이다.

③ 한국토지공사는 국가배상법 제2조 소정의 공무원에 해당한다.

④ 국가배상법 제5조의 영조물의 설치·관리의 하자로 인한 배상책임의 경우에도 이중배상금지에 관한 규정이 적용된다.

11

◯△✕

과징금에 대한 설명으로 옳지 않은 것은?(다툼이 있는 경우 판례에 의함)

① 재량권을 일탈한 과징금 납부명령에 대하여는 법원이 적정한 처분의 정도를 판단하여 그 초과되는 부분만 취소할 수 있다.

② 회사분할의 경우에 분할 전 법위반행위를 이유로 신설회사에 대하여 과징금을 부과하는 것은 허용되지 않는다.

③ 부과관청이 추후에 부과금 산정 기준이 되는 새로운 자료가 나올 경우 과징금액이 변경될 수도 있다고 유보하며 과징금을 부과했더라도, 새로운 자료가 나온 것을 이유로 새로이 부과처분을 할 수 없다.

④ 부동산 실권리자명의 등기에 관한 법률 및 시행령상 명의신탁자에 대한 과징금부과처분은 행정청의 기속행위에 해당한다.

12

◯ △ ✕

행정행위의 직권취소에 대한 설명으로 옳지 않은 것은?(다툼이 있는 경우 판례에 의함)

① 변상금 부과처분에 대한 취소소송이 진행 중인 경우에도 그 부과권자로서는 위법한 처분을 스스로 취소하고, 그 하자를 보완하여 다시 적법한 부과처분을 할 수도 있다.

② 원래 행정처분을 한 처분청은 그 처분에 하자가 있는 경우에는 원칙적으로 별도의 법적 근거가 없더라도 스스로 이를 직권으로 취소할 수 있으며 그와 같이 직권취소를 할 수 있다는 사정만으로 이해관계인에게 처분청에 대하여 그 취소를 요구할 신청권이 부여된 것으로 볼 수 있다.

③ 행정처분의 성립과정에서 뇌물이 수수되었다고 하더라도 그 행정처분이 기속적 행정행위이고 그 처분의 요건이 충족되었음이 객관적으로 명백하여 다른 선택의 여지가 없었던 경우에는 직권취소의 예외가 될 수 있을 것이지만, 그 경우 이에 대한 입증책임은 이를 주장하는 측에게 있다.

④ 행정청이 의료법인의 이사에 대한 이사취임승인 취소처분을 직권으로 취소한 경우, 법원에 의하여 선임된 임시이사는 법원의 해임결정이 없더라도 당연히 그 지위가 소멸된다.

13

◯ △ ✕

다음 중 행정소송의 대상이 되지 않는 것은?(다툼이 있는 경우 판례에 의함)

① 행정재산의 사용·수익에 대한 허가 신청을 거부한 행위

② 수도권매립지관리공사가 행한 입찰참가자격을 제한하는 내용의 부정당업자제재처분

③ 수도법에 의한 수도료의 부과징수와 그에 따른 수도료 납부관계

④ 구 남녀차별금지 및 구제에 관한 법률상 국가인권위원회의 성희롱결정 및 시정조치권고

14

◯ △ ✕

행정상 입법에 대한 설명으로 옳지 않은 것은?(다툼이 있는 경우 판례에 의함)

① 법률이 대통령령으로 규정하도록 되어 있는 사항을 부령으로 정한 경우 그 부령의 효력은 무효에 해당한다.

② 일반적으로 법률의 위임에 의하여 효력을 갖는 법규명령의 경우, 구법에 위임의 근거가 없어 무효였더라도 사후에 법 개정으로 위임의 근거가 부여되면 그 때부터는 유효한 법규명령이 된다.

③ 다양한 사실관계를 규율하거나 사실관계가 수시로 변화될 것이 예상될 때에는 위임의 명확성의 요건이 완화되어야 한다.

④ 법률규정 자체에 위임의 구체적 범위를 명확히 규정하고 있지 아니하여 외형상으로는 일반적, 포괄적으로 위임한 것처럼 보이는 경우에는 그 법률의 전반적인 체계 등에 대한 해석을 통하여 그 내재적인 위임의 범위나 한계를 객관적으로 분명히 확정될 수 있는 것이더라도 일반적, 포괄적 위임에 해당한다.

15

행정절차법에 대한 설명으로 옳지 않은 것은?(다툼이 있는 경우 판례에 의함)

① 산업기능요원에 대하여 한 산업기능요원 편입취소처분은 행정절차법상의 '처분의 사전통지'와 '의견제출 기회의 부여' 등의 절차를 거쳐야 하는 것은 아니다.

② 일반주류도매업면허취소통지에 "상기 주류도매장은 무면허 주류판매업자에게 주류를 판매하여 주세법 제11조 및 국세법사무처리규정 제26조에 의거 지정조건위반으로 주류판매면허를 취소합니다"라고만 되어 있어서 원고의 영업기간과 거래상대방 등에 비추어 원고가 어떠한 거래행위로 인하여 이 사건 처분을 받았는지 알 수 없게 되어 있다면 이 사건 면허취소처분은 위법하다.

③ 계약직공무원에 관한 현행 법령의 규정에 비추어 볼 때, 계약직공무원 채용계약해지의 의사표시는 일반공무원에 대한 징계처분과는 달라서 행정처분과 같이 행정절차법에 의하여 근거와 이유를 제시하여야 하는 것은 아니다.

④ 일반적으로 당사자가 근거규정 등을 명시하여 신청하는 인·허가 등을 거부하는 처분을 함에 있어 당사자가 그 근거를 알 수 있을 정도로 상당한 이유를 제시한 경우에는 당해 처분의 근거 및 이유를 구체적 조항 및 내용까지 명시하지 않았더라도 그로 말미암아 그 처분이 위법한 것이 된다고 할 수 없다.

16

공법상 계약에 대한 설명으로 옳지 않은 것은?(다툼이 있는 경우 판례에 의함)

① 공법상 계약에 대해서도 행정절차법이 적용된다.

② 다수설에 따르면 공법상 계약은 당사자의 자유로운 의사의 합치에 의하므로 원칙적으로 법률유보의 원칙이 적용되지 않는다고 본다.

③ 서울특별시립무용단원의 위촉은 공법상 계약에 해당하여 그 단원의 해촉에 대하여는 공법상의 당사자소송으로 무효확인을 청구할 수 있다.

④ 채용계약상 특별한 약정이 없는 한, 지방계약직공무원에 대해 지방공무원법, 지방공무원 징계 및 소청규정에 정한 징계절차에 의하지 않고서는 보수를 삭감할 수 없다.

17

행정심판의 심리에 대한 설명으로 옳은 것은?

① 행정심판위원회의 심리는 당사자가 주장한 사실에 한정되므로 당사자가 주장하지 아니한 사실에 대하여는 심리할 수 없다.

② 선정대표자는 다른 청구인들을 위하여 그 사건에 관한 모든 행위를 할 수 있다. 다만, 심판청구를 취하하려면 다른 청구인들의 동의를 받아야 하며, 이 경우 동의받은 사실을 서면으로 소명하여야 한다.

③ 행정심판법은 구술심리를 원칙으로 하며, 당사자의 신청이 있는 때에는 서면심리로 할 것을 규정하고 있다.

④ 행정심판법은 행정심판의 심리는 비공개 원칙임을 명시적으로 규정하고 있다.

18

행정상 처분에 관한 기술로 타당하지 않은 것은?(다툼이 있는 경우 판례에 의함)

① 건축허가권자가 건축불허가처분을 하면서 그 처분사유로 건축불허가 사유뿐만 아니라 구 소방법 제8조 제1항에 따른 소방서장의 건축부동의 사유를 들고 있다고 하여 그 건축불허가처분 외에 별개로 건축부동의처분이 존재하는 것이 아니므로, 그 건축불허가처분을 받은 사람은 그 건축불허가처분에 관한 쟁송에서 건축법상의 건축불허가 사유뿐만 아니라 소방서장의 부동의 사유에 관하여도 다툴 수 없다.

② 항정신병 치료제의 요양급여에 관한 보건복지부 고시는 다른 집행행위의 매개 없이 그 자체로서 제약회사, 요양기관, 환자 및 국민건강보험공단 사이의 법률관계를 직접 규율하는 성격을 가지므로 항고소송의 대상이 되는 행정처분에 해당한다.

③ 구 산업집적활성화 및 공장설립에 관한 법률에 따른 산업단지 입주계약의 해지통보는 행정청인 관리권자로부터 관리업무를 위탁받은 한국산업단지공단이 우월적 지위에서 그 상대방에게 일정한 법률상 효과를 발생하게 하는 것으로서 항고소송의 대상이 되는 행정처분에 해당한다.

④ 폐기물관리법상 사업계획서 부적정통보는 허가신청 자체를 제한하는 등 개인의 권리 내지 법률상의 이익을 개별적이고 구체적으로 규제하고 있어 행정처분에 해당한다.

19

행정행위의 부관에 대한 설명으로 옳지 않은 것은?(다툼이 있는 경우 판례에 의함)

① 행정행위인 허가 또는 특허에 붙인 조항으로서 종료의 기한을 정한 경우 기한의 도래로 그 행정행위의 효력은 당연히 상실된다.

② 허가에 붙은 기한이 그 허가된 사업의 성질상 부당하게 짧아 그 기한을 허가조건의 존속기간으로 볼 수 있는 경우에 허가기간이 연장되기 위하여는 그 종기 도래 이전에 연장에 관한 신청이 있어야 한다.

③ 행정청이 도시환경정비사업시행자에게 '무상양도되지 않는 구역 내 국유지를 착공신고 전까지 매입'하도록 한 부관을 붙여 사업시행인가를 하였으나 시행자가 국유지를 매수하지 않고 점용한 사안에서, 그 부관은 국유지에 관해 사업시행인가의 효력을 저지하는 조건이 아니라 작위의무를 부과하는 부담이므로, 사업시행인가를 받은 때에 국유지에 대해 국유재산법 제24조의 규정에 의한 사용·수익 허가를 받은 것이어서 같은 법 제51조에 따른 변상금 부과처분은 위법하다.

④ 수익적 행정처분에 있어서는 법령에 특별한 근거 규정이 없다고 하더라도 그 부관으로서 부담을 붙일 수 있고, 그와 같은 부담은 행정청이 행정처분을 하면서 일방적으로 부가할 수도 있지만 부담을 부가하기 이전에 상대방과 협의하여 부담의 내용을 협약의 형식으로 미리 정한 다음 행정처분을 하면서 이를 부가할 수도 있다.

20

다음 중 사법관계에 해당하는 것은 모두 몇 개인가?(다툼이 있는 경우 판례에 의함)

> ㄱ. 국유재산 무단점유자에 대한 변상금 부과처분
> ㄴ. 국유 잡종재산에 관한 대부료의 납부고지
> ㄷ. 지방자치단체에 근무하는 청원경찰의 근무관계
> ㄹ. 농지개량조합의 직원에 대한 징계처분
> ㅁ. 기부채납받은 공유재산을 무상으로 기부자에게 사용을 허용하는 행위
> ㅂ. 환매권의 행사
> ㅅ. 서울특별시지하철공사 임직원의 근무관계
> ㅇ. 국가연구개발사업규정에 근거하여 국가 산하 중앙행정기관의 장과 참여기업인 갑회사가 체결한 협약

① 2개 ② 3개
③ 4개 ④ 5개

⏰ 시간 체크   적정 시간 : 100분   시작 시간 ____ : ____   종료 시간 ____ : ____   소요 시간 ____ : ____
👆 OMR 마킹   마지막 페이지에 있는 OMR 답안지를 이용하여 실전처럼 모의고사를 풀어보시기 바랍니다.

제1과목 국어

01

O △ X

밑줄 친 부분의 띄어쓰기가 바르지 않은 것은?

① 소녀는 백옥 같이 하얀 얼굴에 초롱한 눈매를 가졌다.
② 이 회사는 창업 이후 10년 동안 괄목할만한 발전을 이룩하였다.
③ 그의 책은 내용은 보잘 것 없으면서 표지만 요란하게 꾸몄다.
④ 일이 모두 끝난 후 그가 차에 오르자마자 차는 쏜살같이 마을을 빠져나갔다.

02

O △ X

다음 중 ㉠~㉣에 대한 설명으로 적절하지 않은 것은?

> ㉠ 향기로운 엠제이비(MJB)의 미각을 잊어버린지도 이십여 일이나 됩니다. ㉡ 이곳에는 신문도 잘 아니 오고 체전부(遞傳夫)는 이따금 '하도롱' 빛 소식을 가져옵니다. 거기는 누에고치와 옥수수의 사연이 적혀 있습니다. 마을 사람들은 멀리 떨어져 사는 일가 때문에 수심(愁心)이 생겼나 봅니다. 나도 도회(都會)에 남기고 온 일이 걱정이 됩니다.
> 건너편 팔봉산에는 노루와 멧도야지가 있답니다. 그리고 기우제 지내던 개골창까지 내려와서 가재를 잡아먹는 곰을 본 사람도 있습니다. 동물원에서밖에 볼 수 없는 짐승, 산에 있는 짐승들을 사로잡아다가 동물원에 갖다 가둔 것이 아니라, 동물원에 있는 짐승들을 이런 산에다 내어 놓아준 것만 같은 착각을 자꾸만 느낍니다. ㉢ 밤이 되면 달도 없는 그믐 칠야(漆夜)에 팔봉산도 사람이 침소(寢所)로 들어가듯이 어둠 속으로 아주 없어져 버립니다.
> 그러나 ㉣ 공기는 수정처럼 맑아서 별빛만으로라도 넉넉히 좋아하는 '누가복음'도 읽을 수 있을 것 같습니다. 그리고 또 참 별이 도회에서보다 갑절이나 더 많이 나옵니다. 하도 조용한 것이 처음으로 별들의 운행하는 기척이 들리는 것도 같습니다.
>
> – 이상, 「산촌 여정」 –

① ㉠ : 필자가 산촌에서 지낸 시간이 오래되었음을 드러내고 있다.
② ㉡ : 산촌에서의 편지는 사람들에게 기쁨이자 즐거움이다.
③ ㉢ : 비유를 통해 밤이 어둡다는 것을 표현하고 있다.
④ ㉣ : 공기가 맑아서 별빛이 밝게 느껴진다고 이야기하고 있다.

03

$\boxed{○ △ ×}$

다음에서 알 수 있는 언어의 기능으로 적절한 것은?

> • apple – '사과'를 이르는 말
> • love – '사랑'을 이르는 말
> • 춘부장(春府丈) – '다른 사람의 아버지'를 높여 이르는 말

① 표현적 기능
② 친교적 기능
③ 표출적 기능
④ 관어적 기능

04

$\boxed{○ △ ×}$

밑줄 친 말을 잘못 고친 것은?

① 병뚜껑이 너무 꼭 닫쳐서 열 수가 없다. → 닫혀서
② 험상궂은 사내가 그에게 몸을 부딪치며 시비를 걸어왔다. → 부딪히며
③ 너무나 놀라운 일이라 쏟아지는 눈물을 겉잡기 어려웠다. → 걷잡기
④ 동치미는 있다가 입가심할 때나 먹고 밥을 먼저 먹어야지. → 이따가

05

$\boxed{○ △ ×}$

다음 글의 논지 전개 방식으로 가장 적절하지 않은 것은?

> 저작자는 자신의 저작물에 대해 권리를 갖는데, 이를 저작권이라 한다. 저작권은 인간의 사상이나 감정을 창작적으로 표현한 저작물을 보호하기 위해 그 저작자에게 부여한 권리이다. 저작권법에서는 저작물을 다른 사람이 이용할 때는 저작권자의 허락을 필요로 하며, 그러한 허락을 얻지 않고 이용하는 행위를 위법으로 규정하고 있다.
>
> 또한 "공표된 저작물은 보도 · 비평 · 교육 · 연구 등을 위해서는 정당한 범위 안에서 공정한 관행에 합치되게 이를 인용할 수 있다."라는 규정을 통해 저작재산권 침해 여부를 다루고 있다. 타인의 저작물을 인용할 때는 정당한 범위 안에서, 공정한 관행에 합치되는 방법으로 이루어져야 한다는 것이다. 그런데 문제는 '정당한 범위' 또는 '공정한 관행'에 관한 해석에 있다.
>
> 먼저 정당한 범위는, 다른 저작물을 자기가 작성하는 저작물에 인용해야만 하는 필연성이 인정되어야 하며, 또한 자기 저작물의 내용과 인용 부분 사이에는 일종의 주종 관계가 성립되어야 한다는 것으로 해석할 수 있다. 즉, 자기가 창작하여 작성한 부분이 주(主)를 이루고, 그것에 담겨 있는 주제를 좀 더 부각시키거나 주장의 타당성을 입증할 목적으로 다른 저작물의 일부를 종(從)으로서 인용했을 때에 비로소 정당한 범위 안에서의 인용이 성립된다.
>
> 그리고 공정한 관행이란, 인용 부분이 어떤 의도에서 이용되고 있으며, 어떤 이용 가치를 지니는가에 따라 결정될 문제이다. 즉, 사회적인 통념에 비추어보아 타당하다고 여겨지는 인용만이 공정한 관행에 합치되는 것이라고 볼 수 있는데, 그것은 인용되는 부분을 자기 저작물과는 명확하게 구별되는 방법으로 처리해야 한다는 의미까지도 포함한다. 예를 들어, 보도의 자료로 저작물을 인용할 수밖에 없는 경우, 자기나 다른 사람의 학설 또는 주장을 논평하거나 입증할 목적으로 인용하는 경우 등은 공정한 관행에 합치되는 것으로 볼 수 있다.

① 분석적 방법을 통해 대상의 요건을 제시한다.
② 다양한 관점에서 대상의 변화 양상을 설명한다.
③ 주요한 개념들을 설명하여 독자의 이해를 돕는다.
④ 대상의 의미를 전달하기 위해 예를 들어 설명한다.

06

☐△☒

다음 (   ) 안에 들어갈 한자성어로 적절한 것은?

> 기업의 목표는 신제품 개발, 매출 증대, 이익 창출 등을 통한 지속적인 성장과 발전에 있다고 할 수 있다. 그러나 많은 기업들이 도중하차하거나 사라진다. 이러한 기업들은 빠른 속도로 변화하는 환경을 제대로 읽지 못해서 (   )의 우를 범하는 경우가 많다.

① 刻舟求劍

② 四面楚歌

③ 緣木求魚

④ 吳越同舟

07

☐△☒

다음은 강연의 일부이다. 이 글을 통해 강연자가 생각하는 '진정한 여행의 의미'와 관련이 없는 것은?

> 안녕하십니까? '주제어로 본 근대 문화' 시간이 돌아왔습니다. 앞선 강연에서 말씀드렸다시피, '근대적 삶'은 오늘을 살아가는 우리의 일상적 삶의 근간을 이루고 있습니다. 이 강연은 이러한 '근대적 삶'을 비판적으로 성찰하기 위해 마련된 것입니다. 오늘은 두 번째 주제로 '여행'을 선택해 보았습니다.
> 근대 여행은 18세기 말 기차의 등장에서 시작됩니다. 기차는 여행을 계산 가능한 것으로 만들었죠. 그러다 보니 여행은 출발지와 목적지, 그리고 일정에 따라 움직이는 것이 되었습니다. 더 이상 예상 밖의 공간을 여행할 여유가 없어지게 된 것입니다.
> 한편 19세기가 되면서 각 나라는 외국인 여행자들에 대한 철저한 관리와 감시 체제를 작동하기 시작합니다. 여행자들은 위축될 수밖에 없게 된 것이죠. 이국의 낯선 사람과 자유롭게 만나 대화하고 친구가 되는 진정한 즐거움을 잃게 되었습니다.
> 지금까지 우리는 근대 여행의 모습을 살펴보았습니다. 그러면 오늘날 우리는 여행의 진정한 의미를 어느 정도 실현하고 있을까요? 과연 일상에서 벗어나 자유롭게 여행을 할 수 있을까요?

① 일상에서 벗어나야 한다.

② 목적지나 일정에 얽매여서는 안 된다.

③ 자기를 발견하는 시간이 되어야 한다.

④ 낯선 사람과 자유롭게 교류할 수 있어야 한다.

08

☐△☒

다음 중 밑줄 친 단어의 표기가 옳지 않은 것은?

① 친구의 <u>핼쑥하게</u> 야윈 얼굴이 보기에 안쓰러웠다.

② 아무것도 하는 일 없이 시간을 <u>메꾼다는</u> 것도 지겨운 노릇이다.

③ 등 뒤가 <u>섬찟해서</u> 뒤를 돌아보자 사내가 나를 노려보고 있었다.

④ 아이들은 힘든 줄도 모르고 온종일 집을 <u>깡총깡총</u> 뛰어 다녔다.

09

☐△☒

다음 중 밑줄 친 부사어의 호응이 적절하지 않은 것은?

① 작품을 보니 이 사람은 <u>과연</u> 훌륭한 예술가로구나.

② 짐승도 제 새끼는 귀한 줄 아는데, <u>하물며</u> 사람이야.

③ <u>모름지기</u> 학생은 공부를 열심히 하는 일이 중요합니다.

④ <u>마치</u> 구름 위를 걷는 듯 도무지 생시가 아닌 것만 같았다.

10

☐△☒

밑줄 친 부분이 표준 발음법에 맞지 않는 것은?

① 그는 기가 막혀 <u>헛웃음[허두슴]</u>만 지었다.

② 서민들을 위한 후보들의 공약은 <u>속임수[소김수]</u>에 지나지 않았다.

③ 나라가 발전하기 위해서는 <u>국민[궁민]</u>이 열심히 일해야 한다.

④ 우리 마을은 지대가 낮아 지난여름에 큰 <u>물난리[물랄리]</u>를 겪었다.

11

㉠~㉢ 중 〈보기〉의 밑줄 친 시어와 비유적 의미가 상통하는 것은?

붉은 해는 서산 마루에 걸리었다.
㉠ 사슴의 무리도 슬피 운다.
떨어져 나가 앉은 ㉡ 산 위에서
나는 그대의 이름을 부르노라.

설움에 겹도록 부르노라.
설움에 겹도록 부르노라.
부르는 소리는 비껴 가지만
㉢ 하늘과 땅 사이가 너무 넓구나.

선 채로 ㉣ 이 자리에 돌이 되어도
부르다가 내가 죽을 이름이여!
사랑하던 그 사람이여!
사랑하던 그 사람이여!

– 김소월, 「초혼(招魂)」 –

┤보기├
이것이 제대로 벋을 데는 저승밖에 없는 것 같고
그것도 내 생각하던 사람의 등뒤로 벋어가서
그 사람의 머리 위에서나 마지막으로 휘드려질까본데.

– 박재삼, 「한(恨)」 –

① ㉠   ② ㉡
③ ㉢   ④ ㉣

12

다음 중 어휘의 사용이 적절한 문장은?

① 지금은 한창 바쁜 때라서 배달을 할 수가 없습니다.
② 그녀는 홀몸이 아니기 때문에 장시간의 여행은 무리다.
③ 그 기업은 금강산 계발에 막대한 금액을 투자하였다.
④ 요즘 사극 드라마는 내용도 재미있지만, 옛 도성 풍경을 그대로 재연한 게 볼만하다.

13

〈보기〉의 ㉠~㉣을 고치기 위한 의견으로 적절하지 않은 것은?

┤보기├
　공무원 시험에 합격한 후 반 년 만에 교수님께 연락드린 후 댁으로 찾아갔다. 교수님 댁으로 가는 길이 너무 ㉠ 가파라서 몹시 힘들었지만 오랜만에 교수님을 뵙는다는 생각에 마음만은 가벼웠다. 대문 밖에 나와 기다리시던 교수님께서는 무척 반가워하시며 내 손을 잡아 주셨다. ㉡ 꽃에 물을 주시던 사모님께서도 나를 반겨주셨다. 사모님께서는 반가운 손님이 왔다며 ㉢ 살찌고 싱싱한 생선으로 끓인 먹음직한 찌개로 저녁상을 차려 주셨다. 나는 교수님을 만난 덕분에 무사히 시험에 ㉣ 합격했다라고 교수님께 말씀드렸다. 교수님께서는 잔잔한 미소를 지으며 시험에 합격해서 축하한다고 말씀해 주셨다.

① 기본형 '가파르다'인 ㉠은 '르' 불규칙 용언이므로 '가팔라서'로 고쳐야 한다.
② ㉡의 대상은 움직임이 없는 것이기 때문에 '에'가 아니라 '에게'로 바꾸어야 한다.
③ ㉢의 '살찌고'는 동사이므로, 의미에 맞게 형용사인 '살지고'로 바꾸어야 한다.
④ ㉣에서 '라고'는 직접 인용문일 때 사용하는 인용격 조사이므로, 간접 인용문일 때 사용하는 '고'로 수정해야 한다.

14

「용비어천가」를 활용하여 중세 국어의 특징을 탐구한 내용으로 적절하지 않은 것은?

〈제7장〉
주-무왕 : 블근 새 그를 므러 寢室(침실) 이페 안즈니 聖子革命(성자혁명)에 帝祐(제우)를 뵈수 ^병니
조-도조 : 브야미 가칠 므러 즘겟 가재 연즈니 聖孫將興(성손장흥)에 嘉祥(가상)이 몬제시니

〈제8장〉
주-태왕 : 太子(태자)를 하늘히 골히샤 兄(형)ㄱ 뜨디 일어시놀 聖孫(성손)올 내시니이다
조-목조 : 世子(세자)를 하늘히 골히샤 帝命(제명)이 느리어시놀 聖子(성자)를 내시니이다

	중세 국어	현대어 풀이	탐구한 내용
①	블근, 안즈니	붉은, 앉으니	이어 적기 방식의 사용
②	브야미, 하늘히	뱀이, 하늘이	주격 조사 '이'와 '히'의 사용
③	뜨디	뜻이	어두 자음군의 사용
④	내시니이다	내셨습니다	주체를 높이는 '-시-'의 사용

15

다음 글의 전개 순서로 가장 적절한 것은?

ㄱ. 빛이 물리적 실체로서 본격적으로 묘사되기 시작한 것은 르네상스기에 들어와서이다.
ㄴ. 이렇게 시작된 빛에 대한 인식은 조토보다 2세기 뒤의 작가인 미켈란젤로의 '도니 성가족'에서 더욱 명료하게 나타난다.
ㄷ. 이에 따라 입체감과 공간감도 실감나게 표현되어 있다.
ㄹ. 빛의 각도, 거리에 따른 밝기의 차이 등이 이 그림에는 상세히 묘사되어 있다.
ㅁ. 조토의 '옥좌의 마돈나'에서는 양감이 느껴지며 이것은 곧 빛을 의식했다는 증거이다.

① ㄱ - ㅁ - ㄴ - ㄹ - ㄷ
② ㄱ - ㄹ - ㄷ - ㅁ - ㄴ
③ ㄹ - ㄱ - ㅁ - ㄴ - ㄷ
④ ㄹ - ㅁ - ㄴ - ㄷ - ㄱ

16

다음 글을 통해 유추할 수 있는 과학의 성격으로 적절하지 않은 것은?

허블의 우주팽창 발견 전에도 아인슈타인의 일반 상대성 이론을 초기 우주에 적용해 보면 은하들이 팽창한다는 사실을 예견할 수 있었다. 하지만 당시에는 언제나 변함없는 정지 우주를 옹호하는 분위기였다. 그런데 아인슈타인은 은하들 사이에 서로 끌어당기는 만유인력이 작용하면 우주는 곧 붕괴되고 지금 같은 우주는 존재하지 않을 것이라는 사실을 알게 됐다. 그래서 이를 막기 위해 자신의 방정식에 만유인력에 반대되는 우주상수(반발력으로 작용하는 진공 에너지)를 넣었다. 그 후 곧 허블이 천체 망원경을 통한 관측 결과를 토대로 우주팽창을 발견하자 아인슈타인은 우리 우주가 정지 우주가 아니라는 사실을 깨닫고 자신이 우주상수를 도입한 일이 "내 생애에서 가장 커다란 실수였다."는 말을 남기기도 했다.

① 과학적 관찰 결과가 이론의 진위를 판단하는 근거가 되기도 한다.
② 자연과 사물은 변하지 않더라도 과학 이론은 바뀔 수 있다.
③ 우수한 과학 장비는 과학적 지식의 진보를 뒷받침하기도 한다.
④ 과학은 여러 분야의 연구가 상호 보완됨으로써 발전해 간다.

17

다음 글의 제목으로 가장 적절한 것은?

지식인의 '실천(praxis)' 속에는 몇 가지 계기가 포함되어 있는 법이다. 행동은 '아직 없는' 것을 위하여 지금 있는 것을 부분적으로 부정하게 된다. 그러나 이러한 부정은 폭로 행위를 뜻하며, '지금 있는 것을 가지고, 아직 없는 것'을 실현하는 것이기 때문에 일종의 긍정을 수반하게 된다. 아직 없는 것을 준거로 삼아 지금 있는 것을, 그 허울을 벗기면서 파악하기 위해서는 최대한의 정확성이 필요하다. 왜냐하면 아직 존재하지 않는 것을 실현하기 위한 수단을 이미 주어진 것에서 찾아내야 하기 때문이다. 이처럼 '실천'은 현실을 드러내고, 극복하고, 보존하며, 그러면서 이미 그것을 수정해 버리는 실천적 지식의 계기를 포함하고 있다.

① 지식인의 실천이란 무엇인가?
② 지식인은 왜 실천이 어려운가?
③ 지식인은 왜 실천을 해야 하는가?
④ 창조자와 지식인의 차이란 무엇인가?

18

다음 글을 읽은 독자의 반응으로 적절하지 않은 것은?

역사는 인간만이 가진 것으로 과거의 사실에 대한 기록이다. 그러나 과거의 모든 사실이 역사가 되지는 않는다. 역사는 과거의 모든 사실들의 단순한 결합이 아니라 특정하게 선택된 사실들의 의미를 인과적으로 연결한 논리적 구성물이다. 이성계의 위화도 회군이 역사로 기록되는 이유는 이 사실이 조선의 개국을 설명하는 데 중요한 의미를 지니기 때문이다.

그러나 조선 왕조의 창건에 대해서 새로운 사실이나 사물이 발견되고, 이를 통해 조선 개국의 과정이 다른 방향에서 설득력 있게 설명될 수 있다면 위화도 회군의 역사적 의미는 달라질 수 있다. 이는 역사 서술의 과정에서 자료가 새롭게 선택될 수 있고, 역사적 의미 또한 바뀔 수 있음을 말해 준다. 선택은 언제나 역사가에 의해 결정되며, 해석은 필연적으로 의미 해석이므로 역사는 그냥 주어진 자연현상이 아니라 인간에 의해 만들어진 창조물인 셈이다.

역사가 인간의 창조물이라고 하지만 소설가의 상상에 의해 쓰인 역사 소설과는 다르다. 역사와 역사 소설은 모두 선택된 사실에서 출발한다는 것은 같지만 만들어가는 과정은 다르다. 역사 소설은 선택된 사실을 바탕으로 상상력에 근거한 '문학적 허구'를 펼쳐가지만, 역사는 사실을 조사한 후, 탐구하고 검증하는 작업을 거친다.

① 역사가 인간에 의해 만들어진 창조물이라는 것은 인간이 자료를 선택하고 의미를 해석한다는 뜻이구나.
② 과거에 일어났던 사실이 역사가 되기 위해서는 다른 사건들과 인과적으로 연결되어야 하는구나.
③ 조선의 개국을 설명하는 데 중요한 가치를 지닌 위화도 회군은 그 의미가 영원히 변하지 않을 것 같아.
④ 동일한 제재를 가진 역사와 역사 소설은 차이가 없다고 생각했었는데 만드는 과정이 다르다니 너무 놀랐어.

19

〇△✕

다음 중 로마자 표기로 적절하지 않은 것은?

〈로마자 표기법 제1장 제1항〉
국어의 로마자 표기는 표준 발음법에 따라 적는 것을 원칙으로 한다.

〈로마자 표기법 제3장 제1항 다만 규정〉
체언에서 'ㄱ, ㄷ, ㅂ' 뒤에 'ㅎ'이 따를 때에는 'ㅎ'을 밝혀 적는다.
[붙임] 된소리되기는 표기에 반영하지 않는다.

① 종로 → Jongro, 묵호 → Mukho
② 신문로 → Sinmunno, 신라 → Silla
③ 해돋이 → haedoji, 맞히다 → machida
④ 압구정 → Apgujeong, 합정 → Hapjeong

20

〇△✕

왕비의 심리를 한자성어로 표현할 때 가장 적절한 것은?

　안평국 왕비는 성의를 보내고 슬픔을 이기지 못하여 병세가 점점 더해갔다. 밤낮으로 눈물을 흘리며 말하길,
　"십여 세 어린 아이가 이상한 도사의 말을 듣고 어미를 위하여 만리창파에 어디로 정처없이 갔는고? 망망창해의 파도는 매우 세차게 일고 구름 걸린 산봉우리는 첩첩한데 어느 날에 다시 돌아올꼬? 한번 떠난 후로 생사를 알지 못하니 어찌 슬프지 아니 하겠는가? 이제 다시 못 보고 죽으면 어찌 눈을 감을소냐?"
하시며 슬퍼하셨다.
　이때에 항의가 마음속으로 헤아리기를 '부왕과 어마마마께서 성의를 본디 사랑하시거늘 만일 약을 얻어와 환후가 회복된다면 성의를 더욱 사랑하실 것이고, 온 나라에 그 아름다운 이름이 진동할 것이다. 그리되면 내 어찌 왕위를 바라겠는가'
하고 이에 왕과 모후께 말하길,
　"서천에 간 지 이제 반년이 다 되도록 성의의 소식이 묘연하오니 소자가 길 중간에 가서 성의의 소식을 알아보옵고 혹시 높은 파도에 불행한 일이 있었으면 소자가 서천에 가서 약을 구해 오리이다."
하며 하직을 아뢰고 배를 준비해서 사공과 무예가 있는 사람으로 십여 명을 데리고 서천으로 향하였다.

- 작자 미상, 「적성의전」 -

① 哀而不悲
② 孤立無援
③ 初志一貫
④ 勞心焦思

※ 다음 빈칸에 들어갈 말로 가장 적절한 것을 고르시오. [01~03]

01

○△×

Our body's sensory systems will start to _____ as we get older.

① deteriorate
② ponder
③ extirpate
④ afford

02

○△×

The public would rather have an inefficient broadcaster than a politically _____ one, as it should first be a media outlet before it is a profit-making enterprise.

① innocuous
② posthumous
③ biased
④ unanimous

03

○△×

Many Koreans have long abandoned the hope of hearing some _____, forward-looking remarks from Japanese politicians concerning their bilateral relationship.

① economical
② frank
③ thrifty
④ immortal

※ 다음 밑줄 친 부분과 가장 가까운 뜻을 지닌 것을 고르시오. [04~05]

04

○△×

Korea should <u>observe</u> the rules of the United Nations Human Rights Commission which say conscientious objectors should not be punished for their rejection of the military service.

① comply with
② look into
③ come up with
④ rest on

05

○△×

We should know that political agreement can never be realized through murder and <u>intimidation</u>.

① benefit
② disgrace
③ menace
④ slander

06

다음 우리말을 영어로 옮긴 것 중 가장 적절하지 않은 것은?

> 가장 깊은 기쁨들은 극적이라기보다 오히려 평범하게 다가온다.

① The deepest joys are not so much spectacular as commonplace.
② The deepest joys are more spectacular than commonplace.
③ The deepest joys are less spectacular than commonplace.
④ The deepest joys are rather commonplace than spectacular.

07

다음 빈칸에 들어갈 표현으로 가장 적절한 것은?

> A : I don't know how to send attached files.
> B : Once you learn it, _____.

① it's a snap
② it's a steal
③ it's pie in the sky
④ it's a castle in the air

08

다음 글의 흐름을 고려했을 때 빈칸에 들어갈 말로 가장 적절한 것은?

> A : Heather! They are saying that _____.
> But they have tickets for 8 o'clock movies.
> B : That's strange! Why they didn't let us know a little earlier? They should have posted 'sold out.' What a waste of time!
> A : Don't be so angry. We can still get into 8 o'clock movies.

① they have a long face
② you can't miss it
③ they are on sale
④ all tickets are sold out

09

다음 ㉠과 ㉡에 들어갈 말로 가장 적절한 것은?

> • The mountain is ㉠ high nor steep to hike.
> • Making fun of other people is not good, ㉡.

	㉠	㉡
①	either	too
②	either	either
③	neither	either
④	neither	too

10

어법상 다음 빈칸에 공통으로 들어갈 말로 가장 적절한 것은?

- Koreans enjoy spicy food very often, _____ as kimchi.
- May is _____ a wonderful month.
- He is _____ a liar that everybody doesn't like him.

① so
② such
③ like
④ very

11

다음 글의 요지로 가장 적절한 것은?

Inayat Khan, the Sufi Master, once wrote, "Life is a continuous succession of problems." At this very moment, your life is probably filled with problems of all kinds, large and small. If you don't watch out, those problems will fill your thoughts and preoccupy your mind. The more you think about your problems, the more negative you will become. You can counter this natural tendency toward negative thinking by focusing instead on your goals. Whenever something happens that makes you angry, neutralize the negative thought by thinking about your goals, especially your biggest and most exciting goal. Repeat your goal in the form of a personal, present tense affirmation. Talk to yourself about what you want, and use that to keep your mind off of the things that you don't want.

① 목표에 집중함으로써 부정적인 생각을 극복해야 한다.
② 사소한 문제보다 중요한 문제를 먼저 처리해야 한다.
③ 자신의 자연스러운 감정을 억지로 감출 필요가 없다.
④ 자신의 능력을 고려하여 현실적인 목표를 세워야 한다.

12

다음 글의 주제로 가장 적절한 것은?

Most of the 24 billion plastic soft drink bottles sold every year in the United States are made of PET, which can be melted and remanufactured into carpet, fleece clothing, plastic strapping, and nonfood packaging. However, even a tiny amount of vinyl—a single PVC bottle in a truckload, for example—can make PET useless. Although most bottles are now marked with a recycling number, it's hard for consumers to remember which is which. Another worry is the prospect of plastic beer bottles. These bottles are made of PET but are colored amber to block sunlight and have a special chemical coating to keep out oxygen. Due to the special color, interior coating, and vinyl cap lining, these bottles should be separated from regular PET, and it costs more to remove them from the waste stream than the reclaimed plastic is worth.

① chemical makeups of PET and PVC
② factors that make recycling PET bottles difficult
③ environmental benefits of recycling plastic bottles
④ problems of overusing and dumping plastic products

13

다음 글의 제목으로 가장 적절한 것은?

Family recreation patterns are associated with the life stages of the family. The presence of young children tends to reduce the number of trips taken, whereas married couples with no children are among the best travel prospects. As the children mature, however, families increase their travel activities, and families with children between the ages of fifteen and seventeen have a much higher family travel pattern than those with younger children. As the children grow up and leave home, the married couple (again without children) renews interest in travel. Also, couples in this life stage are financially able to afford more travel.

① Travel Patterns Related to Life Stages
② Why Does Travel Broaden the Mind?
③ The Need for Flexibility when Traveling
④ A Guide to International Travel for All Ages

14

다음 빈칸에 들어갈 말로 가장 적절한 것은?

Coffee at a friend's house. We sat trying to make conversation while her three children wrestled with one another on the floor. Suddenly I remembered that I had brought glass marbles with me—a whole bag full. I spilled them out on the floor, in the hope that the little angels would play with them in peace. Far from it : a heated argument followed. I didn't understand what was happening until I looked more closely. Among the countless marbles there was just one blue one, and the children scrambled for it. All the marbles were exactly the same size and shiny and bright, but the blue one had an advantage over the others—it was one of a kind. I had to laugh at how childish children are! Rara sunt cara, said the Romans. _____.

① Rare is valuable
② Things are ready
③ Men are careless
④ Children are noisy

15

☐△×

다음 빈칸에 들어갈 말로 가장 적절한 것은?

What happens when you buy your dream car—let's say it happens to be deep red—and you start to drive it around? If you guessed that you would suddenly see red cars everywhere you drive, you'd probably be right. What's going on here? Are there suddenly more red cars on the highway just because you purchased one? Of course not. You're simply focusing more on red cars. As Laura Goodrich points out in her book, you _____. Drawing on the latest scientific research, Goodrich has shown that by concentrating on the "I wants" that best fit your passion and interests, and then by finding support and developing action plans to achieve them, you have the best shot at transforming those wants into reality.

① fail to get out of your old habits
② seek advice only when in trouble
③ get more of whatever you focus on
④ depend more on eyes than on ears

16

☐△×

주어진 글 다음에 이어질 글의 순서로 가장 적절한 것은?

The burnt offering is one of the oldest and most common. Various peoples around the world lit fires and whispered prayers to the gods into the smoke.

(A) They asked the gods for protection and blew out the candle. We still put candles on a birthday cake, but now people wish for whatever they most want and blow out the candles.

(B) On their birthdays, Greek children were given a tiny cake with a candle burning on it. The cake symbolized the offering to the gods, and the smoke from the candle was believed to carry the message to the gods.

(C) They watched the smoke travel up into the sky and hoped their prayers would be answered. For example, the ancient Greeks regarded a birthday as a time of danger.

① (A) - (C) - (B)
② (B) - (A) - (C)
③ (B) - (C) - (A)
④ (C) - (B) - (A)

다음 ㉠, ㉡의 각 괄호 안에서 문맥에 맞는 단어로 가장 적절한 것은?

It always strikes us as a reflection on human nature that as we walk to our cars in a parking lot, we get impatient with the drivers constantly changing the lanes around us. Why can't they wait a few seconds while we get out of the way? Then as soon as we get in our cars, we become impatient with the pedestrians walking so ㉠ (fast / slowly) in front of us. It's not hard to find stories of impatience on the road. In July 2007, the California Department of Transportation temporarily shut down Highway 138 because drivers were getting so ㉡ (annoyed / satisfied) with construction along that route.

	㉠	㉡
①	fast	annoyed
②	fast	satisfied
③	slowly	satisfied
④	slowly	annoyed

다음 글에 드러난 'I'의 심경으로 가장 적절한 것은?

On Thursday I had an important meeting with my client that was supposed to be held at 9:30 at the office. It was 8:30 and I was the only one there at the stop. I saw a bus approaching at high speed. If I could hop on that bus, I would arrive at the office at least 10 minutes earlier than the meeting time. The driver, however, didn't even slow down. It was as if he didn't see me. The bus just passed right by where I was standing and I could do nothing except say something bad about the driver, even though he couldn't hear me. I waited for about 20 minutes for another bus to come. As a result, I was late for the meeting, which led to me missing out on a big contract. I couldn't forgive that careless driver.

① angry
② touched
③ satisfied
④ regretful

19

다음 글의 내용과 일치하는 것은?

DDT is a chemical pesticide that has been shown to be highly effective in killing insects. It was first synthesized in 1874, but didn't achieve widespread use until its applicability to agriculture was discovered during the middle of the twentieth century. It quickly became a popular agricultural product, but its popularity was sharply reduced once it was linked with negative impacts on the environment and human health. Nowadays, the use of DDT has been banned in North America and Europe, while some countries like South Africa and Thailand use the chemical solely in their fight against malaria-carrying mosquitoes.

① It was ineffective when used against disease-carrying mosquitoes.

② South Africa and Thailand have prohibited its use.

③ It was initially used as an agricultural tool to protect crops from insects.

④ Ecological damage has resulted from its application.

20

글의 흐름으로 보아 주어진 문장이 들어가기에 가장 적절한 곳은?

If I lost weight, my skin was equally accommodating.

I began noticing it several years ago. The skin I had worn most of my life suddenly didn't fit anymore. (①) It used to be a perfect fit and it even stretched. (②) If I gained a pound or two, or twenty, my skin easily expanded to accommodate to the increased territory. (③) That is, it would easily reduce to its original size as though nothing had ever happened. (④) So I could gain or lose weight to my heart's content and my skin would adjust, snapping right back into place when the time was right. But now it doesn't snap back anymore.

01
○△✕

다음은 구석기 유적지에 관한 설명이다. 적절하지 않은 것은?

① 경기도 연천군 전곡리에서는 유럽형 아슐리안계 주먹도끼가 발견되어 모비우스의 학설을 부정하게 되었다.
② 충북 단양 상시리 바위그늘 유적에서는 남한 최초로 인골이 발견되었다.
③ 함북 웅기군 굴포리 유적의 구석기 유적층에서는 매머드 화석이 출토되었다.
④ 평양 대현동 유적에서는 어린 아이의 유골이 발견되어 '흥수아이'로 불린다.

02
○△✕

다음은 위만 조선이 성립되는 과정을 보여주는 자료이다. 이 시기의 이후 고조선에 대한 설명으로 옳지 않은 것은?

> 위만이 망명하여 무리 천여 명을 모아 상투를 틀고 오랑캐의 옷을 입고는 동으로 요새를 빠져나가, …… 위만은 점차 진번, 조선현의 오랑캐 등과 연제 지역으로부터 망명자들을 복속시켜 왕이 되고 도읍을 왕검성에 두었다.
> – 「사기」 –

① 임둔과 진번을 복속하며 세력을 확대해 나갔다.
② 중국의 한과 낙랑 그리고 왜 사이에 중계 무역을 하였다.
③ 예의 남려가 주민 28만 명을 데리고 한에 투항하여 창해군이 설치되었다.
④ 철기 문화의 본격적인 수용으로 농업 생산력이 증대되었다.

03
○△✕

다음에서 초기 철기 국가 여러 나라의 풍습과 관련된 설명으로 옳은 것을 모두 고르면?

> ㄱ. 부여의 '영고(迎鼓)'는 농업 사회의 유풍으로 추수를 하는 10월에 거행되었다.
> ㄴ. 고구려는 금, 은 및 재물을 모두 써 후장(厚葬)을 하며, 돌을 쌓아 봉분을 만들고 소나무와 잣나무를 심는다.
> ㄷ. 고구려에서는 전쟁과 같은 국가 중대사를 앞두고 소를 죽여서 그 굽으로 점을 치는 우제점법이 있었다.
> ㄹ. 옥저에서는 철(凸)자와 여(呂)자형 가옥 구조의 집터가 발견되었다.
> ㅁ. 부여와 고구려에서는 공통적으로 1책 12법과 형사취수제의 풍습이 있었다.

① ㄱ, ㄹ
② ㄴ, ㅁ
③ ㄱ, ㄴ, ㄷ
④ ㄴ, ㄷ, ㅁ

04
○△✕

다음 백제왕들의 업적을 시대순으로 바르게 나열한 것은?

> ㄱ. 한강 유역을 장악하고 율령을 반포하였으며 백관의 공복을 제정하였다.
> ㄴ. 중앙 행정 실무 관청 22부를 설치하고, 지방 행정 제도를 중앙과 지방에 5부와 5방으로 개편하였다.
> ㄷ. 나·제 동맹의 군사 동맹을 혼인 동맹으로 강화하고, 탐라를 복속하였다.
> ㄹ. 왕위의 부자 상속제를 확립하였고, 고흥에 의해 역사서 「서기」가 편찬되었다.

① ㄴ - ㄷ - ㄹ - ㄱ
② ㄱ - ㄹ - ㄷ - ㄴ
③ ㄹ - ㄱ - ㄴ - ㄷ
④ ㄷ - ㄴ - ㄱ - ㄹ

05

○△✕

다음 고대 국왕에 대한 설명으로 옳지 않은 것은?

① 백제의 성왕은 중앙 행정 실무 관청을 22부로 하여 내관 12부와 외관 10부로 나누었으며, 지방 행정 제도를 중앙과 지방을 각각 5부와 5방으로 하였다.

② 신라 눌지 마립간은 왕위의 부자 상속제를 확립하고, 백제와 나·제 동맹을 결성하였다.

③ 백제 무령왕은 전국의 요충지에 왕자나 왕족을 파견하여 22담로를 설치하고, 중국 남조의 양나라와 활발히 교류하였다.

④ 고구려 영류왕은 이문진으로 하여금 국초의 역사서 「유기」 100권을 「신집」 5권으로 간추리도록 하였다.

06

○△✕

다음 자료의 '왕'에 대한 설명으로 옳은 것을 모두 고르면?

> 왕 9년 봄 정월에 내외관의 녹읍을 폐지하고 해마다 차등을 두어 조를 주도록 하교하고 이를 고정된 법식으로 삼았다. 그리고 왕이 달구벌로 서울을 옮기려다가 결국 수포로 돌아갔다.
>
> — 「삼국사기」 —

ㄱ. 중앙 핵심 정무기구인 품주를 설치하고, 한강 하류에 신주를 설치하였다.

ㄴ. 유학 교육을 강화하여 최고 국립 교육 기관인 국학을 설치하였다.

ㄷ. 집사부와 그 장관인 중시(시중)의 권한을 강화시켜 국정을 운영하였다.

ㄹ. 9주 5소경 체제의 지방 행정 제도를 정비하고 9서당 10정의 군사 조직을 마련하였다.

① ㄱ, ㄴ   ② ㄱ, ㄷ

③ ㄴ, ㄷ   ④ ㄴ, ㄹ

07

○△✕

다음 밑줄 친 '왕'에 대한 설명으로 옳은 것을 〈보기〉에서 모두 고른 것은?

> <u>왕</u>이 즉위한 지 얼마 안 되어서 흑수부 말갈의 사신이 당에 조공하니 …… <u>왕</u>이 이르기를, "흑수가 처음에 우리에게 길을 빌려서 당과 통했고, 지난번 돌궐과 토번의 직을 청할 때에도 모두 우리에게 알려왔다. 그런데 이제 당에게 벼슬을 청하면서 우리에게 알리지 않았으니 이는 반드시 당과 더불어 앞뒤로 우리를 치려는 것이다." 하고 곧 아우 문예와 외숙 임아상을 시켜 군사를 동원해서 흑수를 치게 하였다. …(중략)… <u>왕</u>이 그 장수 장문휴를 보내 해군을 이끌고 등주 자사 위준을 공격하자 조서를 내려 토벌하게 하고 이어 태복원외경 김사란을 신라로 보내 병사를 일으켜 발해의 남쪽 국경을 공격하게 하였다.

┤ 보기 ├

ㄱ. 북만주 일대를 장악하고, 대문예의 망명으로 흑수 말갈을 공격하기도 하였다.

ㄴ. 해동성국의 칭호를 중국으로부터 듣고 5경 15부 62주의 지방 행정 제도를 정비하였다.

ㄷ. 돌궐, 일본과의 외교를 강화하여 당과 신라를 견제하는 대강경책을 펼쳤다.

ㄹ. 수도를 중경 현덕부, 상경 용천부, 동경 용원부 등으로 천도하기도 하였다.

① ㄱ, ㄴ   ② ㄱ, ㄷ

③ ㄴ, ㄷ   ④ ㄴ, ㄹ

08

□△✕

다음 자료에 설명되고 있는 개혁 정치의 내용으로 옳지 않은 것은?

> 14세기 중엽의 공민왕은 원·명 교체기를 이용하여 개혁을 추진하였는데, 공민왕의 개혁은 대내적으로는 왕권 강화, 대외적으로는 반원 자주 개혁 정치를 실행하는 것이었다. 공민왕은 대내적으로 왕권을 강화하고 권문세족을 견제하여 개혁을 추진해 나갔다. 권문세족을 억누르기 위해 지방 출신의 신진 사대부를 대거 등용하였다.

① 일본 원정 실패 이후 고려의 내정 간섭 기관이 된 정동행성이문소를 폐지하였다.
② 순수 고려의 무력으로 원을 상대로 하여 철령 이북의 쌍성총관부를 수복하였다.
③ 국자감을 성균관으로 개칭하여 순수 유교 교육 기관으로 강화하고 경사교수도감을 설치하였다.
④ 기철 등 친원 세력을 숙청하고 몽골의 풍속인 몽골풍을 폐지하였다.

09

□△✕

다음 사서들을 편찬한 순서대로 바르게 나열한 것은?

> ㄱ. 본래 고려 왕조 실록은 고려 초부터 편찬되었으나, 거란의 침입에 의해 모두 소실되었다. 이후 현종 때 편찬하기 시작하여 태조부터 목종 때까지를 수록하여 덕종 때에 완성되었다.
> ㄴ. 현존하는 우리나라 최고(最古)의 역사서로서, 고려 국초에 쓰여진 「구삼국사」를 기초로 유교적 합리주의 사관에 기초하여 기전체로 서술하였다.
> ㄷ. 불교사를 중심으로 고대의 민간 설화나 전래 기록을 수록하는 등 우리 고유 문화와 전통을 중시하였다.
> ㄹ. 우리나라 역사를 단군으로부터 서술하여 우리 역사를 중국사와 대등하게 파악하는 자주성을 나타내었다.
> ㅁ. 신진 사대부의 성장과 성리학의 전래와 수용에 따라 정통 의식과 대의명분을 강조하는 성리학적 유교 사관이 대두되었다.

① ㄱ – ㄴ – ㄷ – ㄹ – ㅁ
② ㅁ – ㄴ – ㄷ – ㄹ – ㄱ
③ ㄷ – ㄴ – ㅁ – ㄱ – ㄹ
④ ㄹ – ㄷ – ㄴ – ㅁ – ㄱ

10

□△✕

다음 내용으로 보아 당시의 유학에 관련된 특징으로 옳지 않은 것은?

> • 안향은 날로 학교가 쇠퇴함을 근심하여 양부(兩府)에 의논하기를, "재상의 직무는 인재를 교육하는 것보다 우선하는 것이 없습니다." 하고 만년에는 항상 회암 선생(주자)의 초상화를 걸어 놓고 경모하였으므로 드디어 호를 회헌이라 하였다.
> • 성균관을 다시 짓고 이색을 판개성부사 겸 성균관 대사성으로 삼았다. 이색이 다시 학칙을 정하고 매일 명륜당에 앉아 경(經)을 나누어 수업하고 강의를 마치면 서로 더불어 논란하여 권태를 잊게 하였다. 이에 학자들이 많이 모여 함께 눈으로 보고 마음으로 느끼는 가운데 정주(程朱) 성리학이 비로소 흥기하게 되었다.

① 권문세족과 불교의 폐단 및 모순을 시정하기 위하여 신진사대부를 중심으로 수용되었다.
② 성리학을 수용하여 학문적 기반으로 삼고 원나라 라마 불교 수용으로 혼탁해진 고려 불교의 폐단을 시정하려 하였다.
③ 실천성을 강조하기 위해 명의 왕양명이 만든 학문을 도입하여 연구하였다.
④ 일상생활과 관련되는 실천적 측면을 중시하고, 「소학」과 「주자가례」를 권장하였다.

11

다음 교육 기관에 대한 사실로 옳지 않은 것은?

> 유생들은 매일 새벽에 북소리가 한 번 나면 일어나고, 날이 밝기 시작하여 북소리가 두 번 나면 의관을 갖추고 단정하게 앉아서 책을 읽으며, 목소리가 세 번 나면 식당에서 동서로 마주앉아 식사를 했다. 한편 유생들이 식당에서 함께 식사하는 점수를 원점이라 하는데, 아침과 저녁을 합하여 1점으로 계산하였으며, 이것은 일종의 출석 점수로서 300점을 취득하여야만 과거에 응시할 수 있는 자격이 주어지는 것이 원칙이었으나 후대로 내려오면서 잘 시행되지는 않았다.

① 생원과 진사를 원칙으로 하였고, 정원은 생원과 진사 각각 200명씩 모두 400명으로 하였다.
② 성적 우수자에게는 문과 중 대과의 초시(1차 시험)를 면제해 주기도 하였다.
③ 학생들은 유소, 권당, 공관 등 유학자의 입장에서 국가 정책을 비판하고 견제하는 기능도 수행하였다.
④ 입학 자격은 소과 합격자 및 향교 · 4부 학당(4학) 졸업자와 하급 관리 가운데 희망자들이었다.

12

조선의 관리 선발 제도에 관한 설명으로 옳지 않은 것은?

① 과거를 거치지 않고 천거 또는 음서로 관직에 진출한 사람이 더욱 우대되었다.
② 문과, 무과, 잡과에는 3년마다 시행되는 정기 시험인 식년시가 있었다.
③ 대과에 응시하기 위해서는 반드시 소과에 합격하여 생원이나 진사가 되어야 했으나 뒤에는 큰 제한이 없었다.
④ 소과와 문과는 반역 죄인이나 탐관오리의 자제, 재가한 여성의 아들 및 손자 그리고 서얼은 응시가 불가능했다.

13

다음 그림이 그려진 시기의 문예 활동에 관한 설명으로 옳은 것은?

> • 신사임당의 '초충도'
> • 이상좌의 '송하보월도'

① 서거정의 「필원잡기」, 「동인시화」는 이 시기의 대표적인 작품이다.
② 사림에 의해 가사 문학이 발달하고 감정을 구체적으로 표현하였다.
③ 김시습의 「금오신화」는 우리나라 최초의 한문 소설로서 평양, 개성, 경주 등 우리나라 대도시를 배경으로 남녀 간의 사랑과 불의에 대한 신랄한 비판 등의 내용이 담겨 있다.
④ 성종 때 성현이 궁중 음악을 모아 「악학궤범」을 편찬하였다.

14

다음에서 괄호 안에 들어갈 왕대의 사실로 옳은 것은?

> 노론이 지지한 (   )이 즉위하자 박필현 등의 과격파들은 (   )이 숙종의 아들이 아니며 경종의 죽음에 관계되었다고 주장하면서 (   )와(과) 노론을 제거하고 밀풍군 탄(坦)을 왕으로 추대하고자 하였다. 연잉군의 세자 책봉을 반대했던 소론과 남인이 힘을 모아 노론이 연잉군을 왕으로 세우려 경종을 독살하였다고 주장하며 청주성에서 무장반란을 일으켰는데, 이것이 바로 이인좌의 난이다(1728).

① 세 차례의 환국으로 붕당이 더욱 격해지면서 이를 견제하기 위해 탕평을 최초로 실시하였다.
② 규장각을 창덕궁 안에 설치하여 역대 왕들의 문헌을 수집하고 보관하는 왕실 도서관 기능을 담당하게 하였다.
③ 신진 인물이나 중 · 하급 관료(당하관 관료) 중에서 유능한 인사를 국왕이 재교육하는 제도를 실시하였다.
④ 청계천을 준설하고 하천 양안에 버드나무를 심어 홍수를 예방하고, 도시를 재정비하고자 하였다.

15

조선 후기 경제와 관련하여 옳은 것을 모두 고르면?

> ⊙ 이앙법이 확대됨에 따라 광작이 유행하였고, 농민의 계층 분화가 이루어졌다.
> ⓒ 벼는 소작료의 수취 대상이 아니었으므로, 농민들이 선호하던 작물이었다.
> ⓒ 지대(소작료) 납부 방식이 기존의 타조법에서 점차 도조법으로 증가하였다.
> ⓔ 광산은 국유화되어 있어 그 개발이 매우 미미하였다.
> ⓜ 자급적 경제 구조로 인하여 화폐의 전국적 유통은 이루어지지 못하였다.

① ㄱ, ㅁ   ② ㄴ, ㄷ

③ ㄱ, ㄷ   ④ ㄴ, ㄹ

16

다음 중 한말에 발행된 신문에 대한 연결이 옳지 않은 것은?

① 제국 신문 - 이종일과 이승만이 창간한 제국 신문은 하층민과 부녀자 층을 주요 대상으로 하여 순한글(순국문)로 발간하였다.

② 독립 신문 - 우리나라 최초로 정부의 지원을 받은 민간 신문으로 대중을 계몽하여 근대화를 촉진하려는 한글판과 열강의 경제적 침탈을 외국인들에게 알리기 위한 영문판으로 발행이 되었다.

③ 대한 매일 신보 - 미국인 헐버트가 양기탁과 합작으로 경영했던 대한 매일 신보는 양기탁, 신채호 등 신민회의 주요 인사들이 주필로 활약하여 일제의 침략 정책을 가장 신랄하게 비판하였다.

④ 황성 신문 - 국한문 혼용체로 일제의 침략 정책을 폭로하고 규탄하며 국민 계몽에 주력하였으며 을사늑약 당시 구국 논설을 실었다.

17

다음에 주어진 사건을 시대순으로 바르게 나열한 것은?

> ⊙ 국민 대표 회의가 개최되어 창조파와 개조파가 대화를 했으나 결렬되었다.
> ⓒ 조선어 연구회가 잡지 「한글」을 간행하고, 가갸날을 제정하였다.
> ⓒ 홍범도의 대한 독립군과 김좌진의 북로 군정서군 등이 봉오동과 청산리에서 일본군과 전투를 벌여 큰 승리를 거두었다.
> ⓔ 사회주의 사상을 탄압하기 위해 일제가 치안유지법을 제정하였다.

① ㄴ → ㄱ → ㄷ → ㄹ

② ㄴ → ㄷ → ㄱ → ㄹ

③ ㄷ → ㄱ → ㄹ → ㄴ

④ ㄷ → ㄴ → ㄱ → ㄹ

18

다음 중 일제의 경제침탈에 관한 설명으로 가장 적절하지 않은 것은?

① 1912년에 실시된 토지 조사 사업은 짧은 신고 기간에 복잡한 절차를 거쳤는데, 지주의 권리뿐만 아니라 농민들의 관습적 경작권도 인정되어 근대적 토지 소유 체계를 확립하였다.

② 1920년대 산미 증식 계획은 일본의 공업화로 일본 자국 내 쌀 부족 현상을 개선하기 위해 실시했는데, 이로 인해 농민들의 소작료, 수리 시설비, 조합비 등이 크게 상승했다.

③ 1930년대 이후 일제는 대륙 침략을 위해 북부 지방에 군수 공업 위주의 중화학 공업을 육성하였다.

④ 1940년대 국가 총동원령 체제에서 배급, 공출 등과 함께 산미 증식 계획을 재개하였다.

19

다음 (가) 시기에 들어갈 사건으로 옳지 않은 것은?

□△✕

$$\boxed{\text{5차 개헌}} \rightarrow \boxed{\text{(가)}} \rightarrow \boxed{\text{닉슨 독트린}}$$

① 6·3 시위가 전개되어 굴욕적 한·일 수교를 반대하는 시위를 벌였으나 계엄령이 선포되고 강경하게 진압되었다.

② 베트남에 국군이 파병되었고, 브라운 각서를 통해 미국으로부터 경제 및 기술적 지원과 한국군의 현대화를 약속받아 베트남 특수를 누리게 되었다.

③ 김신조를 비롯한 30명의 무장 공비가 세검정 고개를 넘어 청와대를 습격하는 사건이 발생하였다.

④ 분단 이후 최초로 이산가족 상봉을 위한 남북 적십자 회담이 개최되었다.

20

다음 (가), (나)는 해방 후 두 정치인의 발언이다. 아래의 〈보기〉 중 두 정치인이 발언한 시점 사이에 일어난 사건을 모두 고르면?

□△✕

(가) 이제 우리는 무기 휴회한 미·소 공동 위원회가 재개될 기색도 보이지 않으며, 통일정부를 고대하나 여의케 되지 않으니, 우리는 남방만이라도 임시 정부 혹은 위원회 같은 것을 조직하여 38선 이북에서 소련이 철퇴하도록 세계 공론에 호소하여야 될 것이니 여러분도 결심하여야 할 것이다.

(나) 현시에 있어서 나의 유일한 염원은 3천만 동포와 손을 잡고 통일된 조국의 달성을 위하여 공동 분투하는 것뿐이다. 이 육신을 조국이 수요(需要)로 한다면 당장에라도 제단에 바치겠다. 나는 통일된 조국을 건설하려다 38도선을 베고 쓰러질지언정 일신에 구차한 안일을 취하여 단독 정부를 세우는 데는 협력하지 않겠다.

┤ 보 기 ├
㉠ 모스크바 3국 외상 회의
㉡ 좌·우 합작 운동
㉢ 신한 공사 설립
㉣ UN 총회 개최

① ㉠, ㉡　　　　② ㉡, ㉢

③ ㉠, ㉢　　　　④ ㉡, ㉣

01

□△☒

다음 중 사회복지조직의 환경에 관한 설명으로 옳지 않은 것은?

① 사회복지조직은 외부환경에 의존적이다.
② 시장상황에서 활동하는 사회복지조직은 경쟁조직을 중요한 환경요소로 다룬다.
③ 사회복지사업법은 사회복지조직의 정당성과 권위를 제공하는 내부환경 중 하나이다.
④ 사회복지조직이 직접 상호작용하는 외부집단들을 과업환경이라고 한다.

02

□△☒

다음 중 파울러 보고서의 내용으로 가장 적절하지 않은 것은?

① 복지에 대한 자조와 개인책임의 원칙
② 보편주의 원칙
③ 열등처우의 원칙
④ 민영화(Privatization) 원칙

03

□△☒

다음 중 〈보기〉의 ㄱ~ㄹ에 들어갈 용어를 올바르게 나열한 것은 무엇인가?

┤보 기├

국가와 지방자치단체는 장애인의 장애정도와 경제적 수준을 고려하여 장애인의 소득보전을 위한 (ㄱ)을 지급할 수 있다. 그러나 (ㄴ)에 따른 중증장애인에게는 (ㄱ)을 지급하지 아니한다. 그리고 국가와 지방자치단체는 장애인을 보호하는 보호자에게 그의 경제적 수준과 장애인의 장애정도를 고려하여 장애로 인한 추가적 비용을 보전하게 하기 위하여 (ㄷ)을 지급할 수 있으며, 장애아동에게 보호자의 경제적 생활수준 및 장애아동의 장애 정도를 고려하여 장애로 인한 추가적 비용을 보전하게 하기 위하여 (ㄹ)을 지급할 수 있다.

① ㄱ. 장애수당
　ㄴ. 장애인복지법
　ㄷ. 보호자수당
　ㄹ. 장애아동 추가비용수당
② ㄱ. 장애수당
　ㄴ. 장애인연금법
　ㄷ. 보호수당
　ㄹ. 장애아동수당
③ ㄱ. 장애보전수당
　ㄴ. 장애인고용촉진 및 직업재활법
　ㄷ. 보호수당
　ㄹ. 장애아동 추가비용수당
④ ㄱ. 장애보전수당
　ㄴ. 장애인연금법
　ㄷ. 보호자수당
　ㄹ. 장애아동수당

04

다음 중 사회복지실천의 통합적 방법에 관한 설명으로 옳지 않은 것은?

① 생태체계 이론적 준거들을 사용한다.
② 미래지향적 접근을 강조한다.
③ 광범위한 이론과 개입방법을 사용한다.
④ 2궤도 접근으로 수행한다.

05

다음 중 이상적 인간상으로 완전기능인(The Fully Functional Man)을 제시한 학자의 이론에 관한 설명으로 옳지 않은 것은?

① 주관적 경험을 존중한다.
② 원조관계에서 존경과 긍정적 관심을 통해 성장을 고양할 수 있다.
③ 인간은 자아실현을 위한 잠재력을 가지고 있다.
④ 치료과정에서 치료자는 능동적 참여자이다.

06

다음 중 변수 간의 관계에 대한 설명으로 옳지 않은 것은?

① 독서량 증가가 학업성취도 향상의 원인일 때 독서량 증가는 독립변수이다.
② 경제발전이 학력상승을 가져왔다면 학력상승은 종속변수이다.
③ 경제여건에 따라 복지정책의 빈곤 감소 효과가 달라진다면 경제여건은 조절변수이다.
④ 경제발전으로 복지재원이 늘어 생활수준이 향상되었다면 경제발전은 매개변수이다.

07

아들이 지나치게 말수가 없어서 걱정이라는 클라이언트에게 "아드님이 과묵하네요. 듬직합니다."라고 얘기하여 부정적 문제에 긍정적 의미를 부여하는 면담기법은 다음 중 무엇인가?

① 환기(Ventillation)
② 직면(Confrontation)
③ 재보증(Reassurance)
④ 재명명(Reframing)

08

다음 중 긴급복지지원법상의 긴급지원의 종류로 옳지 않은 것은?

① 의료지원
② 자활지원
③ 상담 · 정보제공
④ 교육지원

09

다음 중 〈보기〉에서 설명하는 지역사회복지의 특성은 무엇인가?

┤보기├
지역사회복지는 서비스의 패키지화라고 할 수 있는 것처럼, 서비스 제공기관 간의 연락 · 조정 등 네트워크의 구축을 통하여 지역사회 주민들에게 종합적으로 서비스를 제공한다.

① 통합성
② 포괄성
③ 지역성
④ 연대성

10

□△×

다음 중 자원봉사활동기본법에 관한 내용으로 옳지 않은 것은?

① 자원봉사활동이란 개인 또는 단체가 지역사회 · 국가 및 인류사회를 위하여 대가 없이 자발적으로 시간과 노력을 제공하는 행위를 말한다.

② 학교 · 직장 등의 장은 학생 또는 직장인 등의 자원봉사활동에 대하여 그 공헌을 인정하여 줄 수 있다.

③ 자원봉사활동은 무보수성 · 자발성 · 공익성 · 비영리성 · 비정파성 · 비종파성의 원칙 아래 수행될 수 있도록 하여야 한다.

④ 행정안전부장관은 관계 중앙행정기관의 장과 협의하여 자원봉사활동의 진흥을 위한 국가기본계획을 3년마다 수립하여야 한다.

11

□△×

다음 〈보기〉 중 사회복지 실천현장에 관한 설명으로 옳지 않은 것을 모두 고른 것은?

┌─ 보기 ─
ㄱ. 노인복지관 – 재가노인복지서비스를 제공하는 이용시설
ㄴ. 사회복지협의회 – 사회복지행정을 담당하는 공공기관
ㄷ. 동주민센터 – 국민기초생활보장 업무를 담당하는 사회복지 1차 현장
ㄹ. 장애인복지관 – 요양서비스를 제공하는 생활시설

① ㄴ, ㄷ
② ㄱ, ㄴ, ㄷ
③ ㄱ, ㄴ, ㄹ
④ ㄴ, ㄷ, ㄹ

12

□△×

다음 중 비스마르크 사회보험에 관한 설명으로 옳지 않은 것은?

① 질병보험은 최초의 사회보험으로, 조합주의로 운영되었다.

② 노동자보상보험의 재원은 노사가 균등분담하였다.

③ 노령폐질연금은 노동자를 중심으로 시행되었다.

④ 채찍과 당근정책의 일환으로 도입되었다.

13

□△×

다음 중 재가복지봉사센터에 관한 설명으로 옳지 않은 것은?

① 조사 및 진단 기능과 더불어 교육기능을 수행한다.

② 지역사회보호 사업을 실천하는 대표적인 기관이다.

③ 직접적 서비스 제공기관으로, 전문인력만으로 구성된 사회복지시설이다.

④ 급식지원 서비스, 말벗 서비스 등 생활지원서비스를 제공한다.

14

□△×

다음 중 사회복지정책 평가유형에 관한 설명으로 가장 적절한 것은?

① 모니터링평가는 최초의 정책목표 달성 여부를 평가하는 것이다.

② 효율성평가는 경제성에 초점을 두고 있는 비용지향적 평가이다.

③ 효과성평가는 정책집행과정의 문제점을 찾는 데 효율적이다.

④ 효과성평가는 정책성과를 화폐단위로 환산하기 쉬운 경우에 적절하다.

15 ☐△☒

다음 중 사회민주주의 이론에서 제시한 복지국가로 발전하기 위한 요인에 해당하지 않는 것은?

① 사회민주당의 발전
② 지속적인 경제성장
③ 분권적 노동조합운동
④ 선거권의 노동계급으로의 확대

16 ☐△☒

다음 중 사회복지의 성격으로 옳지 않은 것은?

① 미래의 이상사회 건설을 목표로 한다.
② 치료적이고 개별적이다.
③ 제도와 정책으로 현실화된다.
④ 거시적이며, 생산적 성격을 강조한다.

17 ☐△☒

다음 중 사례관리의 등장 배경으로 옳지 않은 것은?

① 다양한 문제와 욕구를 가진 클라이언트 증가
② 복잡하고 분산된 서비스체계의 연계 필요성 증가
③ 임상적 치료모델에 대한 욕구 증가
④ 지역사회보호의 필요성 증대

18 ☐△☒

다음 중 단일사례연구의 기초선 자료수집방법으로 적절하지 않은 것은?

① 표준화된 척도
② 개별화된 척도
③ 목표달성 척도
④ 형성평가 척도

19 ☐△☒

다음 중 사회보험의 특징으로 옳지 않은 것은?

① 국민과 국민 간의 집합적 계약
② 기여를 전제로 한 급여
③ 소득에 정비례하는 급여 수준
④ 추정된 필요에 따른 급여

20 ☐△☒

다음 중 대상자 선정의 원칙으로서 선별주의와 보편주의에 관한 설명으로 옳지 않은 것은?

① 선별주의는 대상 효율성을 강조한다.
② 선별주의는 문제를 가진 소수로 정책대상을 제한한다.
③ 보편주의는 행정절차가 간편하다는 장점이 있다.
④ 보편주의는 자격 있는 빈자들이 신청을 기피하게 된다.

01

행정심판에 관한 설명으로 옳지 않은 것은?(다툼이 있는 경우 판례에 의함)

① 중앙행정심판위원회는 위원장 1명을 포함하여 70명 이내의 위원으로 구성하되, 위원 중 상임위원은 4명 이내로 한다.

② 행정심판청구는 엄격한 형식을 요하지 아니하는 서면행위라고 볼 것이므로 행정청의 위법 부당한 처분 등으로 인하여 권리나 이익을 침해당한 자로부터 그 처분의 취소나 변경을 구하는 서면이 제출되었을 때에는 그 표제와 제출기관의 여하를 불문하고 이를 행정심판의 청구로 보고 심리와 재결을 하여야 한다.

③ 행정심판을 청구하려는 자는 심판청구서를 작성하여 피청구인이나 위원회에 제출하여야 하며 피청구인의 수만큼 심판청구서 부본을 함께 제출하여야 한다.

④ 도로관리청인 피고가 이 사건 도로점용료 상당 부당이득금의 징수고지서를 발부함에 있어서 원고들에게 이의 제출기간 등을 알려주지 아니하였다면 원고들은 지방자치법상의 이의제출기간에 구애됨이 없이 행정심판법 제18조 제6항, 제3항의 규정에 의하여 징수고지처분이 있음을 안 날로부터 90일 이내에 이의를 제출할 수 있다.

02

공용수용 및 손실보상에 관한 설명 중 옳지 않은 것은?(다툼이 있는 경우 판례에 의함)

① 공익사업을 위한 토지 등의 취득 및 보상에 관한 법률상 주거용 건축물 세입자의 주거이전비 보상청구권은 공법상의 권리이고, 주거이전비 보상청구소송은 행정소송에 의하여야 한다.

② 공익사업을 위한 토지 등의 취득 및 보상에 관한 법률상 토지소유자가 사업시행자로부터 잔여지 가격감소로 인한 손실보상을 받고자 하는 경우 토지수용위원회의 재결절차를 거치지 않은 채 곧바로 사업시행자를 상대로 손실보상을 청구하는 것도 허용된다.

③ 구 공유수면매립법 시행 당시 공유수면매립사업으로 인한 관행어업권자의 손실보상청구권 행사방법은 행정소송의 대상이다.

④ 공익사업을 위한 토지 등의 취득 및 보상에 관한 법률상 사업시행자가 3년 이상 사용한 토지에 대해 해당 토지소유자가 지방토지수용위원회에 수용청구를 하였으나 받아들여지지 않은 경우, 이에 불복하여 소송을 제기하고자 하는 토지소유자는 사업시행자를 상대로 '보상금의 증감에 관한 소송'을 제기하여야 한다.

03

다음 중 특허에 해당하는 것은 모두 몇 개인가?(다툼이 있는 경우 판례에 의함)

> A. 도시 및 주거환경정비법상 주택재건축정비사업조합의 설립인가
> B. 자동차관리법상 사업자단체조합의 설립인가
> C. 도시 및 주거환경정비법상 도시환경정비사업조합이 수립한 사업시행계획인가
> D. 도시 및 주거환경정비법상 토지 등 소유자들이 조합을 따로 설립하지 않고 직접 시행하는 도시환경정비사업시행인가
> E. 출입국관리법상 체류자격 변경허가

① 2개　　　　　　② 3개
③ 4개　　　　　　④ 5개

04

◯△✕

다음 중 판례의 입장으로 옳지 않은 것은?

① 사업인정고시 전에 공익사업시행지구 내 토지에 설치한 공작물 등 지장물은 원칙적으로 손실보상의 대상이 된다.

② 허위의 고등학교 졸업증명서를 제출하는 사위의 방법에 의한 하사관 지원의 하자를 이유로 하사관 임용일로부터 33년이 경과한 후에 행정청이 행한 하사관 및 준사관 임용취소처분은 적법하다.

③ 일반적으로 공무원이 관계법규를 알지 못하거나 필요한 지식을 갖추지 못하고 법규의 해석을 그르쳐 행정처분을 하였다면 그가 법률전문가가 아닌 행정직 공무원이라고 하여 과실이 없다고는 할 수 없다.

④ 고시·공고 등 행정기관이 일정한 사항을 일반에 알리기 위한 공고문서의 경우에는 그 문서에 특별한 규정이 있는 경우를 제외하고는 그 고시 또는 공고가 있은 후 3일이 경과한 날부터 효력이 발생한다.

05

◯△✕

다음 중 형식적 의미의 사법, 실질적 의미의 행정에 해당하는 것은?

① 행정심판의 재결

② 예산 제정

③ 법규명령의 제정

④ 대법원장의 일반법관 임명

06

◯△✕

비례원칙에 대한 설명으로 옳지 않은 것은?(다툼이 있는 경우 판례에 의함)

① 도로교통법 제148조의2 제1항 제1호의 도로교통법 제44조 제1항을 2회 이상 위반한 것에 구 도로교통법 제 44조 제1항을 위반한 음주운전 전과도 포함된다고 해석하는 것은 비례원칙에 위반된다.

② 헌법재판소는 비례원칙의 내용으로 목적의 정당성, 방법의 적절성, 피해의 최소성, 법익의 균형성을 들고 있다.

③ 침해행정인가 급부행정인가를 가리지 아니하고 행정의 전 영역에 적용된다.

④ 비례원칙의 헌법적 근거로는 제37조 제2항을 들 수 있다.

07

◯△✕

행정의 실효성 확보수단에 대해 설명으로 적절하지 않은 것은?(다툼이 있는 경우 판례에 의함)

① 건축법상 공급거부 규정은 존재하지 않는다.

② 가산금은 세법상의 의무의 성실한 이행을 확보하기 위하여 세법에 의하여 산출된 세액에 가산하여 징수하는 금액을 말한다.

③ 지방국세청 소속 공무원들이 통상적인 조사를 다하여 의심스러운 점을 밝혀 보지 아니한 채 막연한 의구심에 근거하여 원고가 위장증여자로서 국토이용관리법을 위반하였다는 요지의 조사결과를 보고한 것이라면 국세청장이 이에 근거한 보도자료의 내용이 진실하다고 믿은 데에는 상당한 이유가 없다.

④ 현행법상 영업정지에 갈음하는 과징금을 부과하는 경우가 존재한다.

08

◻△✕

다음 중 부당결부금지원칙에 위반되지 않는 것은?(다툼이 있는 경우 판례에 의함)

① 이륜자동차를 음주운전한 경우에 제1종 대형면허나 보통면허를 취소한 경우

② 제1종 보통·대형·특수면허를 가진 자가 12인승 승합자동차를 운전하다 운전면허취소사유가 발생한 경우에 제1종 특수면허까지 취소한 경우

③ 오토바이를 절취한 경우에 제1종 대형면허와 보통면허까지 취소한 경우

④ 제1종 보통면허로 운전할 수 있는 차량을 음주운전한 경우에 제2종 원동기장치자전거면허까지 취소한 경우

09

◻△✕

다음 중 판례의 입장으로 적절하지 않은 것은?

① 지식경제부장관의 광주광역시장에 대한 국가보조금 신청에 대한 반려회신은 항고소송의 대상이 되는 행정처분에 해당하지 않고, 광주광역시장의 수도권 소재 갑 주식회사에 대한 입지보조금 신청에 대한 반려처분은 항고소송의 대상이 되는 행정처분에 해당한다.

② 사업시행자 스스로 공익사업의 원활한 시행을 위하여 생활대책을 수립·실시할 수 있도록 하는 내부규정을 두고 이에 따라 생활대책대상자 선정기준을 마련하여 생활대책을 수립·실시하는 경우, 생활대책대상자 선정기준에 해당하는 자가 자신을 생활대책대상자에서 제외하거나 선정을 거부한 사업시행자를 상대로 항고소송을 제기할 수 있다.

③ 확정된 거부처분취소 판결의 취지에 따라 이전 신청에 대하여 재처분을 할 의무가 있는 행정청은 종전 처분 후 발생한 새로운 사유를 내세워 다시 거부처분을 할 수 없다.

④ 손실보상대상이 되는 토지가 등기된 것으로 한정된다고 볼 수는 없다.

10

◻△✕

다음 중 괄호 안에 들어갈 숫자의 합은 얼마인가?

> • 질서위반행위규제법상 (A)세가 되지 아니한 자의 질서위반행위는 과태료를 부과하지 아니한다.
> • 행정소송법상 제3자에 의한 재심청구는 확정판결이 있음을 안 날로부터 (B)일 이내에, 판결이 확정된 날로부터 (C)년 이내에 제기하여야 한다.

① 45
② 50
③ 55
④ 75

11

◻△✕

다음 중 판례의 입장으로 적절하지 않은 것은?

① 난민 인정 거부처분의 취소를 구하는 취소소송에서 그 거부처분을 한 후 국적국의 정치적 상황이 변화하였다하더라도 처분의 적법 여부가 달라지는 것은 아니다.

② 토지에 대한 보상액은 현실적인 이용상황에 따라 산정하는 것이 원칙이므로 수용대상 토지의 이용상황이 일시적이라거나 불법형질변경토지라는 이유로 본래의 이용상황 또는 형질변경 당시의 이용상황에 의하여 보상액을 산정하기 위해서는 그와 같은 예외적인 보상액 산정방법의 적용을 주장하는 쪽에서 수용대상 토지가 불법형질변경토지임을 증명해야 한다.

③ 법무법인의 공정증서 작성행위는 항고소송의 대상이 되는 행정처분에 해당한다.

④ 개인식별정보뿐만 아니라 그 외에 정보의 내용을 구체적으로 살펴 개인에 관한 사항의 공개로 개인의 내밀한 내용의 비밀 등이 알려지게 되고 그 결과 인격적, 정신적 내면생활에 지장을 초래하거나 자유로운 사생활을 영위할 수 없게 될 위험성이 있는 정보도 비공개대상이 되는 정보에 해당한다.

12

$\boxed{\bigcirc\ \triangle\ \times}$

행정소송법과 관련된 설명으로 옳지 않은 것은?(다툼이 있는 경우 판례에 의함)

① 토지의 수용 기타 부동산 또는 특정의 장소에 관계되는 처분 등에 대한 취소소송은 그 부동산 또는 장소의 소재지를 관할하는 행정법원에 이를 제기할 수 있다.

② 국가의 사무를 위임 또는 위탁 받은 공공단체 또는 그 장에 대하여 취소소송을 제기하는 경우에는 대법원소재지를 관할하는 행정법원에 제기할 수 있다.

③ 중앙행정기관의 부속기관과 합의제행정기관 또는 그 장에 대하여 취소소송을 제기하는 경우에는 대법원소재지를 관할하는 행정법원에 제기할 수 있다.

④ 취소소송의 제1심 관할법원은 원고의 소재지를 관할하는 행정법원으로 한다.

13

$\boxed{\bigcirc\ \triangle\ \times}$

개인적 공권에 대한 설명으로 옳지 않은 것은?(다툼이 있는 경우 판례에 의함)

① 재량권이 영으로 수축하는 경우에는 무하자재량행사청구권이 행정개입청구권으로 전환되어 행정개입청구권이 인정된다.

② 지방자치단체장이 공장시설을 신축하는 회사에 대하여 사업승인 내지 건축허가 당시 부가하였던 조건을 이행할 때까지 신축공사를 중지하라는 명령을 한 경우에는 위 회사에게 중지명령의 원인사유가 해소되었음을 이유로 당해 공사중지명령의 해제를 요구할 수 있는 권리가 인정된다.

③ 국민이 행정청에 대하여 제3자에 대한 건축허가와 준공검사의 취소 및 제3자 소유의 건축물에 대한 철거명령을 요구할 수 있는 법규상 또는 조리상 권리는 인정되지 않는다.

④ 무하자재량행사청구권은 결정재량과 선택재량에서 인정되나, 행정개입청구권은 선택재량에서만 인정된다.

14

$\boxed{\bigcirc\ \triangle\ \times}$

행정심판법상 행정심판에 관한 내용이다. 괄호 안에 들어갈 숫자를 모두 더한 값은?

> ⊙ 행정심판은 처분이 있음을 알게 된 날부터 (　　)일 이내에 청구하여야 한다.
>
> ⊙ 청구인이 천재지변, 전쟁, 사변, 그 밖의 불가항력으로 인하여 ⊙의 기간에 심판청구를 할 수 없었을 때에는 그 사유가 소멸한 날부터 (　　)일 이내에 행정심판을 청구할 수 있다. 다만, 국외에서 행정심판을 청구하는 경우에는 그 기간을 (　　)일로 한다.
>
> ⊙ 재결은 행정심판법 제23조에 따라 피청구인 또는 위원회가 심판청구서를 받은 날부터 (　　)일 이내에 하여야 한다. 다만, 부득이한 사정이 있는 경우에는 위원장이 직권으로 (　　)일을 연장할 수 있다.
>
> ⊙ 여러 명의 청구인이 공동으로 심판청구를 할 때에는 청구인들 중에서 (　　)명 이하의 선정대표자를 선정할 수 있다.
>
> ⊙ 중앙행정심판위원회는 심판청구사건 중 도로교통법에 따른 자동차운전면허 행정처분에 관한 사건(소위원회가 중앙행정심판위원회에서 심리·의결하도록 결정한 사건은 제외한다)을 심리·의결하게 하기 위하여 (　　)명의 위원으로 구성하는 소위원회를 둘 수 있다.

① 191 　　　　② 201

③ 231 　　　　④ 251

15

다음 중 단계별 행정행위에 관한 판례의 태도로서 가장 옳지 않은 것은?

① 행정청이 내인가를 한 다음 이를 취소하는 행위는 인가 신청을 거부하는 처분으로 보아야 한다.

② 폐기물처리업 사업계획에 대하여 적정통보를 한 것만으로 그 사업부지 토지에 대한 국토이용계획 변경신청을 승인하여 주겠다는 취지의 공적인 견해표명을 한 것으로 볼 수 없다.

③ 원자로 및 관계 시설의 부지사전승인처분은 그 자체로서 건설부지를 확정하고 사전공사를 허용하는 법률효과를 지닌 독립한 행정처분이기는 하지만, 건설허가 전에 신청자의 편의를 위하여 미리 그 건설허가의 일부 요건을 심사하여 행하는 사전적 부분 건설허가처분의 성격을 갖고 있는 것이어서 나중에 건설허가처분이 있게 되면 그 건설허가처분에 흡수되어 독립된 존재가치를 상실하고 그 건설허가처분만이 쟁송의 대상이 된다.

④ 구 주택건설촉진법에 의한 주택건설사업계획 사전결정이 있는 경우 주택건설계획 승인 처분은 사전결정에 기속되므로 다시 승인 여부를 결정할 수 없다.

16

다음 중 행정절차법상 사전통지 및 의견제출기회 제공의 대상이 되는 것은 모두 몇 개인가?(다툼이 있는 경우 판례에 의함)

ㄱ. 교원임용신청에 대한 거부처분
ㄴ. 업자로부터의 금품수수를 이유로 한 징계에 기한 진급예정자의 진급선발 취소처분
ㄷ. 행정청이 온천지구임을 간과하여 지하수개발 · 이용신고를 수리하였다가 그 신고수리처분을 취소하고 원상복구명령의 처분을 하였으나 처분 전에 행정지도방식에 의한 사전고지나 그에 따른 당사자의 자진 폐공의 약속 등의 사유가 존재하는 경우
ㄹ. 관련법령에 따라 금액이 정해져 있는 퇴직연금 환수결정

① 1개   ② 2개
③ 3개   ④ 4개

17

행정소송에 대한 설명으로 옳지 않은 것은?(다툼이 있는 경우 판례에 의함)

① 도시 및 주거환경정비법상 이전고시가 효력을 발생한 이후에도 조합원 등이 관리처분계획의 취소 또는 무효확인을 구할 법률상 이익이 있다.

② 가중처분의 요건이 법률에 규정되어 있는 경우에도 실제로 가중처분을 받을 위험성이 없는 경우에는 소의 이익이 없다.

③ 공익근무요원소집해제신청을 거부한 후에 원고가 계속하여 공익근무요원으로 복무함에 따라 복무기간 만료를 이유로 소집해제처분을 한 경우에는 거부처분의 취소를 구할 소의 이익이 없다.

④ 상등병에서 병장으로의 진급요건을 갖춘 자에 대하여 그 진급처분을 행하지 아니한 상태에서 예비역으로 편입하는 처분을 한 경우에는 진급처분부작위위법을 이유로 예비역편입처분취소를 구할 소의 이익이 없다.

18

허가에 대한 설명으로 가장 적절하지 않은 것은?(다툼이 있는 경우 판례에 의함)

① 허가 등의 행정처분은 원칙적으로 허가신청 당시의 기준에 의하여 따라야 하고, 처분시의 법령과 허가기준에 의하여 처리되어야 하는 것은 아니다.
② 식품위생법상 일반음식점영업허가는 성질상 일반적 금지의 해제에 불과하므로 허가권자는 허가신청이 법에서 정한 요건을 구비한 때에는 허가하여야 하고 관계 법령에서 정하는 제한사유 외에 공공복리 등의 사유를 들어 허가신청을 거부할 수는 없다.
③ 석유판매업허가는 소위 대물적 허가의 성질을 갖는 것이어서 양수인이 그 양수 후 허가관청으로부터 석유판매업허가를 다시 받았다 하더라도 양도인의 귀책사유는 양수인에게 그 효력이 미친다.
④ 산림훼손허가의 경우 관계법령상의 명문의 규정이 없더라도 공공복리 등의 사유로 허가를 거부할 수 있다.

19

다음 중 공정력이 인정될 수 있는 행위는 몇 개인가?

> ㉠ 사인의 공법행위
> ㉡ 선량한 풍속 기타 사회질서에 위반된 행위
> ㉢ 공법상 계약
> ㉣ 행정지도
> ㉤ 적법한 건축물에 대한 철거명령
> ㉥ 법규명령

① 1개   ② 2개
③ 3개   ④ 4개

20

다음 중 사인의 공법행위에 관한 설명으로 옳지 않은 것은?

① 투표행위와 같은 합성행위는 그 집단성·형식성이 중시되므로 착오를 이유로 취소를 주장할 수 없다.
② 사인의 공법행위가 행정행위의 전제요건이 아닌 단순한 동기에 불과한 경우에는 사인의 공법행위의 하자는 그 정도의 여하에 관계없이 행정행위의 효력에는 아무런 영향을 미치지 못한다.
③ 신청인이 신청에 앞서 행정청의 허가업무 담당자에게 신청서의 내용에 대한 검토를 요청한 것만으로도 다른 특별한 사정이 없는 한 명시적이고 확정적인 신청의 의사표시가 있음을 인정할 수 있다.
④ 민법상 비진의표시의 무효에 관한 규정은 영업재개신고나 공무원의 일괄사표제출, 군인의 전역지원과 같은 사인의 공법행위에 적용되지 않는다.

실전모의고사
정답 및 해설

사회복지직 **9급**

빼박 모의고사

제**1**과목 국어

01	02	03	04	05	06	07	08	09	10
②	④	③	④	①	②	③	②	③	①
11	12	13	14	15	16	17	18	19	20
④	③	④	④	①	②	④	①	②	③

01

답 ②

출제 영역 문법 – 형태론

정답해설

② • 덮밥, 감발 – 용언의 어간+명사

• 오르내리다, 높푸르다 – 용언의 어간+용언

• 보슬비 – 비자립성 어근+명사

오답해설

① • 흔들바위, 곶감 – 비통사적 합성어

• 건널목, 가져오다 – 통사적 합성어

• 새빨갛다 – 파생어

③ 꿈꾸다, 어린이, 작은아버지, 새사람, 빛나다
– 통사적 합성어

④ • 척척박사 – 비통사적 합성어

• 새언니, 돌다리, 장군감 – 통사적 합성어

The 알아보기

합성어

• 통사적 합성어

– 우리말의 일반적인 단어 배열법과 일치하는 합성어를
의미한다.

– 국어 어순(○) : 밤낮(명사+명사), 작은형(관형어+체언),
곧잘(부사+부사), 그만두다(부사+용언), 맛보다(조사 생
략)

– 연결 어미(○) : 들어가다(동사의 어간+연결 어미+동사)

→ 통사적 합성어는 우리말 어순에 일치하거나, '용언의
어간+연결 어미+용언'의 구조이다.

• 비통사적 합성어

– 우리말의 일반적인 단어 배열법에서 벗어난 합성어를
의미한다.

– 국어 어순(×) : 부슬비(비자립적 어근+명사), 척척박사
(부사+명사), 덮밥(용언의 어간+명사)

– 연결 어미(×) : 여닫다(용언의 어간+용언), 검붉다(용언
의 어간+용언)

→ 비통사적 합성어는 우리말 어순에 일치하지 않거나,
'용언의 어간+용언'의 구조이다.

02

답 ④

출제 영역 문법 – 어문규정

정답해설

④ '놀잇감'은 '놀이 또는 아동 교육 현장 따위에서 활용
되는 물건이나 재료'의 뜻으로 '놀이감'이 아니라 '놀잇
감'으로 표기해야 한다.

오답해설

① '개개다'는 '성가시게 달라붙어 손해를 끼치다.'는 뜻으
로 쓰인다.

② '주책스럽다'는 '일정한 줏대가 없이 자꾸 이랬다저랬
다 하여 몹시 실없는 데가 있다.'는 뜻으로 쓰인다.

③ '내음'은 '코로 맡을 수 있는 나쁘지 않거나 향기로운
기운'의 뜻으로 주로 문학적 표현에 쓰인다.

03

답 ③

출제 영역 문법 – 어문규정

정답해설

③ '못하다'는 '어떤 일을 일정한 수준에 못 미치게 하거
나, 그 일을 할 능력이 없다.'는 뜻으로, 하나의 단어
이므로 '못하다'와 같이 붙여 써야 한다.

① '못'은 '(주로 동사 앞에 쓰여) 동사가 나타내는 동작을 할 수 없다거나 상태가 이루어지지 않았다.'는 부정의 뜻을 나타내는 말로, 부정의 뜻을 나타내는 부사이다. 따라서 '못 참는다'와 같이 띄어 쓰는 것이 적절하다.

② '안'은 '아니'의 축약형으로 품사는 부사이다.

④ '안되다'는 하나의 단어이므로 붙여 써야 한다.

04

출제 영역 작문 – 고쳐쓰기

②은 '이 구간만의 문제가 아니다.'의 근거에 해당하므로 앞 문장과 순서를 바꿀 필요가 없다.

① '바뀌어지는'은 이중 피동이므로 '바뀌는'으로 바꾸는 것이 적절하다.

② '혼란은 ~ 원인이다.'의 문장은 주어와 서술어의 호응이 적절하지 못하므로 '이런 혼란은 ~ 원인이 됩니다.'와 같이 고치는 것이 적절하다.

③ '생활 도로의 주행 속도를 낮추자'라는 주제문에 상관없는 문장이므로 통일성을 고려하여 삭제하는 것이 적절하다.

05

출제 영역 어휘 – 한자(한자성어)

① 忖度(헤아릴 촌, 헤아릴 탁) : 남의 마음을 미루어 헤아림

② 限度(한할 한, 법도 도) : 일정하게 정한 정도

③ 制度(절제할 제, 법도 도) : 제정된 법규, 나라의 법규

④ 態度(모습 태, 법도 도) : 속의 뜻이 드러나 보이는 겉모양, 몸을 가지는 모양

06

출제 영역 비문학 – 추론적 읽기

② 제시문에서 위치적 외부성이란 '자신의 상대적 위치에 따른 보상이 다른 경쟁자의 상대적 성과에 부분적으로 의존하는 것'을 말한다. 하지만 영철이가 설명한 '유명 가수가 공연을 할 경우 참가 선수들이 수당을 많이 받는다는 사례'는 '유명 가수'와 '참가 선수'가 경쟁 관계가 아니기 때문에 위치적 외부성의 사례로 적절하지 않다.

07

출제 영역 화법 – 대담

③ 보충형 질문이란 답변을 회피하거나 모호하게 할 경우 또는 좀 더 구체적인 정보를 원할 경우 추가로 하는 질문이다. 제시문을 보면 전문의의 답변에 대해 진행자는 보충형 질문을 하지 않았다.

08

출제 영역 문학 – 현대소설

② '코너 스툴'은 링의 중심에서 비켜난 구석 자리로, 권투 경기 라운드 중간마다 잠시 휴식을 취할 수 있는 곳이다. 제시문을 보면 경산에 있는 '과수원' 역시 번잡한 세상 한가운데 있는 고요한 중심으로 서술자가 생각하는 자신의 코너 스툴이다.

The 알아보기

이윤기, 「숨은그림찾기 1 – 직선과 곡선」

• 갈래 : 단편소설

• 성격 : 교훈적, 비판적

• 시점 : 1인칭 주인공 시점

• 배경
 – 시간적 : 현대
 – 공간적 : 경주, 경산, 서울

• 주제 : 타인의 삶에 대한 깊이 있는 이해의 필요성

• 특징
 – 인물과 관련된 다양한 일화를 제시하고 있다.
 – 반전의 구성 방식을 활용하여 결말을 제시하고 있다.
 – 삶의 이치에 대한 교훈적 의도를 강하게 드러내고 있다.

• 출전 : 『세계의 문학』(1997)

09

출제 영역 문학 – 고전산문

정답해설

③ 관찰사가 양반을 감옥에 가두라고 명령을 내린 것은 자기 직무에 충실한 모습이므로 부정적이 아닌 긍정적인 인물로 형상화되고 있다.

The 알아보기

박지원, 「양반전」
- 갈래 : 한문소설, 단편소설, 풍자소설
- 성격 : 풍자적, 비판적, 사실적
- 시점 : 전지적 작가 시점
- 배경
  - 시간적 : 조선 후기
  - 공간적 : 정선
- 주제
  - 양반들의 무능과 위선적인 태도, 허위의식 풍자
  - 맹목적인 신분 상승에 대한 욕구 비판
- 특징
  - 몰락하는 양반들의 위선적인 모습을 풍자하고 있다.
  - 조선 후기의 사회상을 사실적으로 보여 주고 있다.
- 출전 : 「연암집」, 「방경각외전」

10

답 ①

출제 영역 비문학 – 사실적 읽기

정답해설

제시문은 '남녀 간의 성차는 평균적이기 때문에 사람들을 제대로 이해하기 위해서는 그들 각각을 개별체로 보고 접근해야 한다.'고 말하며 사람을 제대로 이해하는 방법을 주장하는 글이다. 따라서 제시문의 중심 내용은 ① '인간을 올바르게 이해하는 방법'이다.

11

답 ④

출제 영역 어휘 – 고유어

정답해설

④ '꼼바르다'는 '마음이 좁고 지나치게 인색하다.'는 뜻이다.

12

답 ③

출제 영역 어휘 – 혼동어휘

정답해설

'알음'이란 '어떤 사정이나 수고에 대하여 알아주는 것'의 뜻으로 ③ 문장에서 적절하게 쓰였다.

오답해설

① '실재(實在)'는 '실제로 존재한다.'는 뜻이므로, '사실의 경우나 형편'을 뜻하는 '실제'로 써야 한다.

② '운용(運用)'은 '무엇을 움직이게 하거나 부리어 쓴다.'는 의미이므로, '조직이나 기구, 사업체 따위를 운용하고 경영한다.'는 뜻인 '운영'으로 써야 한다.

④ '임대(賃貸)'는 '돈을 받고 자기의 물건을 남에게 빌려준다.'는 뜻이므로, '돈을 내고 남의 물건을 빌린다.'는 의미인 '임차(賃借)'라고 써야 한다.

13

답 ④

출제 영역 문법 – 문법 표현

정답해설

④ '약을 먹이셨다.'의 경우 어머니께서 아이에게 직접 약을 먹인 직접 사동인지, 어머니께서 단지 아이에게 약을 먹으라고 시킨 간접 사동인지 분명하지 않다. 하지만 '-게 하다'의 경우 간접 사동의 의미만 있으므로 두 문장의 의미가 동일하다는 설명은 적절하지 않다.

The 알아보기

사동(使動) 표현
- 개념 : 사동이란 주어가 남에게 어떤 동작을 하도록 시키는 것을 말한다.
- 사동문의 종류
  - 파생적 사동문(짧은 사동) : 사동 접미사인 '-이-, -히-, -리-, -기-, -우-, -구-, -추-'나 접미사인 '시키다'로 실현된다.
    예 • 얼음이 녹았다. (주동) → 아이들이 얼음을 녹였다. (사동)
    • 철수가 옷을 입었다. (주동) → 엄마가 철수에게 옷을 입혔다. (사동)
    • 철수와 영희가 화해하였다. (주동) → 당신께서 철수와 영희를 화해시켜 주십시오. (사동)
  - 통사적 사동문(긴 사동) : 보조 용언인 '-게 하다'로 실현된다.
    예 • 얼음이 녹았다. (주동) → 아이들이 얼음을 녹게 했다. (사동)
    • 철수가 옷을 입었다. (주동) → 엄마가 철수에게 옷을 입게 했다. (사동)

110 사회복지직 9급 빼박 모의고사

- 사동 접미사
  - 끓다 → 끓이다   - 눕다 → 눕히다
  - 물다 → 물리다   - 웃다 → 웃기다
  - 지다 → 지우다   - 솟다 → 솟구다
  - 들다 → 들추다

14
출제 영역 어휘 – 한자(한자성어)

정답해설
① 止揚(그칠 지, 날릴 양) : 더 높은 단계로 오르기 위하
여 어떠한 것을 하지 아니함

오답해설
② • 遊說(놀 유, 달랠 세) : 자기 의견 또는 자기 소속 정
    당의 주장을 선전하며 돌아다님
  • 誘說(꾈 유, 달랠 세) : 달콤한 말로 꾐
③ • 持續(가질 지, 이을 속) : 어떤 상태가 오래 계속됨,
    또는 어떤 상태를 오래 계속함
  • 遲速(더딜 지, 빠를 속) : 더딤과 빠름
④ • 演繹(펼 연, 풀 역) : 일반적인 사실에서 구체적인
    사실을 이끌어 내는 추리 방식
  • 煙役(연기 연, 부릴 역) : 조선 시대에 민가의 집마
    다 부과하던 여러 가지 부역

15
출제 영역 어휘 – 한자(한자성어)

정답해설
② 見蚊拔劍(볼 견, 모기 문, 뽑을 발, 검 검) : 모기를 보
고 칼을 뺀다는 뜻으로, 보잘것없는 작은 일에 지나치
게 큰 대책을 세움을 이르는 말이다.

오답해설
① 乾坤一擲(하늘 건, 땅 곤, 한 일, 던질 척) : 하늘이냐
땅이냐를 한 번 던져서 결정한다는 뜻으로, 운명과 흥
망을 걸고 단판으로 승부나 성패를 겨룸을 이르는 말
이다.
③ 反面敎師(돌이킬 반, 얼굴 면, 가르칠 교, 스승 사) :
사람이나 사물 따위의 부정적인 면에서 얻는 깨달음
이나 가르침을 주는 대상을 이르는 말이다.
④ 尸位素餐(주검 시, 자리 위, 흴 소, 밥 찬) : 재덕이나
공적도 없이 높은 자리에 앉아 녹만 받는다는 뜻으로,
자기 직책을 다하지 않음을 이르는 말이다.

16
출제 영역 작문 – 글쓰기 계획

정답해설
ⓒ은 고령화 시대의 문제점을 언급하고 있고 ⓒ에서는
인터뷰를 활용하여 '노인들에게 연금 보험이나 의료 보험
같은 혜택보다는 일자리를 만들어주는 것'이 더 중요하다
고 주장하고 있다. ④의 경우 노인들이 처한 가장 큰 문
제점으로 경제력을 이야기했으나, 이 내용은 ⓒ이나 ⓒ
의 자료로는 설명할 수 없으므로 ④는 적절하지 않다.

17
출제 영역 비문학 – 사실적 읽기

정답해설
현대 사진은 현실을 포장지로밖에 생각하지 않기 때문에
왜곡하는 것에 구애를 받지 않는 것이다. 따라서 '현실을
부각'하기 위해 현실을 왜곡한다는 설명은 적절하지 않다.

18
출제 영역 문학 – 고전운문

정답해설
(가)의 '동쪽 바다'는 '큰 고래'인 외세가 날뛰는 공간이므
로 '위기의 공간'으로 설명할 수 있으나, (나)의 '높은 뫼'
는 화자가 임의 모습을 보기 위해 올라가는 공간이므로
'탈속의 공간'이라는 설명은 적절하지 않다.

The 알아보기

ⓐ 임제, 「잠령민정(蠶嶺閔亭)」
  • 갈래 : 한시, 5언 고시(五言古詩)
  • 성격 : 우국적, 비판적, 상징적
  • 제재 : 애국심
  • 주제 : 나라를 걱정하는 대장부의 기상
  • 특징
    - 남성적 어휘를 통해 화자의 기백, 의지적 목소리를 드러
      내고 있다.
    - 가상적 대상을 설정하여 주장을 펼치고 있다.
  • 연대 : 조선 중기

ⓑ 정철, 「속미인곡(續美人曲)」
  • 갈래 : 가사
  • 주제 : 연군(戀君)의 정
  • 특징
    - 순우리말을 절묘하게 구사하였다.
    - 대화 형식으로 내용을 전개하고 있다.

- 의의
  - 「사미인곡」과 더불어 가사문학의 백미(白眉)로 평가받는 작품이다.
  - 충신연주지사(忠臣戀主之詞)의 대표적인 작품이다.
- 연대 : 조선 전기(선조 때)

19   目 ②

출제 영역 문법 – 언어의 본질

정답해설

밑줄 친 부분은 '청자와의 유대 관계를 확인하거나 친교를 돈독하게 하기 위한 목적'으로 사용되는 말이다. 따라서 정답은 ② '친교적 기능'이다.

오답해설

① 표현적 기능 : 화자가 어떤 문제에 대해 자신의 판단이나 감정을 언어로 표현하는 기능을 말한다.
③ 감화적 기능 : 화자가 청자에게 감화 작용을 하여 특정 행동을 하도록 하는 기능을 말한다(= 명령적 기능).
④ 관어적 기능 : 언어가 언어끼리 관계하고 있는 기능을 말한다.

The 알아보기

언어의 기능

표현적 기능	화자가 어떤 문제에 대해 자신의 판단이나 감정을 언어로 표현하는 기능(= 정보적 기능, 지시적 기능) 예 (화자의 사실적 판단) 그녀는 몸무게가 45kg입니다. 예 (청자에 대한 화자의 태도) 여기는 금연 장소입니다.
표출적 기능	화자가 의사소통을 전제로 하지 않고 거의 본능적으로 사용하는 기능 예 으악! / 에구머니나! / 어이쿠!
지령적 기능	화자가 청자에게 감화 작용(感化作用)을 하여 특정 행동을 하도록 하는 기능(= 감화적·명령적 기능) 예 어서 회사에 가거라. 예 일찍 일어나는 새가 벌레를 잡는다.
친교적 기능	화자가 청자와의 유대 관계를 확인하거나 친교를 돈독하게 하기 위한 목적으로 사용되는 언어 기능
미적(美的) 기능	언어 기능 중 말을 어떻게 하면 아름답게 전달할 수 있을까에 초점을 맞춘 기능
관어적 기능	언어가 언어끼리 관계하고 있는 기능
지식과 정보의 보존 기능	언어를 통해서 지식을 보존하고 축적해 가는 기능

20   目 ③

출제 영역 문법 – 의미론

정답해설

③ 들다³ : ①의 유의어로 '가지다, 쥐다'이나 '올리다'는 적절하지 않다.

01	02	03	04	05	06	07	08	09	10
④	③	②	④	②	③	④	③	③	④
11	12	13	14	15	16	17	18	19	20
④	④	②	②	①	③	②	③	③	②

01

답 ④

출제 영역 어휘 – 단어

분석

bold는 '대담한'이라는 뜻으로 이와 의미가 가장 가까운 것은 ④ audacious(대담한)이다. bold의 유의어로 dauntless, daring, intrepid 등이 있다.
① 타고난, 선천적인(genetic, inherent, inborn, innate, intrinsic, congenital)
② 파산한
③ 성미가 까다로운(particular)

해석

> 대담한 창의성 덕분에, 아디다스는 오늘날 가장 성공적이고 주목할 만한 브랜드 중 하나이다.

어휘

- thanks to ~덕분에[때문에]
- remarkable 놀랄 만한, 주목할 만한

02

답 ③

출제 영역 어휘 – 단어

분석

sociable은 '사교적인, 붙임성 있는'이라는 의미로 이와 의미가 가장 가까운 것은 ③ gregarious(사교적인, 붙임성 있는)이다. sociable의 유의어로 friendly, intimate, cordial, outgoing 등이 있다.
① 구식의, 시대에 뒤진(old fashioned, out-of-date, outmoded, antiquated)
② 우울한, 의기소침한
④ 유리한, 돈벌이가 되는(profitable, paying, rewarding)

해석

> 새로운 사람들을 만나기 위해서는 사교적이거나 말을 많이 하는 것이 좋다.

어휘

- talkative 말하기를 좋아하는, 수다스러운

03

답 ②

출제 영역 어휘 – 어구

분석

빈칸 뒷부분에 독자들이 본질이 무엇인지를 알게 하라고 했으므로 빈칸에는 '돌려 말하다'라는 의미를 지닌 ② beat around the bush가 가장 적절하다.
① 밤늦게까지 공부하다[일하다]
③ 좋은 결과를 빌다
④ 비밀을 누설하다

해석

> 에둘러 말하지 말고 당신의 독자들이 이러한 본질이 무엇인지를 알게 하시오.

어휘

- fingers crossed 행운을 빌다
- essential 핵심 사항, 요점, 필수적인, 본질적인

04

답 ④

출제 영역 어휘 – 단어

분석

빈칸 뒤의 단어인 '고조되는 긴장'을 통해 빈칸에는 ④ abate(완화시키다, 줄이다)가 가장 적절하다는 것을 알 수 있다. abate의 유의어로 ease, relieve, moderate, alleviate, appease, subside, soothe, mitigate, allay, assuage 등이 있다.
① 확인하다, 단언하다
② 유발하다(induce, cause, arouse, give rise to); 방아쇠를 당기다
③ 보유하다, 남겨두다; 예약하다

중국 자체도 한반도 비핵화가 자국의 이해와 관련이 있기 때문에 고조되는 긴장을 <u>완화하기를 열망하고</u> 있다.

어휘

- be eager to ~을 열망하다
- escalated 고조된
- tension 긴장감
- peninsula 반도
- nuclear-free 핵무기가 없는

05
답 ②

출제 영역 어휘 – 단어

분석

야구팀이 정규 시즌에 압도적으로 우세했다는 빈칸 앞의 내용으로 보아 빈칸에는 ② flawless(흠 없는, 완벽한)가 가장 적절하다. flawless의 유의어로 complete, perfect, impeccable 등이 있다.

① 부지런한, 근면한(hardworking, laborious, industrious, assiduous, painstaking)
③ 냉담한(indifferent, apathetic); 무정한(inhumane, ruthless, merciless)
④ 본능적인, 직관적인

해석

서울이 연고지인 LG 야구팀은 <u>완벽한</u> 경기를 보여주면서 정규 시즌에 압도적으로 우세했다.

어휘

- regular season 정규 시즌

06
답 ③

출제 영역 어법 – 정문 찾기

분석

③ only나 부정의 부사구가 문장의 처음에 위치하면 뒤의 주어와 조동사는 도치된다. 따라서 주어(scientists)와 조동사(can)가 도치된 올바른 문장이다.
① 부정분사구문은 not V-ing~의 구조이다. 따라서 knowing not을 not knowing으로 바꿔야 한다.

② know better than to부정사는 '~할 정도로 어리석지 않다'라는 표현이다. 이때 to do의 목적어는 such a terrible thing으로 바꿔야 한다.
④ 주절의 동사는 과거시제이지만, 종속절의 내용이 불변의 진리이므로 현재시제로 써야 한다. 따라서 was를 is로 바꿔야 한다.

해석

① 나는 무슨 말을 해야 할지 몰라서 회의에서 침묵했다.
② 그녀는 그런 끔찍한 일을 할 만큼 어리석지 않다.
③ 승인이 있어야지만 과학자들은 그들의 연구를 시작할 수 있다.
④ 나는 태양이 태양계의 중심이라고 배웠다.

07
답 ④

출제 영역 표현 – 일반회화

분석

Jim이 업무 중에 실수를 반복해서 그를 해고할지 결정을 내리는 상황이다. A가 그에게 마지막 기회를 주고 싶지 않은지 물었으므로 이어지는 B의 대답으로는 ④ '상황을 오래 끌어봤자 소용없다'가 가장 적절하다.

① 경험이 없는 사람을 고용하지 않는 것이 나아요.
② 아니요, 차라리 그것을 Jim에게 맡기겠어요.
③ 그런 일이 일어나려면 그가 큰 실수를 해야 할 거예요.

해석

A : Jim은 아직도 근무 중에 아주 기본적인 실수들을 하고 있어요.
B : 알아요, 그를 해고할 때가 왔어요.
A : 그에게 마지막 기회를 주고 싶지 않나요?
B : <u>상황을 오래 끌어봤자 소용이 없어요.</u>

어휘

- let go 해고하다
- there is no use ~ing ~해봤자 소용없다
- drag ~ out (필요 이상으로) ~을 오래 끌다

08

출제**영역** 어법 – 영작

분석

③ That he has accomplished가 주어의 역할을 하므로 명사절이 되어야 한다. 접속사 that이 명사절을 이끌 때 뒤에는 완전한 절이 와야 하지만 이 구문에서는 타동사 accomplish의 목적어가 없음을 알 수 있다. 따라서 that을 불완전한 절을 이끌면서 명사절을 유도할 수 있는 관계대명사 what으로 바꾸어야 한다.

① '타동사+부사(pick up)'의 목적어가 대명사 him이므로 어순이 '타동사+대명사 목적어+부사'로 올바르다.

② 가주어(it), 진주어(to listen to~), 의미상의 주어(for me)가 온 올바른 구조이다.

④ 명사 수식의 어순이 'so+형용사+a(n)+명사'로 올바르다.

09

출제**영역** 어법 – 영작

분석

빈칸에는 뒤에 이어진 완전한 절을 통해 부사절이 들어가야 함을 알 수 있다. 또한 문맥상 양보의 부사절이 되어야 함을 알 수 있으므로, 'Though+주어+동사+보어~' 혹은 '보어+as+주어+동사~'의 구조가 되어야 한다. 따라서 정답은 ③이다.

해석

> 고통스러울지라도, 입양아들은 분명 진실을 알 권리가 있다.

10

출제**영역** 어법 – 영작

분석

㉠에는 define이 타동사임에도 빈칸에 이어진 목적어가 없으므로 수동태인 'be defined'가 적절하고, ㉡에는 뒤에 완전한 절이 이어졌으므로 '전치사+관계대명사' 구조인 'in which'가 적절하다. 따라서 정답은 ④이다.

해석

> 우연이라는 것은 동시에 두 가지 일이 일어나거나 예상치 못한 방식으로 두 가지 일이 일어나는 상황으로 정의될 수 있다.

11

출제**영역** 독해 – 글의 주제, 요지

분석

유행성 독감으로 인한 교육 당국의 휴교 지시 사실을 알리는 내용이므로, 이 글의 목적으로는 ④가 가장 적절하다.

해석

> City Education Office는 우리 지역사회 모든 학교에 휴교할 것을 지시했습니다. 이 지시는 우리 지역의 유행성 독감 때문입니다. 지금 이후로부터, 모든 학교는 추가공지가 있을 때까지 휴교합니다. 모든 학생은 집에 있어야 합니다. 학교는 학생들 간의 접촉을 줄이고 독감의 확산을 막기 위해서 일주일까지 휴교할 수 있습니다. 독감은 사람 간에 쉽게 전파되기 때문에 많은 사람이 모여 있는 것은 안전하지 않습니다. 이 시기 동안 학생들은 다른 사람들과 무리로부터 가능한 떨어져 있어야 합니다. 정보를 더 원한다면 우리 홈페이지 www.rochis.hs.org를 방문하세요. 학교가 언제 다시 문을 열지에 관한 최신 정보를 얻자마자 여러분에게 연락 드리겠습니다. 여러분의 도움과 지지에 감사드립니다.

어휘

• epidemic 유행병

• effective (법률·규정이) 시행[발효]되는

• up to ~까지

• stay away from ~을 가까이하지 않다, ~에서 떨어져 있다

12

출제 영역 독해 – 글의 주제, 요지

분석

입이 건조해져서 공연 도중에 잡음이 나는 것을 방지하기 위해 실온의 물을 충분히 섭취할 것을 권하는 내용이므로, 이 글의 주제로는 ④ '공연 중에 입이 마르는 것을 피하기 위한 요령'이 가장 적절하다.

① 구강 구조와 목소리 간의 관계

② 당신의 목소리를 개선하는 데 좋지 않은 음식

③ 공연자가 커피 섭취를 늘리는 것의 필요성

해석

> 몇몇 공연자들은 공연할 때 입에서 이상한 잡음을 낸다. 왜 그럴까? 이것의 근본적인 이유는 건조한 입인데, 그 결과로 초래된 소리는 혀 차는 작은 소리이다. 건조한 입을 예방하는 한 가지 방법은 공연에 들어가기 전이나 휴식 시간 동안 먹는 것에 주의하는 것이다. 유제품 함유량이 높은 음식들과 커피, 청량음료는 피해야 한다. 사실상 커피를 마시고 살면서도 운이 아주 좋아서 이런 문제를 겪지 않는 많은 공연자가 있다. 그러나 신선한 물을 휴대하고 종종 물을 마시는 것이 항상 가장 좋다. 그것은 입을 젖어 있도록 유지해 준다. 그리고 냉장한 물은 목을 수축시키는 경향이 있으므로 물을 꼭 실온으로 두어라.

어휘

- weird 이상한, 수상한
- resulting 결과로 초래된
- click 혀 차는 소리, 쯧쯧 소리
- session 연주 시간, 연주회
- dairy 유제품의
- practically 사실상
- every so often 종종
- room-temperature 실온의

13

출제 영역 독해 – 글의 주제, 요지

분석

시계를 도입한 이후부터 시계는 활동의 속도에 영향을 주고 규칙성을 요구함으로써 사건의 속도를 이전보다 더 빠르게 밀어붙여 왔다는 내용이므로, 이 글의 요지로는 ②가 가장 적절하다.

해석

> 최초로 도입된 이후부터, 기계로 조작되는 시계들은 활동의 시작과 끝을 표시하기 위해서만이 아니라 그것들의 일정에 영향을 미치기 위해 사용되었다. 그것들은 활동의 속도와 Thoreau와 West 같은 비판자들이 두려워했던 것처럼 사회의 속도 자체를 규제한다. 시계의 시간은 일상생활의 박자에 대변혁을 일으켰다. 그것은 사건의 경과에서 타협하지 않는 규칙성을 요구한다. 경영진에게는 반복되고 규칙적으로 순환하는 시계의 박자는 생산을 촉진하는 것으로 보일 것이다. 반면에, 사회의 비판자들에게는 그것은 흔히 엄청난 시간의 단조로움의 기초가 되는 것 같다. 하지만 양쪽은 대개 시계의 규칙성은 사건의 속도를 이전보다 더 빠르게 밀어붙여 왔으며, 많은 사람들에게 이 속도는 그들의 안락함의 범위를 훨씬 넘어선다는 것에 동의할 것이다.

어휘

- timepiece 시계
- dictate 영향을 주다, 지시하다
- revolutionize 대변혁을 일으키다
- uncompromising 타협하지 않는, 강경한
- underlie 기초가 되다
- temporal 시간의, 일시적인
- monotony 단조로움

14

출제영역 독해 – 글의 흐름

분석

발레는 여성들에게 한정된 것이라는 생각은 고정관념이며, 사실 발레는 많은 힘과 재능을 필요로 하므로 오히려 남자가 발레에 적합하다는 내용이다. 따라서 발레에서 관객을 공연으로 끌어들이는 능력이 무용수에게 중요하다는 내용의 ②는 글의 흐름에 맞지 않는다.

해석

> 남자 발레 무용수. 여자 소방관. 어떤 사람들에게는 이런 설명은 이상하게 보일 수 있다. 어떤 사람들이 '남성적' 역할 혹은 '여성적' 역할이라고 믿는 정체성이 있다. 이것의 한 가지 이유는 무엇이 남성적이고 여성적인 것을 의미하는지에 대한 고정관념이 있다는 것이다. ① 예를 들어, 사람들이 춤에 대해 생각할 때, 발레 슈즈와 몸에 붙는 분홍색 운동복과 공주 같은 발레리나와 같은 고정관념을 생각할 수 있다. ② 발레 무용수들에게 있어서 발레의 가장 중요한 부분은 관객을 발레의 마법으로 완전히 끌어들일 수 있느냐는 것이다. ③ 이런 생각들은 여성에 대한 고정관념이어서, 어떤 사람들은 발레 무용수가 되고 싶어 하는 남자를 떠올리면 웃을 것이다. ④ 사실 발레는 운동의 재능뿐 아니라 많은 힘을 필요로 하는 매우 힘든 운동이기 때문에 남자는 발레에 상당히 적합하다.

어휘

• description 설명
• odd 이상한
• identity 정체성, 신분
• stereotype 고정관념
• athletic 운동의
• suitable 적합한

15

답 ①

출제영역 독해 – 글의 일관성

분석

㉠ 다음에는 상점이 고객의 호감을 얻는 방법으로 구체적인 예를 들고 있으므로, 'For instance(예를 들어)'가 적절하다. ㉡에는 훌륭한 서비스로 고객을 도운 것 때문에 호감을 얻은 상점에 대한 예와 고객을 흡족하게 하려는 노력으로 호감을 얻은 내용이 유사하므로, 'Similarly(마찬가지로, 이와 비슷하게)'가 적절하다. 따라서 정답은 ①이다.

해석

> 호감은 정의하기가 어렵다. 그것은 고객이 특정한 상점에 관하여 가지고 있는 어쩌면 좋은 태도에 관한 것이다. 상점은 상점이 고객을 다루는 방식과 상점이 고객을 위해 하는 행위로 고객의 호감을 얻는다. 예를 들어, 상점은 고객이 그곳에서 물건을 반환하기 항상 쉬웠기 때문에 고객의 호감을 얻을 수도 있다. 훌륭한 서비스로 고객을 도운 과거의 사례 때문에 상점은 호감을 얻을지도 모른다. 마찬가지로, 호감은 고객을 흡족하게 하려는 노력이 일반적으로 기대되는 수준을 넘어서는 상점에 의해 얻어질 수 있다. 모든 고객은 모범적인 서비스로 칭찬을 받은 상점이나 판매원의 이야기를 할 수 있을 것이다.

어휘

• goodwill 호감, 호의, 친절
• define 정의하다, 한정하다
• potentially 어쩌면, 잠재적으로
• excellent 훌륭한, 뛰어난
• go above and beyond ~을 넘어서다
• relate 말하다, 관련시키다
• exemplary 모범적인

16
정답 ③

분석

어떤 사람이 뇌를 제외한 다른 신체장기를 이식받는다고 해도 그는 이전과 똑같은 사람으로 여겨지지만, 뇌를 이식받는 경우에는 다른 사람으로 여겨진다는 내용이므로 글의 제목으로 ③ '당신을 당신 자신으로 만드는 것은 바로 뇌이다'가 가장 적절하다.
① 뇌과학은 당신을 영원히 살게 해줄 것이다!
② 당신의 뇌가 저의 뇌보다 정말로 더 똑똑합니까?
④ 뇌이식 : 마지막 미개척 의학 분야

해석

만약 자아가 우리 생각과 행동의 총합이라면, 그러면 피할 수 없는 첫 번째 사실은 그것들이 뇌에 의지한다는 것이다. 우리가 항상 신체를 가지고 이 세상에 있는 것들에 관해 생각하고 영향을 끼치고 있으므로 생각과 행동이 전적으로 뇌는 아니지만 뇌는 주로 이러한 활동을 조정하는 책임을 지고 있다. 사실, 우리는 우리의 뇌이거나 적어도 뇌는 우리가 누구인지에 관한 한 가장 중요한 신체 일부이다. 우리는 신체의 많은 부분을 이식하거나 대체할 수 있지만, 대부분 사람은 수술을 받은 후에도 본질적으로 그 환자를 같은 사람이라고 여길 것이다. 그러나 만약 뇌이식이 가능하다면, 그 환자가 마취에서 깨어날 때 그 환자가 똑같은 사람으로 보인다고 할지라도, 우리 대부분은 그 환자가 다른 사람, 즉 애초에 자신의 뇌를 기증한 사람과 더 같을 것이라고 믿는다. 우리가 누구인지는 우리 뇌에 달려 있다고 말하는 것은 과장이 아니다.

어휘

- inescapable 피할 수 없는
- exclusively 전적으로, 배타적으로
- coordinate 조정하다
- critical 중요한, 결정적인
- transplant 이식하다, 이식
- donate 기증하다
- exaggeration 과장
- rest on ~에 달려있다

17
정답 ②

분석

영화 제작 시 저예산이라는 어려운 제약을 창의적인 방법을 통해 해결한 사례에 관한 내용이므로 빈칸에 들어갈 말로 ② '힘든 제약'이 가장 적절하다.
① 높아진 위험성
③ 낮은 수준의 자신감
④ 디지털 환경

해석

기억할 만한 창의적 문제 해결의 사례는 Monty Python의 영화 'Monty Python and the Holy Grail'에 나온다. 이 저예산 영화의 한 장면에서 여러분은 말들이 짙은 안개를 뚫고 여러분 쪽으로 오는 소리를 듣는다. 말들이 더 가까워지면 말들은 없고 말발굽이 타다닥 거리는 것과 같은 소리를 만들어내기 위해 코코넛 두 개를 서로 세게 두드리고 있는 군인 한 명만 있음을 깨닫는다. 예산이 너무 적어서 말을 살 여유가 없었던 것이다. 대안으로 배우들은 그 소리를 만들기 위해 코코넛 껍질 두 개를 서로 세게 두드리기로 결정했다. 이 장면을 말을 이용하여 촬영할 수도 있었겠지만, 대신 코코넛을 사용해서 아주 훨씬 더 재미있다. "어떻게 말을 구할까?"라는 물음이 아니라 "어떻게 말소리를 재현할 수 있을까?"라는 물음을 던짐으로써 해결책의 범위가 극적으로 바뀐다. 여러분이 아주 힘든 제약이 있는 상황에 처할 때마다 기발한 생각을 위해 코코넛을 생각해보라.

어휘

- low-budget 저예산의
- clop 타가닥 타가닥 소리를 내다
- hoof 발굽
- alternative 대안
- as opposed to ~이 아니라
- dramatically 극적으로
- inspiration 기발한 생각, 영감

18

출제 영역 독해 – 빈칸 완성

분석

통증을 지각하고 경험하는 방식에 명백한 관계가 있어서, 상황에 따라서 통증을 인식할 가능성이 있을 수도 있고 없을 수도 있다는 내용이므로, 빈칸에는 ③ '통증이 반드시 고통을 유발하지는 않는다'가 가장 적절하다.
① 통증 치료는 그것의 원인에 달려 있다
② 당신은 통증 치료에서 이점을 얻을 수 있다
④ 모든 사람은 저마다의 방식으로 감정을 인지한다

해석

여러분의 통증에 대한 지각과 여러분이 그것을 경험하는 방식 사이에 분명한 관계가 있다. 만약 여러분이 즐겁게 축구를 하고 있다가 손가락을 약간 베이는 경험을 한다면, 여러분은 즐거움이 끝날 때까지 통증을 느끼지 않을 가능성이 있다. 하지만 만약 여러분이 종이에 베일 때 조용한 사무실에 앉아 있고, 약간 지루하면서 짜증이 나고 약간 기분이 좋지 않다면, 여러분에게 주의를 딴 데로 돌릴 만한 것이 없어서 그 베인 것이 정말 아플 가능성이 있다. 마음은 통증을 주관적으로 지각한다. 만약 통증으로부터 주의가 딴 데로 돌려지면, 여러분은 그것에 초점을 맞출 가능성이 덜하며 그것을 인식할 가능성이 덜하다. 예를 들어, 여러분은 아마도 깨닫지 못하면서 타박상이나 종이에 베이는 것과 같은 어떤 사소한 상해를 겪는 경험을 했을지도 모른다. 그런데 갑자기 여러분이 그것을 볼 때, 단지 그때에만 여러분은 그것을 느끼기 시작한다. 그러므로 <u>통증이 반드시 고통을 유발하지는 않는다</u>.

어휘

- distinct 분명한, 뚜렷한
- the chances are 아마 ~일 것이다
- distract (주의를) 딴 데로 돌리다
- bruise 타박상

19

출제 영역 독해 – 문장 삽입

분석

주어진 문장은 역접의 연결사 Yet으로 시작하면서 잠이 활동으로부터의 주기적인 휴식이라는 측면에서 식물도 인간과 똑같이 잠을 잔다는 내용이다. 따라서 앞의 내용은 인간의 잠에 관해 기술하면서 식물은 인간처럼 잠을 자지 않는다고 말하고, 뒤의 내용은 많은 식물이 겨울에 활동하지 않기 때문에 잠을 잔다고 할 수 있다고 말하는 ③에 주어진 문장이 들어가는 것이 가장 적절하다.

해석

우리는 '잠'이라는 단어를 우리가 거의 무의식적이게 되는 상태를 의미하는 것으로 사용한다. 깊이 잠든 사람들은 그들의 잠재의식적 상태의 뇌가 활동하고 있을지 몰라도 아무것도 보지 못하고 듣지 못한다. 이러한 정의를 염두에 두면 식물은 우리가 하는 것처럼 잠을 자지 않는다고 말할 수 있다. <u>하지만 잠이 활동으로부터의 주기적인 휴식이라는 의미에서 식물은 이것을 똑같이 한다.</u> 많은 식물이 겨울 동안 비활동적이어서 그것들이 '잠을 잔다'라고 불리는 것은 바로 이 시기 동안이다. 잎을 떨어뜨린 녹색 식물은 전분, 당, 목질 섬유, 싹이나 꽃을 만들 수 없다. 그것은 죽은 것이 아니라 살아 있는 조직을 만들기 위해 활동을 하지 않음으로써 잠의 상태에 있는 것이다.

어휘

- periodical 주기적인
- more or less 거의, 대략
- unconscious 무의식적인
- be sound asleep 깊이 잠들다
- subconscious 잠재의식 상태의
- shed (나무가 자연스럽게) 잎을 떨어뜨리다
- starch 전분
- woody fiber 목질 섬유
- bud 싹
- tissue 조직

20

출제 영역 독해 – 내용 (불)일치

분석

8초 만에 시속 0마일에서 60마일까지 속도를 높일 수 있는 전기차를 General Motors사와의 합작으로 만들었으므로, ②가 글의 내용과 일치하지 않는다.

해석

> Paul MacCready는 1925년에 코네티커 주의 도시 뉴 헤이븐에서 태어났다. 그는 10대 시절에 비행하기 시작했으며, 2차 세계 대전 동안에 미 해군에서 정식 비행 훈련을 받았다. 그는 1956년에 미국인 최초로 World Soaring Champion이 되었다. 1977년에 그의 Gossamer Condor가 조종 가능한 비행을 달성한 최초의 인간 동력 항공기가 되면서 그는 역사의 한 페이지를 장식했다. 그는 또한 세계 최초의 성공적인 태양열 비행기인 Gossamer Penguin을 만들어냈다. MacCready는 독특한 항공기를 개발하는 데에만 그치지 않았다. 1990년에 그는 General Motors사와 합작하여 8초 만에 시속 0마일에서 60마일까지 속도를 높일 수 있는 전기차인 Impact를 만들어냈다. Paul MacCready의 비행 기술에의 기여는 1991년에 그가 항공 명예의 전당에 추대되면서 정식으로 인정을 받았다.

어휘

- make history 역사의 한 페이지를 장식하다
- human-powered 인간 동력에 의한
- solar-powered 태양열로 움직이는
- collaboration 합작
- accelerate 가속하다
- induct 추대하다, 가입시키다
- aviation 항공

제**3**과목　**한국사**

01	02	03	04	05	06	07	08	09	10
②	③	②	①	④	②	①	①	③	③
11	12	13	14	15	16	17	18	19	20
③	①	④	①	①	③	①	①	②	③

01

출제 영역 우리 역사의 시작 – 선사 시대

오답해설

① 신석기 시대에는 조, 기장, 피, 수수가 재배되었으며, 벼, 보리, 콩은 청동기 시대에 들어와서야 재배되기 시작하였다.

③ 붉은 간토기는 민무늬 토기(가장 대표적인 청동기 시대 토기), 미송리식 토기(양쪽에 손잡이), 송국리식 토기와 함께 청동기 시대에 사용되었던 토기이다.

④ 직사각형 모양의 움집은 청동기 시대의 움집 터 모양이고, 신석기 시대의 움집 터 모양은 원형 또는 모서리가 둥근 형태이므로 틀린 설명이다.

02

출제 영역 우리 역사의 시작 – 국가의 형성

정답해설

제시된 사료에서 ㉠은 옥저, ㉡은 고구려, ㉢은 동예이다.
③ 동예의 풍속에 해당하므로, ㉡ 고구려가 아닌 ㉢ 동예의 풍속에 해당한다.

오답해설

① 동예에서는 가족이 죽으면 새로운 집으로 이전하였고, 철(凸)자 형, 여(呂)자 형 모양의 집터가 발견되기도 하였다.

② 옥저는 동예와 마찬가지로, 식량, 소금, 어물 등이 풍부하였다. 또 옥저는 일종의 매매혼인 민며느리제의 풍속과 가족 공동묘를 만들었다.

④ 모계 사회의 전통으로부터 내려져 온 서옥제(데릴사위제)는 신부 집의 노동력 손실을 보상해 주는 일종의 봉사혼으로 고구려의 풍속이다.

03

②

출제 영역 삼국 시대 – 정치사

정답해설

제시된 사료는 371년(4세기 후반) 백제 근초고왕이 고구려의 평양성에 쳐들어가 고구려 고국원왕을 전사시킨 평양성 전투에 대한 내용이다.

② 장수왕에 맞서 나제 동맹을 체결한 때는 5세기 초인 433년에 해당한다(백제 비유왕).

오답해설

① 4세기 근초고왕 때의 일이다.

③ 4세기 백제의 상황이다.

④ 4세기 후반(384)의 침류왕 때 동진의 마라난타를 통해 불교를 수용하였다.

04

답 ①

출제 영역 삼국 시대 – 문화사

정답해설

㉠ 5세기 이전의 전기 가야 연맹의 중심지는 금관가야였다. 그러나 4세기 말~5세기 초 고구려 광개토 대왕의 침입을 받아 내륙의 대가야로 중심지가 이동하였다.

㉡ 많은 가야인들이 일본으로 건너가 작은 소국을 세우면서 가야의 토기 기술이 전해져 스에키 토기가 탄생하였다.

오답해설

㉢ 6가야 연맹은 철이 풍부한 옛 변한 일대에서 형성되어 철의 나라로 불리기도 하였다.

㉣ 계단식 돌무지무덤은 6세기 이전 초기 삼국 시대의 고구려와 백제의 무덤 형태이고, 가야에서는 나무널무덤과 나무덧널무덤 형태의 무덤이 만들어졌다.

05

답 ④

출제 영역 남북국 시대 – 문화사

정답해설

④ 선종 불교가 널리 유행하며 지방 세력과 결탁하여 크게 성장한 시기는 주로 신라 하대인 9세기 이후의 일이다.

오답해설

① 신라 중대에 불교의 대중화에 공헌한 승려는 아미타 신앙의 원효와 관음 신앙의 의상이다. 원효는 정토종을 내세워 나무아미타불 6글자로 서방정토와 극락왕생이 가능하다고 하는 아미타 신앙을 바탕으로 불교의 대중화에 공헌하였다. 의상은 아미타 신앙을 바탕으로 현세에서 고난을 구제받고자 하는 관음 신앙을 이끌었다.

② 원효는 법성종을 바탕으로 화쟁 사상을 펼쳤는데, 한마음을 강조한 일심 사상이 가장 대표적이다. 원효는 「금강삼매경론」, 「대승기신론소」, 「화엄경소」 등을 저술했다.

③ 신라 중대에는 조형미술이 발달하여 조화와 균형을 추구하였다.

The 알아보기

선종의 특징

경전의 이해를 통하여 깨달음을 추구하고 교단, 교리, 이론을 중시하는 교종과는 달리 선종의 9산 선문은 '견성오도(見性悟道)', '직지인심(直指人心)', '이심전심(以心傳心)', '불립문자(不立文字)' 등을 표방하면서 실천 수행을 통하여 마음속에 내재된 깨달음을 얻는 실천성을 강조하였다. 개인의 정신 수양을 강조하며 좌선과 참선 및 수행을 중시한 특징이 6두품과 호족 이하 계층에게 호응을 이끌었다.

06

답 ②

출제 영역 남북국 시대 – 문화사

정답해설

제시된 사료에서 '승려 도의'를 통해 선종 불교가 확산되었던 신라 하대에 대해 묻고 있음을 알 수 있다. 승려 도의는 전남 장흥에서 선종 불교인 9산 선문의 한 종파인 가지산파를 개창하였다.

② 신라 하대의 모습으로 왕실과 귀족의 사치와 향락이 계속되면서 조세 독촉이 이루어지자 9세기 말 진성여왕 때에는 결국 전국에서 봉기가 발생하게 되었는데, 그중에서 가장 규모가 컸던 봉기는 사벌주(경북 상주)에서 발생했던 원종과 애노의 난이었다. 그 외에도 서남해안 일대에서 봉기된 적고적의 난이 있었다.

오답해설

① 6세기 초 신라 지증왕에 관한 설명이다.

③ 고려 예종 때인 12세기 초(고려 중기) 당시의 설명이다.

④ 7세기 후반, 신문왕 때인 신라 중기의 설명이다.

07

출제 영역 고려 시대 – 정치사

정답해설

① 고려의 양부는 재부의 중서문하성과 추부의 중추원이다. 중서문하성과 상서성은 고려의 정치 조직인 2성 6부의 2성에 해당한다.

오답해설

② 도병마사는 중서문하성의 재신과 중추원의 추신(추밀)이 모인 최고 합의 기관으로, '재추회의'라고도 불렸다.

③ 군사 기밀은 중추원의 추신(추밀), 국왕 비서 기관의 역할은 중추원의 승선이 담당하였다.

④ 호부는 재정과 조세를 담당하였고, 삼사는 화폐와 곡식 출납의 회계 기관이었다.

The 알아보기

중서문하성과 중추원

- 중서문하성(재부) : 당의 3성은 중서성, 문하성, 상서성이지만 고려는 당의 3성 6부를 수용하여 고려 실정에 맞게 고쳐 중서성과 문하성을 합쳐 중서문하성과 상서성 2성 체계로 운영하였다. 중서문하성의 장(長)은 문하시중(門下侍中)으로 국정을 총괄하였다. 재신은 국가 정책을 결정하고 상서성의 6부 판사와 삼사의 장관을 겸하였다. 낭사는 정책을 건의하고 정책의 잘못을 비판하는 기능을 가지고 있었다.
- 중추원(추부) : 중서문하성인 재부와 동등한 위치에 있는 추부가 중추원이었는데, 중서문하성과 중추원, 즉 재부와 추부를 합쳐 양부라고 부른다. 장(長)은 판원사(判院事)라 하고, 2품 이상인 추밀(추신)은 군국 기무(군사 기밀)를 담당하며 3품 이상인 승선은 왕명 출납을 담당하는 국왕 비서 기관 역할을 하였다. 승선의 비서 기능은 조선 시대의 승정원과 같은 역할이다.

08

출제 영역 고려 시대 – 정치사

정답해설

㉠은 무신 합좌 기관인 '중방', ㉡은 최씨 무신 정권 이후의 최고 권력 기관인 '교정도감'이다.

오답해설

② 중방은 상장군과 대장군 등 무신의 장군들이 담당하였다. 문하시중은 재부인 중서문하성의 장관으로 국정을 총괄하였다.

③ 도방에 관한 설명이다.

④ 삼별초에 관한 설명이다.

09

출제 영역 고려 시대 – 경제사

정답해설

③ 고려는 성종 때 건원중보를 발행하고, 숙종 때 주전도감을 설치하여 삼한통보, 해동통보, 동국통보, 은병(활구) 등을 발행했으나, 자급자족적 경제구조로 인하여 현물 화폐를 주로 사용하였기 때문에 화폐가 널리 유통되지 못하였다.

오답해설

① 저화는 고려 말 공양왕 때 처음 발행되었으나, 곧 발행이 중단되었다가 조선 태종 때 다시 발행되었다.

② 주전도감은 고려 숙종 때 의천의 건의로 설치되었다.

④ 활구(은병)는 한 개의 값어치가 매우 컸기 때문에 일상생활에서 거래하는 데 사용되기 보다는 대규모 거래에서만 활용되었다.

10

출제 영역 고려 시대 – 문화사

정답해설

(가)는 고려 중기에 (해동)천태종을 창시한 대각국사 의천, (나)는 조계종을 창시한 고려 후기의 보조국사 지눌이다.

오답해설

① 송광사를 중심으로 한 수선사 결사운동은 고려 후기 지눌에 관한 내용이다. 의천은 흥왕사를 건립하여 교종을 통합하고, 교종과 선종의 통합을 위해 국청사를 건립하여 교종 중심으로 선종을 흡수하는 교·선 일치의 불교 통합 운동을 하였다.

② 의천이 흥왕사에 교장도감을 설치하고, 속장경을 간행한 것은 숙종 때의 일이다. 의천은 숙종의 후원을 받아 「신편제종교장총록」(속장의 목록)을 만들고 흥왕사에 교장도감을 설치하고 신라인의 저술을 포함한 4,700여 권의 불경을 간행하였다.

④ 유불일치설을 주장한 사람은 고려 후기에 혜심으로 성리학 수용의 사상적 토대를 마련하였다.

11

정답 ③

정답해설

제시된 사료에서 '위훈 삭제'를 통해 밑줄 친 (가) 인물은 조광조임을 알 수 있다.

③ 조광조는 방납의 폐단을 시정하기 위해 대공수미법을 주장하였으나, 정책에는 반영되지 못하였다. 방납의 폐단 등 공납 시정책은 임진왜란 직후 광해군 원년인 1608년에 경기도에서 시작이 된 대동법이다.

오답해설

① 중종반정 이후, 중종의 도학 정치로 중앙으로 진출한 사림이 조광조이다.

② 조광조를 비롯한 사림 세력은 「소학」과 「주자가례」를 중시하고, 성리학 이외의 학문과 종교를 이단음사라 하여 무조건 배척하였으므로 도교 행사 기관인 소격서를 폐지하였다.

④ 조광조는 사림이 중앙에 등용될 수 있도록 천거를 바탕으로 한 현량과 실시를 주장하여 이를 시행하였다.

12

정답 ①

정답해설

① 왕실의 공식 행사의 진행 절차를 그림을 첨부하여 상세히 기록한 것은 「의궤」로 임진왜란 이전인 조선 전기에도 제작되었으나, 임진왜란 이후의 것들만 전래되고 있다.

오답해설

② 춘추관에서는 실록청을 설치하여 사초, 시정기, 「승정원일기」, 조보 등을 참고하여 더욱 정확성을 기하고자 하였다.

③ 「조선 왕조 실록」은 국법으로 왕의 열람이 금지되어 있고, 사후 편찬을 원칙으로 하지만, 「국조보감」은 국왕이 열람할 수 있는 자료이다.

④ 사초 작성의 담당 기관은 예문관 소속으로, 예문관은 왕의 교서(교지)를 작성하고, 사관(史官)으로 참석하여 사초(史草)를 기록하는 업무를 담당하였다.

The 알아보기

국조보감

「국조보감(國朝寶鑑)」은 세조 때부터 실록 중에서 왕에게 모범이 될 만한 치적을 뽑아서 편찬한 것으로, 이는 왕들의 정치적인 참고서로 이용되었다. 그리고 「국조보감」은 유일하게 왕이 합법적으로 열람할 수 있었다.

13

정답 ④

정답해설

제시된 자료에서 '이현'과 '칠패'를 통해 조선 후기 도성 밖에 새로이 만들어진 장시임을 확인할 수 있으므로 이 시기가 조선 후기임을 파악할 수 있다.

④ 송상은 인삼(홍삼)을 주로 거래하고, 의주(만상)와 동래(내상) 사이의 중계무역을 하여 전국에 지점을 소유하고 있었다. 조선업은 경강상인(선상(船上) 또는 강상(江商))의 일부가 종사하였다. 경강상인은 서남해안과 한강 연안을 오가며 미곡, 소금, 어물 등을 주로 취급하였다. 경강상인의 일부는 조선업에 종사하기도 하였으며, 개화기인 1880년대 외국 상인들의 침투에 대항하여 증기선을 구입하기도 하였다.

오답해설

① 조선 후기에는 장시가 전국에 1천여 개나 개설이 되었고, 장시에서 가장 활약을 했던 상인은 봇짐장수와 등짐장수라 부르는 보부상이었다.

② 조선 후기에 상품 화폐 경제의 발달에 따라 각 생산지나 포구를 거점으로 상인들의 활동이 활발하였다.

③ 조선 전기에는 광산이 국유화되어 광산 개발이 미미했으나, 조선 후기에는 청과의 교역 증가에 따른 은의 수요 증대와 상품 화폐 경제의 진전에 따라 광산 개발이 활기를 띠었다.

14

정답 ①

정답해설

(가)는 근본적이며 이상주의적 성격과 「성학십도」를 통해 이황(동방의 주자)임을 파악할 수 있고, (나)는 현실적이고 개혁적인 성격과 「성학집요」를 통해 이이임을 알 수 있다.

① (가)의 이황은 동인 계열로 동인은 정여립 모반 사건과 정철의 세자 건저의 사건을 계기로 남인과 북인으로 나뉘어졌으며, 북인은 광해군 정권을 끝으로 몰락하였고, 이황의 동인은 남인으로 계승이 되었다. 남인은 17세기 예송논쟁에서도 왕사부동례(천하부동례)를 주장하며 왕권 강화에 기여하였다. (나)의 이이는 성혼과 함께 서인을 형성하여 '치인(治人)'과 '부국강병'을 주장하여 현실적이고 개혁적인 성격을 나타냈으며, 인조반정(1623)을 주도하여 정국을 장악하고 인조 시기부터 송시열을 중심으로 대의명분을 강조하며

성리학을 절대화하였다. 서인은 17세기 예송논쟁 당시 '왕사동례(천하동례)'를 주장하며 신권 강화를 주장하였다.

오답해설

② (나)의 이이에 관한 설명이다.

③ 광해군 시기에 집권하여 중립외교를 펼쳤던 붕당은 북인 정권으로 동인 계열이다.

④ 예안 향약은 이황과 관련되어 있다. 이이는 해주 향약과 관련 있다.

15
출제영역 조선 후기 – 문화사   답 ①

정답해설

제시된 사료는 정약용의 형법서인 『흠흠신서』의 내용이다. 정약용은 많은 저술 활동을 하여 3부작(『목민심서』, 『경세유표』, 『흠흠신서』), 3논설(『탕론』, 『원목』, 『전론』) 등을 남겼다.

오답해설

ⓛ 『동국문헌비고』는 18세기 영조 때 조선의 정치·경제·문화 등 각종 제도와 문물을 분류 및 정리한 책이다.

ⓒ 『성호사설』은 이익의 저서로, 천지, 만물, 인사, 경사, 시문 등 5개 부문으로 나누어 우리나라 및 중국의 문화를 백과사전식으로 소개·비판한 것이며, 특히 인사 부문은 정치·경제·가족 등 사회 문제를 다루었다.

ⓔ 『열하일기』는 박지원이 청나라에 다녀온 후 쓴 연행일기이다.

ⓜ 『주해수용』은 중상학파 실학자인 홍대용이 쓴 수학 서적이다.

16
출제영역 개항기·대한제국 – 정치사   답 ③

정답해설

제시된 요구 사항은 급진 개화 세력이 일으킨 '갑신정변 (3일 천하)'의 정강 14조 내용이다.

③ 갑신정변의 주체 세력은 급진 개화파로 이들은 일본의 메이지 유신(화혼양재)을 모델로 문명개화를 주장한 구조적이고 전면적이며 급진적 개혁을 추구하였다.

오답해설

① 갑신정변은 급진 개화 세력이 일으킨 사건이다. 청의 양무운동의 영향으로 동도서기와 같은 점진적 개혁을 추구하였던 것은 온건 개화 세력이다.

② 급진 개화 세력은 일본의 지원 약속과 청·프 전쟁에 따른 청군의 철수를 배경으로 갑신정변을 일으켰다.

④ 청에서 서양 무기 제조 기술자와 귀국하여 서울에 기기창을 설치한 사신단은 청에 파견되었던 영선사 (1881, 김윤식)이다.

17
출제영역 개항기·대한제국 – 경제사   답 ①

정답해설

제시된 자료에서 해안측량권에 대한 내용을 통해 강화도 조약임을 파악할 수 있다.

오답해설

ⓒ 강화도 조약의 부속 조규인 조·일 수호 조규 부록 (1876)에서 간행이정 10리라 하여 개항장으로부터 10리 이내에서의 일본인에 대한 무역과 여행을 허용하였다. 이 간행이정 10리 조항으로 조선 상인들은 중계 무역을 통해 성장하였다. 그러나 간행이정이 최초의 개항장 인근 사방 10리에서 50리, 100리로 점차 확대됨에 따라(조·일 수호 조규 속약, 1882) 조선의 중계 상인들은 몰락하게 되었다.

ⓔ 조·미 수호 통상 조약 이후 1883년 개정된 조·일 통상 장정에 관한 내용이다.

18
출제영역 개항기·대한제국 – 정치사   답 ①

정답해설

비밀 결사와 공화정체 추구로 보아 제시된 자료는 신민회에 관한 설명이다.

① 대한민국 임시 정부의 활동 내용이다.

오답해설

② 신민회는 실력 양성의 애국 계몽 운동과 무장 독립 투쟁을 병행하였는데, 실력 양성의 애국 계몽 운동으로 회사와 공장을 설립하였다. 신민회가 세운 학교는 평양의 대성학교와 평안북도 정주의 오산학교 등이 있고, 회사로는 평양의 자기회사, 평양과 대구의 태극서관 등이 있었다.

③ 일제가 날조한 105인 사건을 계기로 국내에서 1911년 해체되었다.

④ 이회영 5형제의 헌신으로 남만주 유하현 삼원보에 독립 운동 기지를 건설하고 신흥강습소를 설치하였다.

The 알아보기

신민회(1907. 비밀 결사 조직)
- 공화정체 추구
- 서북 지역 인사와 충청 지역 인사들로 구성
- 무장 독립 투쟁과 애국 계몽 운동(실력 양성 운동)을 전개
- 무장 독립 투쟁 : 해외(만주)에 독립 운동 기지 건설
- 애국 계몽 운동 : 각종 회사와 학교 설립
- 105인 사건을 계기로 해체(1911)

19 <답> ②

출제 영역 일제 강점기 – 정치사

정답해설
제시된 자료에서 '대 일본 제국의 신민', '나는 마음을 다해 천황폐하께 충의를 다진다.'를 통해 황국 신민 서사임을 알 수 있다.

오답해설
ⓒ 1920년대의 내용이다. 회사령 폐지는 1920년, 관세철폐령은 1923년의 일이다.
ⓔ 치안유지법은 사회주의를 탄압하기 위해 1925년에 제정되었다.

20 <답> ③

출제 영역 현대 – 정치사

정답해설
남북이 최초 공동으로 선언한 것은 1972년 7 · 4 남북 공동 성명이다. 7 · 4 남북 공동 성명(1972)은 남북 조절 위원회를 설치하고 자주, 평화, 민족적 대단결 등의 통일 3원칙을 제시하며 서울(이후락)과 평양(김영주)에서 동시에 발표되었다.

오답해설
㉠ 남북 기본 합의서의 내용이다(1991.12.13).
ⓒ 6 · 15 남북 공동 선언의 내용이다(2000).

제 4 과목　사회복지학개론

01	02	03	04	05	06	07	08	09	10
④	①	②	③	③	③	④	④	②	①
11	12	13	14	15	16	17	18	19	20
①	①	②	④	④	④	④	③	②	③

01 <답> ④

출제 영역 사회복지실천 – 실천론

정답해설
④ 효과성을 측정하며 타 프로그램과의 비교를 포함하는 것은 비용–효과분석이다.

The 알아보기

분석의 종류
- 비용–편익분석(Cost–Benefit Analysis)
  - 한 개의 정책대안에 대해 그것에 투입될 비용과 그 대안이 초래할 편익을 추정하여 비교하는 것이다.
  - 모든 비용과 편익을 화폐가치로 환산하여 기간별로 추정하고 할인율을 적용하여 전 기간에 걸친 비용과 편익의 현재가치를 계산하는 방법이다.
  - 사회복지 정책에서 서비스를 화폐가치로 계량화할 수 없고, 사회적 형평성 등의 기준을 적용할 수 없으며, 화폐적 가치로 표현하기 힘든 클라이언트 반응성 등의 기준은 적용하기 어렵다.
- 비용–효과분석(Cost–Effective Analysis)
  - 비용–효과분석은 성과에 대한 화폐단위 환산을 시도하지 않는다.
  - 정책목표를 달성하기 위한 대안의 선택과정에서 여러 대안 중 최소비용으로 최대효과를 내는 것이 가장 효율적이라고 판단한다.

02 <답> ①

출제 영역 사회복지실천 – 실천론

정답해설
① 빈곤이나 장애의 책임 · 원인을 클라이언트에게 돌리는 것은 개인주의 이념이다. 최초의 이념 혹은 사상이라고 할 수 있는 인도주의(박애사상)는 자선조직협회의 우애방문자들의 철학으로, 기독교사상을 실천하려는 상류층이 빈곤한 사람들을 대상으로 인도주의적 구호를 제공하였으며, 이 사상이 후에 사회복지실천의 기본사상이 되었다. 인도주의는 '타인을 위하여 봉사'

하는 정신으로 실천되었으며, 자기 자신보다 클라이언트를 먼저 생각하는 정신을 낳았고, 이타주의로 불리는 사회복지실천의 기본정신으로 자리 잡게 되었다.

오답해설

② 사회진화론은 19세기 찰스 다윈이 발표한 진화론을 기초로 하여 스펜서가 인간 사회에 적용시킨 논리이다. 인간 사회도 계속 진화 발전을 하며, 진화법칙에 의해 이른바 '사회적합계층'인 사회 중요 인물은 살아남고 그렇지 못한 사람은 '사회부적합계층'으로 자연 소멸된다는 것이다. 결국 사회복지에서 사회진화론 이념을 수용한 것은 사회복지실천의 사회통제 측면에서 나타난다. 사회통제를 주목적으로 한 실천은 자선 조직협회의 봉사활동에서 나타난다. 자선조직협회의 우애방문자들은 그 당시 사회의 열등계층인 극빈자와 장애인들을 방문하여 자신이 신봉하는 중산층의 기독교적 도덕을 강요하고 그에 맞추어 생활하도록 하였다. 그렇지 못할 경우 현 상태를 유지할 수 있을 정도의 도움만을 제공하는 것에 그쳤다.

③ 개인주의와 함께 자유방임주의가 등장하였다. 이는 작은 정부를 표방하는 형태로 나타났으며, 이와 함께 경제뿐 아니라 사회복지마저도 자유시장에 맡기는 자유방임의 정책을 펴나가게 되었다. 개인주의사상은 두 가지 형태로 나타나는데, 하나는 개인권리 존중이며, 다른 하나는 수혜자의 축소이다. 개인의 권리와 의무가 강조되면서 빈곤의 문제도 다시 빈곤한 자의 책임으로 돌아갔다. 빈곤한 사회복지 수혜자는 빈곤하게 살 수밖에 없어야 한다는 '최소한의 수혜자격 원칙'을 낳았으며, 저임금 노동자보다 더 낮은 보조를 받도록 하는 정책을 펼쳤다.

④ 민주주의는 평등을 표방하는 이념이다. 모든 인간의 평등함을 인정하면서 클라이언트도 평등한 대우를 받을 권리가 있음이 표방된다. 민주주의의 등장과 함께 클라이언트를 위한 무조건적인 봉사정신이 약화되어 클라이언트에 대한 선택적 봉사의 철학이 강조되었다. 우월한 자인 봉사제공자가 열등한 자인 클라이언트에게 봉사 및 시혜를 무조건 받도록 결정하고 강요하던 것에서 주는 자와 받는 자의 평등한 권리를 인정하여 받는 자인 클라이언트가 시혜 여부를 결정하는 데 적극 참여하도록 하는 사회적 움직임이 있었다. 현대에 오면서 클라이언트의 자기결정권의 가치적 측면에도 상당한 영향을 미치게 된다.

03 답 ②

출제영역 사회복지정책 – 정책론

오답해설

① 가치는 믿음 또는 신념과 같은 것으로, 다수의 사회구성원들이 좋거나 바람직하다고 여기는 것 혹은 개인의 선호도를 나타내는 적합한 행동을 선택하는 지침이다. 가치는 지식, 기술과 더불어 사회복지실천의 3대 중심축 중 하나로, 사회복지실천이 추구해야 하는 방향성을 제시한다.

③ 보험수리의 원칙과 열등처우의 원칙은 비례적 평등 가치를 반영한다.

④ 적극적 자유란 국가의 적극적 개입을 요구할 수 있는 자유를 의미하는 것으로, 타인의 간섭이나 구속으로부터의 자유는 소극적 자유를 뜻한다.

04 답 ③

출제영역 사회복지정책 – 정책론

정답해설

③ 혼합모형은 에치오니(A. Etzioni)가 합리모형과 점증모형을 절충하여 제시한 제3의 접근방법이다. 종합적 합리성을 바탕으로 기본적 결정과 부분적 결정으로 구분하여 세부사항을 제외한 기본적 결정은 합리모형에 의해 결정하고, 부분적 결정은 기본적 결정의 범위 내에서 점증적으로 결정하도록 한다. 불확실성이 높은 조직에서 발생하는 의사결정모형은 쓰레기통모형이다.

오답해설

① 최적모형은 드로어(Dror)가 경제적 합리성과 직관·판단력·창의성과 같은 초합리성을 함께 고려하여 제시한 거시적 의사결정모형이다.

② 합리모형은 정책결정자가 이성과 고도의 합리성에 따라 목표달성의 극대화를 위한 최적의 대안을 탐색·선택하게 된다는 규범적·이상적·연역적 이론모형이다. 경제적 합리성(절대적 합리성)을 전제로 한다.

④ 만족모형은 합리모형에서 상정하는 것만큼 인간의 완전한 합리성을 전제로 하지는 않지만, 인간의 제한된 합리성을 전제로 하여 만족스러운 정도의 정책대안을 선택함으로써 정책결정이 이루어진다고 본다. 만족모형은 주관적 합리성을 추구하고, 최적의 대안이 아니라 현실적으로 만족할 만한 대안을 선택한다.

05

출제 영역 사회복지정책 – 법제론

정답해설

③ 정의(국민기초생활 보장법 제2조)

> 이 법에서 사용하는 용어의 뜻은 다음과 같다.
> 5. "부양의무자"란 수급권자를 부양할 책임이 있는 사람으로서 수급권자의 1촌의 직계혈족 및 그 배우자를 말한다. 다만, 사망한 1촌의 직계혈족의 배우자는 제외한다.

따라서 수급권자 직계혈족의 형제자매는 부양의무자에 해당하지 않는다.

오답해설

① 국민기초생활보장법 제18조 제1항
② 국민기초생활보장법 제43조 제1항 제1호
④ 국민기초생활보장법 제7조 제1항

06

출제 영역 사회복지실천 – 실천론

정답해설

③ 외부적으로 드러나는 행동에 대한 개입으로 상호간에 보상교환을 통하여 원만한 사회관계를 형성할 수 있도록 하는 것은 행동수정모델이다.

The 알아보기

행동수정모델
- 학습이론에 기초를 둔 모형으로, 1960년대 후반에 개별사회사업에 도입되었다.
- 토마스(E. J. Thomas)가 관찰을 통해 문제의 행동을 수정하고 바람직한 행동을 강화시킨 것을 시초로 한다.
- 모든 행동은 학습과 조건화의 법칙을 따르며 조건화의 과정을 통해서 학습되고 수정될 수 있다고 본다.
- 인간의 인성은 대부분이 환경의 산물이며 그의 행동은 상이한 여러 가지 학습과정의 결과이므로 내적 상태보다는 환경에 의해 설명될 수 있다고 본다.
- 과거보다는 현재를, 내면적 행동보다는 외면적 행동을, 관념적 측면보다는 관찰 가능한 행동을 중시한다.

07

출제 영역 사회복지정책 – 행정론

오답해설

① 사회복지행정조직은 외부환경에 의존적이다. 사회복지행정조직은 서비스 생산에 필요한 자원들의 대부분을 조직이 자체적으로 해결할 수 없기 때문에 자원을 통제하는 외부환경에 대해 의존적이다.
② 사회복지사는 클라이언트에게 재량권을 행사할 수 있다.
③ 인간을 가치중립적 존재로 가정한다는 것은 인간이 어떤 특정 가치관에 치우치지 않고 가치판단을 하지 않는 존재로 가정한다는 의미이다. 하지만 사회복지행정의 대상은 '도덕적 가치를 갖는 인간'이므로 인간을 가치중립적 존재로 가정한다는 설명은 적절하지 않다.

08

출제 영역 사회복지입문 – 기초

오답해설

① 사회복지는 소득보장, 교육, 건강, 개별적 사회서비스 등 전통적인 광의의 사회복지서비스 모두를 포함한다.
② 직업복지는 기업연금, 기업에서 제공하는 의료보험 등 개인이 속한 기업에서 제공하는 여러 가지의 사회복지급여를 말한다. 다시 말해 고용관계에 있는 근로자와 그 가족들을 대상으로 기업이 그 비용의 전부나 일부를 부담하여 실시하는 복지체계를 말한다. 그러나 민간 기업이 피고용인에게 지불하는 임금을 복지라고 하지는 않는다.
③ 재정복지는 국가의 조세정책에 의해 간접적으로 국민들의 복지를 높이는 것이다. 예 아동이 있는 가구에 대한 조세감면정책 등

09

출제 영역 사회복지정책 – 행정론

정답해설

② 분권교부세제도는 2005년 사회복지 등 149개 국고보조사업을 지방에 이양하면서 소요재원 지원을 위해 신설한 제도로, 2009년 말까지만 적용되는 5년간의 한시적 제도였다. 이후 분권교부세는 2010년도에 보통교부세로 통합될 경우 자치단체별 재정여건에 따라 복지서비스 격차가 발생할 것을 우려하여 분권교부세의 운영기간을 2014년 12월 31일까지 5년 연장하였다가 2015년에 보통교부세로 통합되었다.

10

출제 영역 사회복지입문 – 기초

정답해설

① 수렴 이론은 산업주의 이론(Industrialization Theory)이라고도 하며 서로 다른 정치이념과 문화를 가진 국가들도 일단 산업화가 비슷한 수준에 도달하면 유사한 사회복지 체계를 갖게 된다고 보는 시각이다. 이데올로기와 같은 정치적 요소보다 산업화 요소를 지나치게 강조한 경제 결정론 또는 기술적 결정론이라는 비판을 받았다.

오답해설

② 다원주의 이론은 정치학에서 생성된 이론으로, 엘리트주의(Elitism)와 대비되는 이론이다. 민주주의 사회를 전제로 하며 사회정책을 복지수혜자 조직까지를 포함한 여러 이익집단 간의 민주적 타협의 결과라고 본다.

③ 사회통제론(Conspiracy Theory)은 사회복지가 인도주의 혹은 이타주의의 산물이라는 전통적인 설명인 사회양심론을 정면으로 반박하는 이론으로, 사회정책은 인도주의나 인정의 실현이 아니라 사회 안녕 질서의 유지 및 사회통제 그리고 노동규범을 강화하기 위한 엘리트의 음모라는 관점이다. 사회정책의 진정한 수혜층은 지배층이라고 본다.

④ 조합주의 이론은 사회정책이 의회민주주의를 통해 이루어지며, 소수의 힘 있는 이해집단과 국가 간의 비공식적, 비의회적 타협을 통해 이루어진다고 본다. 국가, 노동자, 자본가집단의 삼자연합(tripartism) 정치구조로서 코포라티즘이라고도 한다.

11

출제 영역 사회복지실천 – 실천론

정답해설

① 개별화의 원리는 각 클라이언트는 고유한 특성을 가지고 있으며, 원칙 및 방법을 구별하여 활용하여야 한다는 인식과 이해에 기초한 원리로서, 편견이나 고정관념 없이 클라이언트 개인의 경험을 존중해야 한다는 원리이다.

오답해설

② 비심판적 태도의 원리는 문제나 욕구발생의 원인에 대해서 클라이언트의 유·무죄, 책임 정도의 심판은 배제해야 한다는 원리이다. 그러나 심판이 아닌 분석적·평가적·객관적인 판단은 클라이언트에게 전달해야 한다.

③ 자기결정의 원리는 클라이언트의 선택과 결정에서의 자유와 권리를 존중하고 인정해야 하며 그의 능력과 기능의 범위 내에서 그의 자유와 권리를 최대한으로 사용하도록 권장해야 한다는 원리이다. 클라이언트가 균형 있는 시각에서 자신의 문제와 욕구를 명확하게 이해할 수 있도록 돕고, 적절히 전망하면서 문제해결에 도움이 될 수 있도록 지역사회자원을 알려주고, 사회복지사와 클라이언트가 함께 일할 수 있는 환경을 조성한다.

④ 의도적 감정표현의 원리는 클라이언트가 자신의 감정을 자유롭게 드러내고 싶은 욕구를 가지고 있다는 점을 전제로 하는 원리로, 특히 클라이언트는 부정적인 감정의 표현을 하고 싶어 한다는 점을 강조하는 원리이다.

12

출제 영역 사회복지정책 – 행정론

정답해설

① 브레인스토밍은 집단사고를 통한 창의력 계발 기법으로, 집단에 소속된 인원들이 자발적으로 자연스럽게 제시된 아이디어 목록을 통해서 특정한 문제에 대한 해답을 찾고자 노력하는 것을 말한다. 브레인스토밍은 아이디어의 양이 많을수록 질적으로 우수한 아이디어가 나올 가능성이 높다는 원리에 기초한 의사결정 방법으로, 아이디어의 질보다 양을 중시한다.

② 명목집단기법은 여러 대안들을 마련하고 그중 하나를 선택하는 데 초점을 두는 구조화된 집단의사결정 기법이다. 집단의사결정임에도 불구하고 의사결정이 진행되는 동안 참여자들 간의 토론이나 비평이 허용되지 않기 때문에 '명목'이라는 용어가 사용된다. 참여자들 간에 토론이나 비평을 하지 않기 때문에 감정이나 분위기상의 왜곡현상을 피할 수 있다.

③ 델파이기법은 전문가 또는 관련자들로부터 우편으로 의견이나 정보를 수집하여 그 결과를 분석한 후 그것을 다시 응답자들에게 보내어 의견을 묻는 식으로 만족스러운 경과를 얻을 때까지 계속하는 방법을 말한다. 델파이 기법은 불확실한 사항에 대한 전문가들의 합의를 얻으려고 할 때 적용된다.

④ 대안선택 흐름도표는 '예', '아니오'로 답할 수 있는 질문을 연속적으로 만들어, 예상되는 결과를 결정하도록 하는 방법으로 예상이 분명한 사항에 적용한다.

13

답 ②

출제 영역 사회복지입문 – 기초

오답해설

ㄷ. 보충적 모형은 티트머스(Titmuss)의 사회복지정책 이념모형 중 하나이다.

The 알아보기

마셜의 시민권

• 마셜은 시민권에 근거하여 복지국가 이론 모형을 제시하면서, 시민권을 사회구성원으로 인정받는 일종의 지위로 보았다.

• 마셜은 사회권(복지권)을 공민권(자유권)과 정치권(참정권)을 완성시키는 권리로 보고, 사회복지가 시민권의 발전과 더불어 발전해 왔다고 보았다.

• 복지국가체계는 정치적으로는 민주주의, 사회적으로는 복지주의, 경제적으로는 자본주의의 세 가지 구성요소로 존재한다고 본다.

14

답 ④

출제 영역 사회복지실천 – 실천론

정답해설

④ 개입 단계에서 사회복지사의 중개자 역할에 대한 설명이다.

오답해설

① · ② · ③ 접수란 클라이언트가 사회복지기관에 찾아왔을 때 사회복지사가 그의 문제를 확인하여 그것이 기관의 정책이나 서비스에 부합하는지를 확인하는 초기 과정으로, 사회복지사와 클라이언트가 성공적인 실천을 위한 관계 형성을 통하여 클라이언트의 욕구를 규명하기 시작하는 시점이자 임파워먼트하는 과정이 시작되는 과정이다.

15

답 ④

출제 영역 사회복지정책 – 정책론

오답해설

① 로렌츠곡선은 완전평등선(균등분포선)에서 아래쪽으로 볼록할수록 불평등하다. 균등분포선과 로렌츠곡선 사이의 면적은 불균등면적을 나타낸다.

② 시장소득 기준 지니계수와 가처분소득 기준 지니계수의 차이는 직접세의 재분배효과를 의미한다.

③ 10분위 분배율이란 한 나라의 모든 가구를 소득의 크기순으로 배열하고 이를 10등급으로 분류하여, 소득이 낮은 1~4등급까지의 소득합계를 소득이 가장 높은 9~10등급의 소득합계로 나눈 비율을 말한다. 10분위 분배율은 중간계층의 소득을 정확히 파악할 수 없다는 단점이 있다.

16

출제 영역 사회복지실천 – 실천론

정답해설

④ 체계의 변화 속성만을 강조한 일반체계이론에 비해 생태체계이론은 변화와 동시에 체계의 유지기능을 동등하게 중시한다.

The 알아보기

생태체계이론

- 생태체계이론은 일반체계이론에서 충분한 설명이 없었던 체계 간의 공유영역에 대해 적응과 상호교류라는 개념으로 그 중요성을 강조하고 있다.
- 체계의 변화속성만을 강조한 일반체계이론에 비해 생태체계이론은 변화와 동시에 체계의 유지기능을 동등하게 중시한다.
- 생태체계이론은 일반체계이론보다 실제 생활 속에서 살아가는 인간의 문제에 관심을 가져 이론에 인간적 관심과 실천적인 경향을 띤다. 즉 생태체계이론에서 적응적 적합성과 같은 개념은 사회복지실천에서 체계의 건전성 평가의 도구로서의 역할을 한다.
- 생태체계이론은 일반적인 체계의 구조와 성질을 설명해 주는 고도로 추상화된 일반체계이론에 생태학의 인간주의적이고 실천적인 차원을 더하여, 사회복지실천을 위한 이론 틀로서 보다 유용성을 갖는다.

17

출제 영역 사회복지정책 – 법제론

정답해설

④ 행정소송(노인장기요양보험법 제57조)

> 공단의 처분에 이의가 있는 자와 제55조에 따른 심사청구 또는 제56조에 따른 재심사청구에 대한 결정에 불복하는 자는 행정소송법으로 정하는 바에 따라 행정소송을 제기할 수 있다.

오답해설

① • 심사청구(노인장기요양보험법 제55조)

> ① 장기요양인정 · 장기요양등급 · 장기요양급여 · 부당이득 · 장기요양급여비용 또는 장기요양보험료 등에 관한 공단의 처분에 이의가 있는 자는 공단에 심사청구를 할 수 있다.
> ③ 제1항에 따른 심사청구 사항을 심사하기 위하여 공단에 장기요양심사위원회(이하 "심사위원회"라 한다)를 둔다.

• 심사청구(노인장기요양보험법 제56조)

> ① 제55조에 따른 심사청구에 대한 결정에 불복하는 사람은 그 결정통지를 받은 날부터 90일 이내에 장기요양재심사위원회(이하 "재심사위원회"라 한다)에 재심사를 청구할 수 있다.

국민건강보험공단의 심사청구에 대한 결정에 불복하는 사람은 장기요양심사위원회가 아닌 장기요양재심사위원회에 재심사를 청구할 수 있다.

② 이의신청(장애인복지법 제84조)

> ① 장애인이나 법정대리인 등은 이 법에 따른 복지조치에 이의가 있으면 해당 장애인복지실시기관에 이의신청을 할 수 있다.

③ 시 · 도지사에 대한 이의신청(국민기초생활 보장법 제38조)

> ① 수급자나 급여 또는 급여 변경을 신청한 사람은 시장 · 군수 · 구청장(제7조 제1항 제4호의 교육급여인 경우에는 시 · 도교육감을 말한다)의 처분에 대하여 이의가 있는 경우에는 그 결정의 통지를 받은 날부터 90일 이내에 해당 보장기관을 거쳐 시 · 도지사(특별자치시장 · 특별자치도지사 및 시 · 도교육감의 처분에 이의가 있는 경우에는 해당 특별자치시장 · 특별자치도지사 및 시 · 도교육감을 말한다)에게 서면 또는 구두로 이의를 신청할 수 있다. 이 경우 구두로 이의신청을 접수한 보장기관의 공무원은 이의신청서를 작성할 수 있도록 협조하여야 한다.

18

출제 영역 사회복지정책 – 조사론

정답해설

③ 매개변수는 종속변수에 대해 일정한 영향을 주는 변수로서, 그 기능이 일정하게 규정된 독립변수와는 달리 주로 내면적 · 비가시적 역할을 하는 변수이다. 통제변수는 독립변수와 종속변수 간의 인과관계를 정확히 파악하기 위해 두 변수 간의 영향을 미칠 수 있는 제3의 변수를 통제할 경우 이 제3의 변수를 통제변수라고 한다. 통제변수는 독립변수의 영향의 크기를 정확히 알기 위하여 통제되는 변수로, 통제변수의 영향력을 고정시켰을 때 독립변수와 종속변수의 관계를 정확히 파악할 수 있다.

오답해설

① 외생변수는 독립변수 · 종속변수와의 관계가 표면적으로 인과관계가 있는 것처럼 보이지만, 실제로는 가식적인 관계에 불과한 경우 그와 같은 가식적인 관계를 만드는(두 변수가 우연히 어떤 변수와 연결됨으로써 관계가 있는 것처럼 보이게 하는) 제3의 변수이다. 외생변수는 기존 독립변수와 종속변수라 생각했던 변수들보다 시간적으로 선행하고 양자에 동시에 영향을 미친다. 독립변수는 종속변수에 영향을 미쳐 종속변수가 특정 결과를 갖게 하는 원인이 된다고 가정하는 변수이다. 실험설계에서 독립변수는 연구자에 의해 조작된 변수를 의미한다.

④ 종속변수는 독립변수의 그 원인을 받아 일정하게 전제된 결과를 나타내는 기능을 하는 변수이다. 실험설계에서는 독립변수의 가미로 변하는 것으로, 예측되는 변수이다.

19 　　　　　　　　　　　　답 ②

출제영역 사회복지정책 – 행정론

정답해설

② 제도이론은 조직의 생존을 위한 적응기제를 주목한다. 조직의 규범과 조직을 둘러싼 지도적 환경이 조직의 특성과 형태를 좌우한다는 점을 강조하며 사회복지조직과 같이 정부와 제도화된 규범이 강하게 작용하는 조직을 이해하는 데 도움을 준다.

오답해설

① 상황이론은 모든 상황에 적합하게 조직을 설계하고 관리하기 위한 하나의 가장 좋은 방법은 존재하지 않고, 조직이 처해 있는 상황이 다르면 유효한 조직설계 및 관리방법은 달라진다고 본다.

③ 정치경제이론은 조직과 환경 간의 상호작용을 중시하며, 외부 환경적 요소(정치적 자원, 경제적 자원)와의 상호작용이 조직의 내부 역학관계에 어떻게 영향을 미치는가에 초점을 두고 있다.

④ 동기위생이론은 인간의 만족과 불만족은 전혀 별개의 차원에서 야기된다는 Herzberg의 욕구충족이원이다. 동기이론들은 모두 상황요인은 배제하고 전개하는 폐쇄체계이론이다.

20 　　　　　　　　　　　　답 ③

출제영역 사회복지정책 – 법제론

정답해설

③ 유족연금 수급권의 소멸(국민연금법 제75조)

> ① 유족연금 수급권자가 다음 각 호의 어느 하나에 해당하게 되면 그 수급권은 소멸한다.
> 1. 수급권자가 사망한 때
> 2. 배우자인 수급권자가 재혼한 때
> 3. 자녀나 손자녀인 수급권자가 파양된 때
> 4. 장애등급 2급 이상에 해당하지 아니한 자녀인 수급권자가 25세가 된 때 또는 장애등급 2급 이상에 해당하지 아니한 손자녀인 수급권자가 19세가 된 때
> 5. 삭제 〈2017. 10. 24.〉

오답해설

① 유족의 범위 등 (국민연금법 제73조)

> ① 유족연금을 지급받을 수 있는 유족은 제72조 제1항 각 호의 사람이 사망할 당시(민법 제27조 제1항에 따른 실종선고를 받은 경우에는 실종기간의 개시 당시를, 같은 조 제2항에 따른 실종선고를 받은 경우에는 사망의 원인이 된 위난 발생 당시를 말한다) 그에 의하여 생계를 유지하고 있던 다음 각 호의 자로 한다. 이 경우 가입자 또는 가입자였던 자에 의하여 생계를 유지하고 있던 자에 관한 인정 기준은 대통령령으로 정한다.
> 1. 배우자
> 2. 자녀. 다만, 25세 미만이거나 장애등급 2급 이상인 자만 해당한다.
> 3. 부모(배우자의 부모를 포함한다. 이하 이 절에서 같다). 다만, 60세 이상이거나 장애등급 2급 이상인 자만 해당한다.
> 4. 손자녀. 다만, 19세 미만이거나 장애등급 2급 이상인 자만 해당한다.
> 5. 조부모(배우자의 조부모를 포함한다. 이하 이 절에서 같다). 다만, 60세 이상이거나 장애등급 2급 이상인 자만 해당한다.

② · ④ 유족연금의 수급권자 (국민연금법 제72조)

> ① 다음 각 호의 어느 하나에 해당하는 사람이 사망하면 그 유족에게 유족연금을 지급한다.
> 1. 노령연금 수급권자
> 2. 가입기간이 10년 이상인 가입자 또는 가입자였던 자
> 3. 연금보험료를 낸 기간이 가입대상기간의 3분의 1 이상인 가입자 또는 가입자였던 자
> 4. 사망일 5년 전부터 사망일까지의 기간 중 연금보험료를 낸 기간이 3년 이상인 가입자 또는 가입자였던 자. 다만, 가입대상기간 중 체납기간이 3년 이상인 사람은 제외한다.
> 5. 장애등급이 2급 이상인 장애연금 수급권자

01	02	03	04	05	06	07	08	09	10
②	④	①	①	①	④	②	①	④	②
11	12	13	14	15	16	17	18	19	20
③	④	④	③	④	④	③	②	③	②

01

답 ②

출제 영역 행정작용법 – 행정행위

정답해설

② ㄷ, ㄹ, ㅂ 3개가 행정청의 재량행위에 해당한다.

ㄷ 예외적인 개발행위의 허가는 상대방에게 수익적인 것이 틀림이 없으므로 그 법률적 성질은 재량행위 내지 자유재량행위에 속한다(대판 2004.3.25, 2003두12837).

ㄹ 토지의 형질변경허가는 그 금지요건이 불확정개념으로 규정되어 있어 그 금지요건에 해당하는지 여부를 판단함에 있어서는 행정청에게 재량권이 부여되어 있다고 할 것이므로 국토의 계획 및 이용에 관한 법률에 의하여 지정된 도시지역 안에서 토지의 형질변경행위를 수반하는 건축허가는 결국 재량행위에 속한다(대판 2005.7.14, 2004두6181).

ㅂ 자동차운수사업법에 의한 개인택시운송사업면허는 특정인에게 권리나 이익을 부여하는 특허로서 법령에 특별한 규정이 없는 한 재량행위이다(대판 1996.10.11, 96누6172).

오답해설

ㄱ 병역법 제26조 제2항은 보충역을 같은 조 1항 소정의 업무나 분야에서 복무하여야 할 공익근무요원으로 소집한다고 규정하고 있다(대판 2002.8.23, 2002두820).

ㄴ 도로교통법 제78조 제1항 단서 제8호의 규정에 의하면 술에 취한 상태에 있다고 인정할 만한 상당한 이유가 있음에도 불구하고 경찰공무원의 측정에 응하지 아니한 때에는 필요적으로 운전면허를 취소하도록 규정되어 있다(대판 2004.11.12, 2003두12042).

ㅁ 자동차운수사업법 제49조 제1항은 자동차운송알선사업을 경영하고자 하는 자는 교통부장관이 행하는 등록을 받아야 한다고 규정하고 있다(대판 1993.7.27, 92누13998).

02

답 ④

출제 영역 행정의 실효성 확보수단 – 행정강제

정답해설

④ 관계 법령상 행정대집행의 절차가 인정되어 행정청이 행정대집행의 방법으로 건물의 철거 등 대체적 작위의무의 이행을 실현할 수 있는 경우에는 따로 민사소송의 방법으로 그 의무의 이행을 구할 수 없다(대판 2017.4.28, 2016다213916).

오답해설

① 행정대집행법상의 건물철거의무는 제1차 철거명령 및 계고처분으로서 발생하였고 제2차의 계고처분은 원고들에게 새로운 철거의무를 부과하는 것이 아니고 다만 대집행기한의 연기통지에 불과하므로 행정처분이 아니다(대판 1991.1.25, 90누5962).

② 비상시 또는 위험이 절박한 경우에 있어서 당해 행위의 급속한 실시를 요하여 전2항에 규정한 수속을 취할 여유가 없을 때에는 그 수속을 거치지 아니하고 대집행을 할 수 있다(행정대집행법 제3조 제3항).

③ 대집행에 요한 비용은 국세징수법의 예에 의하여 징수할 수 있다(행정대집행법 제6조 제1항).

03 　　　　　　　　　　　정답 ①

정답해설

① 공익사업을 위한 토지 등의 취득 및 보상에 관한 법률 제67조 제2항은 '보상액을 산정할 경우에 해당 공익사업으로 인하여 토지 등의 가격이 변동되었을 때에는 이를 고려하지 아니한다'라고 규정하고 있는바, 수용 대상 토지의 보상액을 산정함에 있어 해당 공익사업의 시행을 직접 목적으로 하는 계획의 승인, 고시로 인한 가격변동은 이를 고려함이 없이 재결 당시의 가격을 기준으로 하여 적정가격을 정하여야 하나, 해당 공익사업과는 관계없는 다른 사업의 시행으로 인한 개발이익은 이를 포함한 가격으로 평가하여야 하고, 개발이익이 해당 공익사업의 사업인정고시일 후에 발생한 경우에도 마찬가지이다(대판 2014.2.27, 2013두21182).

오답해설

② 공공용지의 취득 및 손실보상에 관한 특례법에 의하여 공공용지를 협의취득한 사업시행자가 그 양도인과 사이에 체결한 매매계약은 공공기관이 사경제주체로서 행한 사법상 매매이다(대판 1999.11.26, 98다47245).

③ 영업손실에 관한 보상에 있어 같은법 시행규칙 제24조 제2항 제1호 내지 제3호에 의한 영업의 폐지로 볼 것인지 아니면 영업의 휴업으로 볼 것인지를 구별하는 기준은 당해 영업을 그 영업소 소재지나 인접 시·군 또는 구 지역 안의 다른 장소로 이전하는 것이 가능한지의 여부에 달려 있다 할 것이고, 이러한 이전가능 여부는 법령상의 이전장애사유 유무와 당해 영업의 종류와 특성, 영업시설의 규모, 인접 지역의 현황과 특성, 그 이전을 위하여 당사자가 들인 노력 등과 인근 주민들의 이전 반대 등과 같은 사실상의 이전장애사유 유무 등을 종합하여 판단함이 상당하다(대판 2001.11.13, 2000두1003).

④ 이주대책은 헌법 제23조 제3항에 규정된 정당한 보상에 포함되는 것이라기보다는 이에 부가하여 이주자들에게 종전의 생활상태를 회복시키기 위한 생활보상의 일환으로서 국가의 정책적인 배려에 의하여 마련된 제도라고 볼 것이다. 따라서 이주대책의 실시 여부는 입법자의 입법정책적 재량의 영역에 속하므로 공익사업을 위한 토지 등의 취득 및 보상에 관한법률 시행령 제40조 제3항 제3호가 이주대책의 대상자에서 세입자를 제외하고 있는 것이 세입자의 재산권을 침해하는 것이라 볼 수 없다(헌재 2006.2.23, 2004헌마19).

04 　　　　　　　　　　　정답 ①

정답해설

하자 승계가 긍정되는 경우는 ㉠, ㉡ 2개이다.

㉠ 개별공시지가결정에 위법이 있는 경우에는 그 자체를 행정소송의 대상이 되는 행정처분으로 보아 그 위법 여부를 다툴 수 있음은 물론 이를 기초로 한 과세처분 등 행정처분의 취소를 구하는 행정소송에서도 선행처분인 개별공시지가결정의 위법을 독립된 위법사유로 주장할 수 있다(대판 1994.1.25, 93누8542).

㉡ 보건사회부장관이 안경사면허를 취소하는 처분을 한 경우 합격무효처분과 면허취소처분은 동일한 행정목적을 달성하기 위하여 단계적인 일련의 절차로 연속하여 행하여지는 행정처분으로서, 안경사 국가시험에 합격한 자에게 주었던 안경사면허를 박탈한다는 하나의 법률효과를 발생시키기 위하여 서로 결합된 선행처분과 후행처분의 관계에 있다(대판 1993.2.9, 92누4567).

오답해설

㉢ 경찰공무원법상 직위해제처분과 면직처분은 각각 단계적으로 별개의 법률효과를 발생하는 행정처분이어서 선행직위해제처분의 위법사유가 면직처분에는 승계되지 아니한다 할 것이므로 선행된 직위해제처분의 위법 사유를 들어 면직처분의 효력을 다툴 수는 없다(대판 1984.9.11, 84누191).

㉣ 택지개발촉진법 제3조에 의한 건설교통부장관의 택지개발예정지구의 지정은 그 처분의 고시에 의하여 개발할 토지의 위치, 면적과 그 행사가 제한되는 권리내용 등이 특정되는 처분인 반면에, 같은 법 제8조에 의한 건설교통부장관의 택지개발사업 시행자에 대한 택지개발계획의 승인은 당해 사업이 택지개발촉진법상의 택지개발사업에 해당함을 인정하여 시행자가 그 후 일정한 절차를 거칠 것을 조건으로 하여 일정한 내용의 수용권을 설정하여 주는 처분으로서 그 승인고시에 의하여 수용할 목적물의 범위가 확정되는 것이므로, 위 두 처분은 후자가 전자의 처분을 전제로 한 것이기는 하나 각각 단계적으로 별개의 법률효과를 발생하는 독립한 행정처분이어서 선행처분에 불가쟁력이 생겨 그 효력을 다툴 수 없게 된 경우에는 선행처분에 위법사유가 있다고 할지라도 그것이 당연무효사유가 아닌 한 선행처분의 하자가 후행처분에 승계되는 것은 아니다(대판 1996.3.22, 95누10075).

㉤ 보충역편입처분 등의 병역처분은 구체적인 병역의무 부과를 위한 전제로서 징병검사 결과 신체등위와 학력·연령 등 자질을 감안하여 역종을 부과하는 처분

임에 반하여, 공익근무요원소집처분은 보충역편입처분을 받은 공익근무요원소집대상자에게 기초적 군사훈련과 구체적인 복무기관 및 복무분야를 정한 공익근무요원으로서의 복무를 명하는 구체적인 행정처분이므로, 위 두 처분은 후자의 처분이 전자의 처분을 전제로 하는 것이기는 하나 각각 단계적으로 별개의 법률효과를 발생하는 독립된 행정처분이라고 할 것이므로, 따라서 보충역편입처분의 기초가 되는 신체등위 판정에 잘못이 있다는 이유로 이를 다투기 위하여는 신체등위 판정을 기초로 한 보충역편입처분에 대하여 쟁송을 제기하여야 할 것이며, 그 처분을 다투지 아니하여 이미 불가쟁력이 생겨 그 효력을 다툴 수 없게 된 경우에는, 병역처분변경신청에 의하는 경우는 별론으로 하고, 보충역편입처분에 하자가 있다고 할지라도 그것이 당연무효라고 볼만한 특단의 사정이 없는 한 그 위법을 이유로 공익근무요원소집처분의 효력을 다툴 수 없다(대판 2002.12.10, 2001두5422).

05

정답 ①

출제 영역 행정작용법 – 행정행위

정답해설

① 친일반민족행위자 재산의 국가귀속에 관한 특별법 제3조 제1항 본문, 제9조 규정들의 취지와 내용에 비추어 보면, 같은 법 제2조 제2호에 정한 친일재산은 친일반민족행위자재산조사위원회가 국가귀속결정을 하여야 비로소 국가의 소유로 되는 것이 아니라 특별법의 시행에 따라 그 취득·증여 등 원인행위 시에 소급하여 당연히 국가의 소유로 되고, 친일반민족행위자재산조사위원회의 국가귀속결정은 당해 재산이 친일재산에 해당한다는 사실을 확인하는 이른바 준법률행위적 행정행위의 성격을 가진다(대판 2008.11.13, 2008두13491).

오답해설

② 민법 제45조와 제46조에서 말하는 재단법인의 정관변경 "허가"는 법률상의 표현이 허가로 되어 있기는 하나, 그 성질에 있어 법률행위의 효력을 보충해 주는 것이지 일반적 금지를 해제하는 것이 아니므로, 그 법적 성격은 인가라고 보아야 한다(대판 1996.5.16, 95누4810 전원합의체).

③ 구 도시 및 주거환경정비법 제8조 제3항, 제28조 제1항에 의하면, 토지 등 소유자들이 그 사업을 위한 조합을 따로 설립하지 아니하고 직접 도시환경정비사업을 시행하고자 하는 경우에는 사업시행계획서에 정관

등과 그 밖에 국토해양부령이 정하는 서류를 첨부하여 시장·군수에게 제출하고 사업시행인가를 받아야 하고, 이러한 절차를 거쳐 사업시행인가를 받은 토지 등 소유자들은 관할 행정청의 감독 아래 정비구역 안에서 구 도시정비법상의 도시환경정비사업을 시행하는 목적 범위 내에서 법령이 정하는 바에 따라 일정한 행정작용을 행하는 행정주체로서의 지위를 가진다. 그렇다면 토지 등 소유자들이 직접 시행하는 도시환경정비사업에서 토지 등 소유자에 대한 사업시행인가 처분은 단순히 사업시행계획에 대한 보충행위로서의 성질을 가지는 것이 아니라 구 도시정비법상 정비사업을 시행할 수 있는 권한을 가지는 행정주체로서의 지위를 부여하는 일종의 설권적 처분의 성격을 가진다(대판 2013.6.13, 2011두19994).

④ 구 표시·광고의 공정화에 관한 법률 위반을 이유로 한 공정거래위원회의 경고의결은 당해 표시·광고의 위법을 확인하되 구체적인 조치까지는 명하지 않는 것으로 사업자가 장래 다시 표시·광고의 공정화에 관한 법률 위반행위를 할 경우 과징금 부과 여부나 그 정도에 영향을 주는 고려사항이 되어 사업자의 자유와 권리를 제한하는 행정처분에 해당한다(대판 2013.12.26, 2011두4930).

06

정답 ④

출제 영역 행정작용법 – 그 밖의 행정의 주요 행위형식

정답해설

④ 중소기업기술정보진흥원장이 갑 주식회사와 중소기업 정보화지원사업 지원대상인 사업의 지원에 관한 협약을 체결하였는데, 협약이 갑 회사에 책임이 있는 사업실패로 해지되었다는 이유로 협약에서 정한 대로 지급받은 정부지원금을 반환할 것을 통보한 사안에서, 중소기업 정보화지원사업에 따른 지원금 출연을 위하여 중소기업청장이 체결하는 협약은 공법상 대등한 당사자 사이의 의사표시의 합치로 성립하는 공법상 계약에 해당하는 점, 구 중소기업 기술혁신 촉진법 제32조 제1항은 제10조가 정한 기술혁신사업과 제11조가 정한 산학협력 지원사업에 관하여 출연한 사업비의 환수에 적용될 수 있을 뿐 이와 근거 규정을 달리하는 중소기업 정보화지원사업에 관하여 출연한 지원금에 대하여는 적용될 수 없고 달리 지원금 환수에 관한 구체적인 법령상 근거가 없는 점 등을 종합하면, 협약의 해지 및 그에 따른 환수통보는 공법상 계약에 따라 행정청이 대등한 당사자의 지위에서 하는 의사

표시로 보아야 하고, 이를 행정청이 우월한 지위에서 행하는 공권력의 행사로서 행정처분에 해당한다고 볼 수는 없다(대판 2015.8.27, 2015두41449).

오답해설

① 행정청이 자신과 상대방 사이의 법률관계를 일방적인 의사표시로 종료시켰다고 하더라도 곧바로 의사표시가 행정청으로서 공권력을 행사하여 행하는 행정처분이라고 단정할 수는 없고, 관계 법령이 상대방의 법률관계에 관하여 구체적으로 어떻게 규정하고 있는지에 따라 의사표시가 항고소송의 대상이 되는 행정처분에 해당하는지 아니면 공법상 계약관계의 일방 당사자로서 대등한 지위에서 행하는 의사표시인지를 개별적으로 판단하여야 한다(대판 2015.8.27, 2015두41449).

② 구 공공용지의 취득 및 손실보상에 관한 특례법에 따른 토지 등의 협의취득은 공공사업에 필요한 토지 등을 그 소유자와의 협의에 의하여 취득하는 것으로서 공공기관이 사경제주체로서 행하는 사법상 매매 내지 사법상 계약의 성질을 가지는 것이지 행정청이 공권력의 주체로서 상대방의 의사 여하에 불구하고 일방적으로 행하는 행정처분이라 볼 수 없는 것이고, 위 협의취득에 기한 손실보상금의 환수통보 역시 사법상의 이행청구에 해당하는 것으로서 이를 항고소송의 대상이 되는 행정처분이라고 할 수 없다(대판 2010.11.11, 2010두14367).

③ 지방계약직공무원인 이 사건 옴부즈만 채용행위는 공법상 대등한 당사자 사이의 의사표시의 합치로 성립하는 공법상 계약에 해당한다(대판 2014.4.24, 2013두6244).

07   답 ②

출제 영역 행정과정의 규율 – 정보공개와 개인정보보호

정답해설

② 공공기관의 정보공개에 관한 법률 제14조는 공개청구한 정보가 제9조 제1항 각 호에 정한 비공개대상정보에 해당하는 부분과 공개가 가능한 부분이 혼합되어 있는 경우로서 공개청구의 취지에 어긋나지 아니하는 범위 안에서 두 부분을 분리할 수 있는 때에는 비공개대상정보에 해당하는 부분을 제외하고 공개하여야 한다고 규정하고 있는바, 법원이 정보공개거부처분의 위법 여부를 심리한 결과, 공개가 거부된 정보에 비공개대상정보에 해당하는 부분과 공개가 가능한 부분이 혼합되어 있으며, 공개청구의 취지에 어긋나지 아니하는 범위 안에서 두 부분을 분리할 수 있다고 인정할

수 있을 때에는, 공개가 거부된 정보 중 공개가 가능한 부분을 특정하고, 판결의 주문에 정보공개거부처분 중 공개가 가능한 정보에 관한 부분만을 취소한다고 표시하여야 한다(대판 2010.2.11, 2009두6001).

오답해설

① 대판 2003.12.12, 2003두8050
③ 대판 2004.9.23, 2003두1370
④ 대판 2006.5.25, 2006두3049

08   답 ①

출제 영역 행정작용법 – 행정행위

정답해설

① 야생동·식물보호법 제16조 제3항과 같은 법 시행규칙 제22조 제1항의 체제 또는 문언을 살펴보면 원칙적으로 국제적 멸종위기종 및 그 가공품의 수입 또는 반입 목적 외의 용도로의 사용을 금지하면서 용도변경이 불가피한 경우로서 환경부장관의 용도변경승인을 받은 경우에 한하여 용도변경을 허용하도록 하고 있으므로, 위 법 제16조 제3항에 의한 용도변경승인은 특정인에게만 용도 외의 사용을 허용해주는 권리나 이익을 부여하는 이른바 수익적 행정행위로서 법령에 특별한 규정이 없는 한 재량행위이고, 위 법 제16조 제3항이 용도변경이 불가피한 경우에만 용도변경을 할 수 있도록 제한하는 규정을 두면서도 시행규칙 제22조에서 용도변경 신청을 할 수 있는 경우에 대하여만 확정적 규정을 두고 있을 뿐 용도변경이 불가피한 경우에 대하여는 아무런 규정을 두지 아니하여 용도변경 승인을 할 수 있는 용도변경의 불가피성에 대한 판단에 있어 재량의 여지를 남겨 두고 있는 이상, 용도변경을 승인하기 위한 요건으로서의 용도변경의 불가피성에 관한 판단에 필요한 기준을 정하는 것도 역시 행정청의 재량에 속하는 것이므로, 그 설정된 기준이 객관적으로 합리적이 아니라거나 타당하지 않다고 볼 만한 다른 특별한 사정이 없는 이상 행정청의 의사는 가능한 한 존중되어야 한다(대판 2011.1.27, 2010두23033).

오답해설

② 개발제한구역 내에서는 구역지정의 목적상 건축물의 건축 및 공작물의 설치 등 개발행위가 원칙적으로 금지되고, 다만 구체적인 경우에 이러한 구역지정의 목적에 위배되지 아니할 경우 예외적으로 허가에 의하여 그러한 행위를 할 수 있게 되어 있음이 그 규정의 체제와 문언상 분명하고, 이러한 예외적인 개발행위

의 허가는 상대방에게 수익적인 것이 틀림이 없으므로 그 법률적 성질은 재량행위 내지 자유재량행위에 속하는 것이다(대판 2004.3.25, 2003두12837).

③ 행정행위를 기속행위와 재량행위로 구분하는 경우 양자에 대한 사법심사는, 전자의 경우 그 법규에 대한 원칙적인 기속성으로 인하여 법원이 사실인정과 관련 법규의 해석ㆍ적용을 통하여 일정한 결론을 도출한 후 그 결론에 비추어 행정청이 한 판단의 적법 여부를 독자의 입장에서 판정하는 방식에 의하게 되나, 후자의 경우 행정청의 재량에 기한 공익판단의 여지를 감안하여 법원은 독자의 결론을 도출함이 없이 당해 행위에 재량권의 일탈ㆍ남용이 있는지 여부만을 심사하게 되고, 이러한 재량권의 일탈ㆍ남용 여부에 대한 심사는 사실오인, 비례ㆍ평등의 원칙 위배 등을 그 판단대상으로 한다(대판 2005.7.14, 2004두6181).

④ 귀화허가의 근거 규정의 형식과 문언, 귀화허가의 내용과 특성 등을 고려하여 보면, 법무부장관은 귀화신청인이 법률이 정하는 귀화요건을 갖추었다고 하더라도 귀화를 허가할 것인지 여부에 관하여 재량권을 가진다(대판 2010.7.15, 2009두19069).

09

🔒 ④

정답해설

④ 수리는 준법률행위적 행정행위로서 행정청의 효과의사 없이 법률 규정에 의하여 일정한 효과가 발생하므로 기속행위임이 원칙이다.

오답해설

① 수리를 요하지 않는 신고의 경우에 행정절차법상의 요건을 구비한 경우에는 접수기관에 도달된 때에 신고의 효력이 발생한다.

② 수리를 요하지 않는 신고의 경우에 행정절차법상의 요건을 구비한 경우에는 행정청의 수리거부가 있더라도 신고의 효력은 발생한다. 접수기관에 도달된 때에 신고의 효력이 이미 발생하기 때문이다.

③ 수리를 요하는 신고의 경우에 행정절차법상의 요건을 구비한 경우이더라도 행정청의 수리 거부 시 신고의 효력이 발생하지 않는다.

10

🔒 ②

정답해설

② 선량한 풍속 기타 사회질서에 위반된 행위나 사기, 뇌물 등 부정행위에 의해 이루어진 행정행위는 취소사유에 해당한다(통설).

오답해설

① 종전의 결혼예식장영업을 자진폐업한 이상 위 예식장 영업허가는 자동적으로 소멸하고 위 건물 중 일부에 대하여 다시 예식장영업허가신청을 하였다 하더라도 이는 전혀 새로운 영업허가의 신청임이 명백하므로 일단 소멸한 종전의 영업허가권이 당연히 되살아난다고 할 수는 없는 것이니 여기에 종전의 영업허가권이 새로운 영업허가신청에도 그대로 미친다고 보는 기득권의 문제는 개재될 여지가 없다(대판 1985.7.9, 83누412).

③ㆍ④ 실효사유에 해당한다(통설).

11

🔒 ③

정답해설

③ 조세ㆍ형사ㆍ행형 및 보안처분에 관한 사항은 행정조사기본법을 적용하지 아니한다(행정조사기본법 제3조 제2항).

오답해설

① 행정조사는 조사목적을 달성하는 데 필요한 최소한의 범위 안에서 실시하여야 하며 당해 행정기관 내의 2 이상의 부서가 동일하거나 유사한 업무분야에 대하여 동일한 조사대상자에게 행정조사를 실시하는 경우에 행정기관의 장은 공동조사를 하여야 한다(행정조사기본법 제4조 제1항ㆍ제14조 제1항).

② 행정조사란 행정기관이 정책을 결정하거나 직무를 수행하는 데 필요한 정보나 자료를 수집하기 위하여 현장조사ㆍ문서열람ㆍ시료채취 등을 하거나 조사대상자에게 보고요구ㆍ자료제출요구 및 출석ㆍ진술요구를 행하는 활동을 말한다(행정조사기본법 제2조 제1호).

④ 행정조사는 법령 등 또는 행정조사운영계획으로 정하는 바에 따라 정기적으로 실시함을 원칙으로 한다(행정조사기본법 제7조).

12

출제 영역 행정구제법 – 행정쟁송

정답해설

④ 금강수계 중 상수원 수질보전을 위하여 필요한 지역의 토지 등의 소유자가 국가에 그 토지 등을 매도하기 위하여 매수신청을 하였으나 유역환경청장 등이 매수거절의 결정을 한 사안에서, 위 매수거절을 항고소송의 대상이 되는 행정처분으로 보지 않는다면 토지 등의 소유자로서는 재산권의 제한에 대하여 달리 다툴 방법이 없게 되는 점 등에 비추어, 그 매수 거부행위가 공권력의 행사 또는 이에 준하는 행정작용으로서 항고소송의 대상이 되는 행정처분에 해당한다(대판 2009.9.10, 2007두20638).

오답해설

① 계약직공무원에 관한 현행 법령의 규정에 비추어 볼 때, 계약직공무원 채용계약해지의 의사표시는 일반공무원에 대한 징계처분과는 달라서 항고소송의 대상이 되는 처분 등의 성격을 가진 것으로 인정되지 아니하고, 일정한 사유가 있을 때에 국가 또는 지방자치단체가 채용계약 관계의 한쪽 당사자로서 대등한 지위에서 행하는 의사표시로 취급되는 것으로 이해되므로, 이를 징계해고 등에서와 같이 그 징계사유에 한하여 효력 유무를 판단하여야 하거나, 행정처분과 같이 행정절차법에 의하여 근거와 이유를 제시하여야 하는 것은 아니다(대판 2002.11.26, 2002두5948).

② 지방공무원법 제8조, 제38조 제1항, 지방공무원 임용령 제38조의3의 각 규정을 종합하면, 2급 내지 4급 공무원의 승진임용은 임용권자가 행정실적·능력·경력·전공분야·인품 및 적성 등을 고려하여 하되 인사위원회의 사전심의를 거치도록 하고 있는바, 4급 공무원이 당해 지방자치단체 인사위원회의 심의를 거쳐 3급 승진대상자로 결정되고 임용권자가 그 사실을 대내외에 공표까지 하였다면, 그 공무원은 승진임용에 관한 법률상 이익을 가진 자로서 임용권자에 대하여 3급 승진임용신청을 할 조리상의 권리가 있다(대판 2008.4.10, 2007두18611).

③ 전역 지원의 의사표시가 진의 아닌 의사표시라 하더라도 그 무효에 관한 법리를 선언한 민법 제107조 제1항 단서의 규정은 그 성질상 사인의 공법행위에는 적용되지 않는다 할 것이므로 그 표시된 대로 유효한 것으로 보아야 한다(대판 1994.1.11, 93누10057).

13

출제 영역 행정작용법 – 그 밖의 행정의 주요 행위형식

정답해설

④ 행정행위를 한 처분청은 비록 그 처분 당시에 별다른 하자가 없었고, 또 그 처분 후에 이를 철회할 별도의 법적 근거가 없다 하더라도 원래의 처분을 존속시킬 필요가 없게 된 사정변경이 생겼거나 또는 중대한 공익상의 필요가 발생한 경우에는 그 효력을 상실케 하는 별개의 행정행위로 이를 철회할 수 있다고 할 것이다(대판 2004.11.26, 2003두10251).

오답해설

① 철회권 행사는 처분청만이 할 수 있으며, 명문의 규정이 없는 한 감독청은 행사할 수 없다(통설).

② 행정행위의 취소사유는 행정행위의 성립 당시에 존재하였던 하자를 말하고, 철회사유는 행정행위가 성립된 이후에 새로이 발생한 것으로서 행정행위의 효력을 존속시킬 수 없는 사유를 말한다(대판 2003.5.30, 2003다6422).

③ 철회는 후발적 하자를 전제로 하므로 장래효가 원칙이다.

14

출제 영역 행정작용법 – 행정행위

정답해설

③ 구 도시 및 주거환경정비법 제8조 제3항, 제28조 제1항에 의하면, 토지 등 소유자들이 그 사업을 위한 조합을 따로 설립하지 아니하고 직접 도시환경정비사업을 시행하고자 하는 경우에는 사업시행계획서에 정관 등과 그 밖에 국토해양부령이 정하는 서류를 첨부하여 시장·군수에게 제출하고 사업시행인가를 받아야 하고, 이러한 절차를 거쳐 사업시행인가를 받은 토지 등 소유자들은 관할 행정청의 감독 아래 정비구역 안에서 구 도시정비법상의 도시환경정비사업을 시행하는 목적 범위 내에서 법령이 정하는 바에 따라 일정한 행정작용을 행하는 행정주체로서의 지위를 가진다. 그렇다면 토지 등 소유자들이 직접 시행하는 도시환경정비사업에서 토지 등 소유자에 대한 사업시행인가처분은 단순히 사업시행계획에 대한 보충행위로서의 성질을 가지는 것이 아니라 구 도시정비법상 정비사업을 시행할 수 있는 권한을 가지는 행정주체로서의 지위를 부여하는 일종의 설권적 처분의 성격을 가진다(대판 2013.6.13, 2011두19994).

① 대판 1998.2.27, 97누1105
② 대판 2010.12.9, 2009두4913
④ 대판 2010.1.28, 2009두4845

15

답 ④

출제 **영역** 행정작용법 – 행정입법

정답해설

④ 국토의 계획 및 이용에 관한 법률 제124조의2 제1항, 제2항 및 국토의 계획 및 이용에 관한 법률 시행령 제124조의3 제3항이 토지이용에 관한 이행명령의 불이행에 대하여 법령 자체에서 토지이용의무 위반을 유형별로 구분하여 이행강제금을 차별하여 규정하고 있는 등 규정의 체계, 형식 및 내용에 비추어 보면, 국토계획법 및 국토의 계획 및 이용에 관한 법률 시행령이 정한 이행강제금의 부과기준은 단지 상한을 정한 것에 불과한 것이 아니라, 위반행위 유형별로 계산된 특정 금액을 규정한 것이므로 행정청에 이와 다른 이행강제금액을 결정할 재량권이 없다고 보아야 한다(대판 2014.11.27, 2013두8653).

오답해설

① 항고소송의 대상이 되는 행정처분이라 함은 원칙적으로 행정청의 공법상 행위로서 특정 사항에 대하여 법규에 의한 권리의 설정 또는 의무의 부담을 명하거나 기타 법률상 효과를 발생하게 하는 등으로 일반 국민의 권리의무에 직접 영향을 미치는 행위를 가리키는 것이지만, 어떠한 처분의 근거가 행정규칙에 규정되어 있다고 하더라도, 그 처분이 상대방에게 권리의 설정 또는 의무의 부담을 명하거나 기타 법적인 효과를 발생하게 하는 등으로 그 상대방의 권리의무에 직접 영향을 미치는 행위라면, 이 경우에도 항고소송의 대상이 되는 행정처분에 해당한다(대판 2004.11.26, 2003두10251).

② 정부 간 항공노선의 개설에 관한 잠정협정 및 비밀양해각서와 건설교통부 내부지침에 의한 항공노선에 대한 운수권배분처분이 항고소송의 대상이 되는 행정처분에 해당한다고 한 사례(대판 2004.11.26, 2003두10251).

③ 독점규제 및 공정거래에 관한 법률 제22조의2 제1항, 구 독점규제 및 공정거래에 관한 법률 시행령 제35조 제1항, 구 부당한 공동행위 자진신고자 등에 대한 시정조치 등 감면제도 운영고시 등 관련 법령의 내용, 형식, 체제 및 취지를 종합하면, 부당한 공동행위 자

진신고자 등에 대한 시정조치 또는 과징금 감면 신청인이 고시 제11조 제1항에 따라 자진신고자 등 지위확인을 받는 경우에는 시정조치 및 과징금 감경 또는 면제, 형사고발 면제 등의 법률상 이익을 누리게 되지만, 그 지위확인을 받지 못하고 고시 제14조 제1항에 따라 감면불인정 통지를 받는 경우에는 위와 같은 법률상 이익을 누릴 수 없게 되므로, 감면불인정 통지가 이루어진 단계에서 신청인에게 그 적법성을 다투어 법적 불안을 해소한 다음 조사협조행위에 나아가도록 함으로써 장차 있을지도 모르는 위험에서 벗어날 수 있도록 하는 것이 법치행정의 원리에도 부합한다. 따라서 부당한 공동행위 자진신고자 등의 시정조치 또는 과징금 감면신청에 대한 감면불인정 통지는 항고소송의 대상이 되는 행정처분에 해당한다고 보아야 한다(대판 2012.9.27, 2010두3541).

16

답 ④

출제 **영역** 행정구제법 – 행정상 손실보상

정답해설

④ 도시계획법에 의한 토지 및 지장물의 수용에 관하여 준용되는 토지수용법 제49조 제1항 등 관계 법령을 종합하여 보면, 지장물인 건물은 그 건물이 적법한 건축허가를 받아 건축된 것인지 여부에 관계없이 토지수용법상의 사업인정의 고시 이전에 건축된 건물이기만 하면 손실보상의 대상이 됨이 명백하다(대판 2000.3.10, 99두10896).

오답해설

① 문화적, 학술적 가치는 특별한 사정이 없는 한 그 토지의 부동산으로서의 경제적, 재산적 가치를 높여 주는 것이 아니므로 토지수용법 제51조 소정의 손실보상의 대상이 될 수 없으니, 이 사건 토지가 철새 도래지로서 자연 문화적인 학술가치를 지녔다 하더라도 손실보상의 대상이 될 수 없다(대판 1989.9.12, 88누11216).

② 구 공익사업을 위한 토지 등의 취득 및 보상에 관한 법률 제79조 제2항, 공익사업을 위한 토지 등의 취득 및 보상에 관한 법률 시행규칙 제57조에 따른 사업폐지 등에 대한 보상청구권은 공익사업의 시행 등 적법한 공권력의 행사에 의한 재산상 특별한 희생에 대하여 전체적인 공평부담의 견지에서 공익사업의 주체가 손해를 보상하여 주는 손실보상의 일종으로 공법상 권리임이 분명하므로 그에 관한 쟁송은 민사소송이 아닌 행정소송절차에 의하여야 한다(대판 2012.10.11, 2010다23210).

③ 구 공익사업을 위한 토지 등의 취득 및 보상에 관한 법률 제77조 제2항 등의 규정들에 따른 농업손실보상청구권은 공익사업의 시행 등 적법한 공권력의 행사에 의한 재산상의 특별한 희생에 대하여 전체적인 공평부담의 견지에서 공익사업의 주체가 그 손해를 보상하여 주는 손실보상의 일종으로 공법상의 권리임이 분명하므로 그에 관한 쟁송은 민사소송이 아닌 행정소송절차에 의하여야 할 것이고, 위 규정들과 구 공익사업법 제26조, 제28조, 제30조, 제34조, 제50조, 제61조, 제83조 내지 제85조의 규정 내용 및 입법 취지 등을 종합하여 보면, 공익사업으로 인하여 농업의 손실을 입게 된 자가 사업시행자로부터 구 공익사업법 제77조 제2항에 따라 농업손실에 대한 보상을 받기 위해서는 구 공익사업법 제34조, 제50조 등에 규정된 재결절차를 거친 다음 그 재결에 대하여 불복이 있는 때에 비로소 구 공익사업법 제83조 내지 제85조에 따라 권리구제를 받을 수 있다(대판 2011.10.13, 2009다43461).

17

답 ③

출제 영역 행정구제법 – 행정쟁송

정답해설

③ 거부처분에 대한 취소의 확정판결이 있음에도 행정청이 아무런 재처분을 하지 아니하거나, 재처분을 하였다 하더라도 그것이 종전 거부처분에 대한 취소의 확정판결의 기속력에 반하는 등으로 당연무효라면 이는 아무런 재처분을 하지 아니한 때와 마찬가지라 할 것이므로 이러한 경우에는 행정소송법 제30조 제2항, 제34조 제1항 등에 의한 간접강제신청에 필요한 요건을 갖춘 것으로 보아야 한다(대판 2002.12.11, 2002무22).

오답해설

① 행정소송법 제30조 제2항에 의하면, 행정청의 거부처분을 취소하는 판결이 확정된 경우에는 그 처분을 행한 행정청은 판결의 취지에 따라 이전의 신청에 대하여 재처분할 의무가 있고, 이 경우 확정판결의 당사자인 처분 행정청은 그 행정소송의 사실심 변론종결 이후 발생한 새로운 사유를 내세워 다시 이전의 신청에 대하여 거부처분을 할 수 있으며, 그러한 처분도 이 조항에 규정된 재처분에 해당한다(대판 1999.12.28, 98두1895).

② 기속력은 판결의 주문과 이유 중의 요건사실에 대해서까지 미치지만, 기판력은 판결 주문에 한하여 미친다.

④ 행정소송법 제34조 소정의 간접강제결정에 기한 배상금은 확정판결의 취지에 따른 재처분의 지연에 대한 제재나 손해배상이 아니고 재처분의 이행에 관한 심리적 강제수단에 불과한 것으로 보아야 하므로, 간접강제결정에서 정한 의무이행기한이 경과한 후에라도 확정판결의 취지에 따른 재처분이 행하여지면 배상금을 추심함으로써 심리적 강제를 꾀한다는 당초의 목적이 소멸하여 처분상대방이 더 이상 배상금을 추심하는 것이 허용되지 않는다(대판 2010.12.23, 2009다37725).

18

답 ②

출제 영역 행정작용법 – 행정행위

정답해설

② 하명에 위반한 법률행위는 유효함이 원칙이다. 즉, 하명에 위반하더라도 사법상(민법상) 법률행위 효력에는 영향을 미치지 아니한다.

오답해설

① 하명의 대상은 매매금지와 같은 법률행위뿐만 아니라 입산금지와 같은 사실행위에서도 인정된다.

③ 하명은 입산금지와 같이 불특정 다수인을 상대로 하는 일반처분 형태로도 가능하다.

④ 하명은 상대방에게 의무를 부과하므로 침익적 성격을 가지며 기속행위에 해당한다(통설).

19

답 ③

출제 영역 행정구제법 – 행정상 손해배상

정답해설

③ 옳은 설명은 (가), (나), (다) 3개이다.

(가) 대판 1997.6.13, 96다56115

(나) 대판 2001.4.24, 2000다16114

(다) 대판 2001.10.23, 99다36280

오답해설

(라) 공무원이 직무를 수행하면서 그 근거되는 법령의 규정에 따라 구체적으로 의무를 부여받았어도 그것이 국민의 이익과는 관계없이 순전히 행정기관 내부의 질서를 유지하기 위한 것이거나, 또는 국민의 이익과 관련된 것이라도 직접 국민 개개인의 이익을 위한 것이 아니라 전체적으로 공공 일반의 이익을 도모하기 위한 것이라면 그 의무에 위반하여 국민에게

손해를 가하여도 국가 또는 지방자치단체는 배상책임을 부담하지 아니한다(대판 2001.10.23, 99다36280).

20 답 ②

출제 영역 행정구제법 – 행정쟁송

정답해설

② 행정심판법에 따른 행정심판 절차를 밟는 자는 심판청구서와 그 밖의 서류를 전자문서화하고 이를 정보통신망을 이용하여 위원회에서 지정·운영하는 전자정보처리조직을 통하여 제출할 수 있으며, 이 경우 제출된 전자문서는 이 법에 따라 제출된 것으로 보며, 부본을 제출할 의무는 면제된다(행정심판법 제52조 제1항·제2항).

오답해설

① 위원회는 피청구인이 제49조 제3항(재처분의무)에도 불구하고 처분을 하지 아니하는 경우에는 당사자가 신청하면 기간을 정하여 서면으로 시정을 명하고 그 기간에 이행하지 아니하면 직접 처분을 할 수 있다(행정심판법 제50조 제1항).

③ 위원회는 피청구인이 제49조 제2항(제49조 제4항에서 준용하는 경우를 포함한다) 또는 제3항에 따른 처분을 하지 아니하면 청구인의 신청에 의하여 결정으로 상당한 기간을 정하고 피청구인이 그 기간 내에 이행하지 아니하는 경우에는 그 지연기간에 따라 일정한 배상을 하도록 명하거나 즉시 배상을 할 것을 명할 수 있다(행정심판법 제50조의2 제1항).

④ 특별시장·광역시장·특별자치시장·도지사·특별자치도지사 또는 특별시·광역시·특별자치시·도·특별자치도의 의회(의장, 위원회의 위원장, 사무처장 등 의회 소속 모든 행정청을 포함한다)의 처분 또는 부작위에 대한 심판청구에 대하여는 부패방지 및 국민권익위원회의 설치와 운영에 관한 법률에 따른 국민권익위원회에 두는 중앙행정심판위원회에서 심리·재결한다(행정심판법 제6조 제2항).

제1과목 국어 ○:_____개 △:_____개 ×:_____개
제2과목 영어 ○:_____개 △:_____개 ×:_____개
제3과목 한국사 ○:_____개 △:_____개 ×:_____개

제4과목 사회복지학개론 ○:_____개 △:_____개 ×:_____개
제5과목 행정법총론 ○:_____개 △:_____개 ×:_____개

제**1**과목 국어

01	02	03	04	05	06	07	08	09	10
②	③	②	③	③	④	①	④	①	②
11	12	13	14	15	16	17	18	19	20
③	④	①	③	②	①	④	②	①	③

01
답 ②

출제영역 문법 - 어문규정

정답해설

② • 넝쿨, 덩굴은 복수 표준어이지만, 덩쿨은 비표준어이다.
  • 살코기, 애달프다만 표준어이다.

02
답 ③

출제영역 문법 - 어문규정

정답해설

③ 한글 맞춤법 제40항 - "어간의 끝음절 '하'의 'ㅏ'가 줄고 'ㅎ'이 다음 음절의 첫소리와 어울려 거센소리로 될 적에는 거센소리로 적는다."는 규정에 따라 '간편케'가 정답이다.

오답해설

① 한글 맞춤법 제40항 붙임 2 - "어간의 끝음절 '하'가 아주 줄 적에는 준 대로 적는다."는 규정에 따라 '익숙지 않다'로 적는다.

② 한글 맞춤법 제39항 - "어미 '-지' 뒤에 '않-'이 어울려 '-잖-'이 될 적과 '-하지' 뒤에 '않-'이 어울려 '-찮-'이 될 적에는 준 대로 적는다."는 규정에 따라 '그렇잖다'로 적는다.

④ 한글 맞춤법 제37항 - "'ㅏ, ㅕ, ㅗ, ㅜ, ㅡ'로 끝난 어간에 '-이-'가 와서 각각 'ㅐ, ㅖ, ㅚ, ㅟ, ㅢ'로 줄 적에는 준 대로 적는다."는 규정에 따라 '띄지 않게'로 적는다.

03
답 ②

출제영역 문법 - 어문규정

정답해설

② '못'이 '되다'나 '하다' 등 다른 말과 결합하여 별도의 의미가 만들어진 경우에는 '못하다'처럼 붙여 쓴다.

오답해설

① '못'은 부사로 (주로 동사 앞에 쓰여) 동사가 나타내는 동작을 할 수 없다거나 상태가 이루어지지 않았다는 부정의 뜻을 나타내며, '못 갔다'처럼 띄어 쓴다.

③ 체언 뒤에 '대로'는 조사이므로 붙여 쓴다.

④ 용언 뒤에 '대로'는 의존 명사이므로 띄어 쓴다.

04
답 ③

출제영역 문법 - 어문규정

정답해설

'vision'은 '비전'으로, 알약[알략]은 'allyak'로 써야 한다. 따라서 모두 옳지 않은 것은 ③이다.

오답해설

① leadership은 '리더십'으로, '구리[구리]'는 Guri로 써야 한다.

② cake는 '케이크'로, '설악'은 Seorak으로 쓴다.

④ workshop은 '워크숍'으로, '울릉'은 Ulleung으로 쓴다.

05

출제 영역 문법 – 문법 표현

정답해설

③ '잡수시다'의 주어는 '할아버지'이다. 따라서 '잡수시다'는 대상인 객체를 높이는 것이 아니라 주체를 높인 주체 높임법이다.

The 알아보기

높임 표현의 종류

주체 높임법	• 개념 : 서술상의 주체(주어)가 화자보다 나이가 많거나 사회적 지위가 높을 때 서술어의 주체를 높이는 표현이다. • 실현 방법 : 선어말 어미 '–시–', '계시다', '잡수시다' 등의 특수한 어휘, 주격 조사 '–께서', '–께옵서', 주어 명사에 접미사 '–님'이 덧붙어 실현된다.
객체 높임법	• 개념 : 화자가 문장의 목적어나 부사어가 지시하는 대상, 즉 객체를 높이는 것을 객체 높임법이라고 한다. • 실현 방법 : 어미를 사용하는 주체 높임법이나 상대 높임법과 달리 '모시다', '드리다'와 같은 특수한 어휘를 사용하거나 부사어에 결합하는 조사 '에게' 대신 '께'를 사용하여 실현한다.
상대 높임법	• 개념 : 화자가 특정한 종결 어미를 사용하여 청자를 높이거나 낮추는 높임 표현을 말한다. • 실현 방법 : 특정한 종결 어미를 사용하여 실현한다.

06

출제 영역 어휘 – 한자(한자성어)

정답해설

④ 송양지인(宋襄之仁) : '송나라 양공의 인정'이란 뜻으로, 중국 춘추시대 때 송나라 양공이 적을 불쌍히 여겨서 도왔다가 도리어 패배하여 사람들이 비웃었다는 고사에서 나온 말이다. 송양지인은 대체로 쓸데없는 인정을 베푸는 것이나 도움이 되지 않는 인정을 가리킬 때 사용하는 한자성어이다.

오답해설

① 병입고황(病入膏肓) : 병이 고황으로 들어갔다는 뜻으로, 몸 속 깊은 곳까지 병이 들어 고치기 어렵다는 말이다. 고는 심장 밑, 황은 횡격막 위를 가리킨다.

② 양호유환(養虎遺患) : 범을 길러 화근을 남긴다는 말이다.

③ 어부지리(漁夫之利) : 두 사람이 이해관계로 서로 싸우는 사이에 엉뚱한 사람이 애쓰지 않고 가로챈 이익을 이르는 말이다.

07

출제 영역 문법 – 형태론

정답해설

① '품질이 우수한'의 뜻을 더하는 접두사이다.

오답해설

②·③·④ '거짓이 아닌 진짜, 진실하고 올바른'의 뜻을 더하는 접두사이다.

The 알아보기

⊙ 접사의 종류
- 접두사
  - 어근의 앞에 붙어서 그 어근에 뜻을 더해 주는 접사
  - 예 '짓누르다'의 '짓–'은 '누르다'라는 어근 앞에 붙어서 '마구', '함부로', '몹시'의 뜻을 더하고 있다.
- 접미사
  - 어근의 뒤에 붙어서 그 뜻을 더하기도 하고 때로는 품사를 바꾸기도 하는 접사
  - 예 '구경꾼'의 '–꾼'은 '어떤 일 때문에 모인 사람'의 뜻을 더하는 접미사이고, '덮개'의 '–개'는 동사의 어근 '덮–'에 붙어서 동사를 명사로 바꾸는 접미사이다.

ⓒ 접사의 성격
- 접사는 어근에 붙어 뜻을 더하거나 품사를 바꾸어 준다. 예 공부(명사) → 공부+하다(동사)
- 접두사는 어근에 밀착되어 있어 그 사이에 다른 말이 들어갈 수 없다. 예 맨손 → 맨 예쁜 손(×)
- 어근과 접미사 사이에는 조사가 끼일 수 없다. 예 사람들이 모여서 수군거린다. → 사람만들이 모여서 수군거린다.(×)

08

출제 영역 문법 – 형태론

정답해설

④ 푸른, 푸르러 둘 다 형용사이므로 '품사의 통용'의 사례라고 할 수 없다.

오답해설

① 들릴 만큼(의존 명사), 당신만큼(조사)

② 열을(수사), 열 번(수 관형사)

③ 밝아(동사), 밝아서(형용사)

품사의 통용
- 단어 가운데 한 단어가 둘 이상의 품사 범주에서 사용되는 경우가 있는데, 이를 '품사의 통용'이라고 한다.
- 의존 명사와 조사의 구별 : 용언의 관형사형 다음에 오면 의존 명사, 체언 다음에 오면 조사이다.
- 의존 명사와 접사의 구별 : 사물을 나열한 다음에 오면 의존 명사이고, 하나의 체언 뒤에 붙으면 접미사이다.
- 수사와 명사의 구별 : 차례를 나타내면 수사이고, 차례를 나타낸 말이 사람을 지칭하면 명사이다.
- 수사와 수 관형사의 구별 : 뒤에 조사가 오면 수사, 직접 체언을 꾸미면 수 관형사이다.
- 동사와 형용사의 구별 : 현재시제, 명령형, 청유형, 의도 표현 등을 쓸 수 있으면 동사, 쓸 수 없으면 형용사이다.
- 부사와 명사의 구별 : 뒤에 용언이 오면 부사, 조사가 오면 명사이다.

09 답 ①

출제 영역 비문학 – 글의 전개(서술) 방식

정답해설

제시문에 사용된 서술 방식은 유추이다. 즉, 도입종과 토종의 관계를 활용하여 영어와 우리말의 관계를 서술하고 있다. ①도 집이라는 구조를 활용하여 문학 작품을 설명하고 있으므로 서술 방식이 동일하다.

오답해설

② 대조, ③ 정의, ④ 인과

글의 전개 방식
- 정의 : 어떤 용어의 개념을 다른 말로 명확하게 설명하는 방법
- 비교 : 둘 이상의 대상이나 사물 사이에 비슷한 점을 드러내어 대등하게 그 대상들을 해명하는 방법
- 대조 : 둘 이상의 대상이나 사물 사이에 서로 다른 점을 드러내어 한쪽의 대상을 해명하는 방법
- 인과 : 어떤 결과를 가져오게 한 힘이나 현상에 초점을 두고 글을 전개하는 방법
- 유추 : 생소한 개념이나 복잡한 주제를 친숙한 개념이나 단순한 주제와 비교하여 설명하는 방식

10 답 ②

출제 영역 작문 – 개요 작성

정답해설

ⓒ의 상위 항목은 남북한 언어의 차이가 발생하는 원인으로 '북한 핵문제로 인한 갈등 심화'는 그 원인에 해당하지 않는다. 또한 수정한 '의사소통 방법의 다양화'도 상위 항목인 언어의 차이가 발생한 이유에 해당하지 않으므로 정답은 ②이다.

11 답 ③

출제 영역 비문학 – 사실적 읽기

정답해설

- 3단락 : 110데시벨의 소음에 45분 동안 지속적으로 노출될 경우 영구 청력 상실을 초래할 수 있다고 했으므로 ③의 내용은 적절하지 않다.

오답해설

① 3단락 : 헤어드라이어나 잔디 깎는 기계 소리는 90데시벨로 두 시간 연속 사용할 경우 청력에 치명적인 손실을 입을 수 있다고 했으므로 미용사나 정원사는 청력에 손상을 입을 위험이 크다.

② 2단락 : 눈이나 물에 반사되어 눈에 들어오는 햇빛도 수정체와 망막에 손상을 입힐 수 있다고 했으므로 스키를 즐기는 사람은 시력에 손상을 입을 위험이 크다.

④ 2단락 : 특정 파장의 빛이 수정체와 망막에 손상을 입힐 수 있다고 했으므로 특정 파장의 빛이 나오는 조명 기구를 사용하는 것은 좋지 않다.

12 답 ④

출제 영역 문법 – 형태론

정답해설

합성어는 형성 방식에 따라 통사적 합성어와 비통사적 합성어로 나뉜다. 통사적 합성어는 ⑦ 우리말의 어순에 일치하는 합성어, ⓒ 어미가 모두 있는 합성어로 설명할 수 있고, 비통사적 합성어는 ⑦ 우리말의 어순에 일치하지 않는 합성어, ⓒ 어미가 없는 합성어로 설명할 수 있다.
④ 가로막다, 군밤 모두 통사적 합성어이다.

오답해설

① 뛰놀다(비통사적 합성어), 밤낮(통사적 합성어)
② 스며들다(통사적 합성어), 검붉다(비통사적 합성어)
③ 길짐승(통사적 합성어), 척척박사(비통사적 합성어)

13

출제 영역 비문학 – 글의 순서 파악

정답해설

제시문에서 정의를 내리는 문장은 'ㄴ'이다. 'ㄴ'을 시작으로 한다면 글의 순서를 쉽게 파악할 수 있다.

- ㄴ : 완전 경쟁 시장이 가장 이상적인 경쟁 형태라는 것이다.
- ㄱ : 독점화되어 있는 시장에서는 생산량이 최적인 수준에 미치지 못하는 결과가 나타난다.
- ㅁ : 생산 수준은 완전 경쟁이 실현된 상태가 가장 바람직한 결과를 낳는다는 것을 말한다.

ㄴ은 ㄱ과 반대, ㄴ은 ㅁ과 연결된 내용이다. 따라서 ㄴ 다음 내용이 연결되는 ㅁ을 선택하고 반대되는 ㄱ의 순서로 전개하는 것이 가장 적절하다.

14

답 ③

출제 영역 문학 – 고전운문

정답해설

ⓒ의 의미를 해석하면 '배가 비록 있다 하나 (진시황이) 왜를 아니 만들었다면 대마도에서 빈 배가 저절로 나올 수 있겠는가'의 의미이다. 이 말의 의미는 진시황이 일본에 사람을 보내면서 왜구가 생겨났고 그로 인해 대마도에서 배가 나왔다는 것이다. 따라서 화자는 일본을 비판하는 것이 아니라 왜구를 만든 진시황을 원망하고 있다.

The 알아보기

박인로, 「선상탄(船上嘆)」

- 갈래 : 가사
- 성격 : 우국적, 비판적, 기원적
- 제재 : 임진왜란의 경험
- 주제 : 전쟁에 대한 한탄과 우국충정(憂國衷情) 및 평화에 대한 기원
- 특징
  - 민족의 현실을 구체적으로 다루고 있다.
  - 왜적에 대한 강한 적개심을 나타내고 있다.
  - 한자성어와 고사의 인용이 많다.
- 의의 : 「태평사」와 함께 전쟁가사의 대표작이다.
- 연대 : 조선 선조 38년(1605)
- 출전 : 『노계집(盧溪集)』

15

답 ②

출제 영역 비문학 – 사실적 읽기

정답해설

조석력의 크기는 달과 관련된 것으로, 계절에 따라 조석력의 크기가 변한다는 내용은 제시문에서 확인할 수 없으므로 ②는 적절하지 않다.

오답해설

① 2문단 마지막 부분을 보면 달이 매일 50분씩 늦게 뜨는 것에 맞추어 만조 시간도 그만큼씩 늦어진다고 했으므로 예측이 가능하다.

③ 1문단을 보면 조석력이 천체와 지구를 잇는 축의 양쪽으로 작용하기 때문에 천체 가까운 쪽과 정반대 쪽의 수위가 동시에 높아진다는 것에서 확인할 수 있다.

④ 2문단을 보면 달의 영향력이 태양의 두 배 이상이 된다고 했으므로 태양의 영향력이 10이면 달은 20 이상이 된다.

16

답 ①

출제 영역 문법 – 어문규정

정답해설

- ㉠ '–데'는 화자가 과거 어느 때에 직접 경험하여 알게 된 사실을 현재의 말하는 장면에 그대로 옮겨 와서 말할 때 사용하며, '–대'는 직접 경험한 사실이 아니라 남이 말한 내용을 간접적으로 전달할 때 사용한다.
- ㉡ 한글 맞춤법 규정 53항에 따르면 어미 '–(으)ㄹ게'는 예사소리로 적는다.
- ㉢ '쏘거나 던지거나 한 물체가 어떤 물체에 닿다.'의 의미를 갖는 단어는 '맞히다'이고, '대상끼리 서로 비교하다.'의 의미를 가지면 '맞추다'이다.
- ㉣ '너머'는 '높이나 경계를 가로막은 사물의 저쪽 공간'을 뜻하며, '넘어'는 '넘다'의 활용형으로 '일정한 시간, 시기, 범위 따위에서 벗어나 지나다.'의 뜻이다.

17

출제 영역 문학 – 현대시

정답해설

이 시에서는 인물의 내면 심리를 세밀하게 묘사하는 것이 아니라 화자의 눈에 비친 계집아이의 모습을 관찰함으로써 일제 강점기에 민중들이 겪는 고통을 사실적으로 표현하고 있다. 따라서 ④는 적절하지 않다.

The 알아보기

백석, 「팔원(八院) – 서행시초(西行詩抄) 3」
- 갈래 : 자유시, 서정시
- 성격 : 서정적, 애상적, 사실적
- 제재 : 계집아이
- 주제 : 식모살이를 했던 어느 계집아이의 고달픈 삶에 대한 연민
- 특징
  - 작품의 내용을 사실적으로 표현하고 있다.
  - 현재형 어미를 사용하여 시적 상황을 생동감 있게 표현하고 있다.
  - 계절적 배경을 통해 비극적 상황을 심화시키고 있다.

18

답 ②

출제 영역 비문학 – 글의 전개(서술) 방식

정답해설

② 글쓴이는 노인 목수에 관한 자신의 경험을 제시하여 독자들이 글의 내용을 친근감 있고 흥미 있게 받아들일 수 있도록 서술하고 있다.

오답해설

① 이 글은 차치리의 고사(古事)를 인용하여 형식적인 것을 추구하는 삶의 자세를 반성하게 하고 있다.

③ 이 글은 예비 합격생이라는 특정한 독자를 설정하고 있지만, 인생에서 새로운 출발을 하려는 모든 이에게 깨달음을 주고 있다. 또한 전문적인 내용을 서술하고 있는 것이 아니라 삶의 교훈을 줄 수 있는 이야기를 제시하고 있다.

④ '탁'과 '족'으로 대표되는 두 가지 삶의 자세를 제시한 후, 독자가 본질적인 것을 추구하는 후자의 자세를 따를 것을 기대하고 있다.

19

답 ①

출제 영역 문법 – 의미론

정답해설

① 쉼표를 사용하여 '좋아하는'이 '갑순이'만을 꾸미므로 정확한 문장이다.

오답해설

② 어머니께서 직접 아이의 옷을 입혔는지(직접 사동), 아이에게 옷을 입게 하였는지 모호하다(간접 사동).

③ 부정문이 '모자 쓴 사람', '그 여자', '때리지'에 걸려 다양한 의미로 해석될 수 있다.

④ 사과와 참외가 합해서 두 개인지 아니면 사과 한 개에 참외 두 개인지 모호하다.

20

답 ③

출제 영역 문학 – 고전산문

정답해설

③ 제시된 글에서 인물 간의 갈등은 드러나지 않는다.

The 알아보기

김시습, 「만복사저포기(萬福寺樗蒲記)」
- 갈래 : 한문소설, 전기(傳奇)소설, 명혼(冥婚)소설
- 성격 : 전기적(傳奇的), 낭만적, 비극적, 환상적
- 시점 : 전지적 작가 시점
- 배경 : 남원
- 제재 : 남녀 간의 사랑
- 주제 : 죽음을 초월한 남녀의 사랑
- 특징
  - 시를 삽입하여 인물의 심리를 효과적으로 드러내었다.
  - 불교의 윤회사상이 바탕을 이룬다.
  - 비현실적인 사건을 다루고 있다.
- 출전 : 「금오신화(金鰲新話)」

제**2**과목 영어

01	02	03	04	05	06	07	08	09	10
①	①	④	②	③	②	④	④	①	④
11	12	13	14	15	16	17	18	19	20
③	②	②	③	②	②	④	④	④	④

01
정답 ①

출제영역 어휘 – 단어

분석

and로 연결되는 빈칸 뒤의 단어인 tribulation(시련)을 통해 밑줄 친 단어인 ordeal(시련, 고난)과 의미가 가장 가까운 것은 ① predicament(곤경)임을 유추할 수 있다. ordeal과 유의어로 predicament, hardship, adversity 등이 있다.

② 자제; 제한, 규제(restriction, limitation, constraint)
③ 부담, 짐
④ 비난, 책망

해석

> 지난 2세기 동안 우리나라의 역사는 일련의 시련과 고난으로 특징지어졌었다.

어휘

• characterize 특징짓다
• a series of 일련의
• tribulation 고난, 시련

02
정답 ①

출제영역 어휘 – 단어

분석

off-the-wall은 '별난, 틀에 박히지 않은'이라는 뜻으로 이와 의미가 가장 가까운 것은 ① unusual(특이한, 별난)이다.

② 확실한, 분명하지 않은(unsure, vague, dubious, obscure, ambiguous)
③ 지루한, 따분한; 우둔한
④ 정상의; 보통의(average, ordinary, usual, everyday)

해석

> 나는 완전히 기발한 아이디어를 감행하려고 하는데, 그것은 어떤 진지한 과학적인 지식을 기반으로 하지는 않는다.

어휘

• venture 위험을 무릅쓰고[과감히] ~하다, 모험하다

03
정답 ④

출제영역 어휘 – 단어

분석

long for는 '고대하다, 열망하다'라는 뜻으로 이와 의미가 가장 가까운 것은 ④ crave(갈망하다, 열망하다)이다.

① 비난하다(blame, criticize, accuse, condemn, denounce, reprimand, scold, rebuke, reproach)
② 사임하다, 사직하다; 포기하다, 단념하다
③ 무효로 하다, 취소하다(cancel, scrap, abolish, repeal, nullify, retract, revoke, abrogate)

해석

> 나는 가벼운 옷을 입고 돌아다닐 수 있고 두꺼운 겨울 코트를 입지 않아도 되는 날을 몹시 기다린다.

어휘

• walk around 돌아다니다
• light clothing 가벼운 옷

04
정답 ②

출제영역 어휘 – 단어

분석

해맞이 행사의 성격이 될 수 있는 단어를 고르면 된다. 새해 첫날 떠오르는 해를 보며 소원을 빌기를 원하는 많은 사람에게 해맞이 행사는 ② ritual(의식, 제사)일 것이다. ritual의 유의어로 ceremony, rite 등이 있다.

① 오만, 거만
③ 수익성, 수익률
④ 착오; 허위, 오류

해맞이 행사는 매년 새해 첫날 떠오르는 해를 보며 소원을 빌어 보려는 많은 사람들에게 일종의 의식이 되었다.

05 답 ③
출제 영역 어휘 – 단어

분석

사형 선고를 받은 9명에 대해서 한 명의 무죄인 사람은 사형수 수감동에서 풀려나온다고 했으므로 and로 연결되는 빈칸에는 ③ exonerated(무죄임을 밝혀주다)가 가장 적절하다.

① 유죄를 선고하다
② 횡령하다
④ 처벌하다, 벌을 주다

해석

사형 선고를 받은 아홉 명 중 한 명은 무죄임이 입증되어 사형수 수감동에서 풀려나온다는 것을 우리는 실질적으로 확인했다.

어휘

• be sentenced to death 사형 선고를 받다
• death row (교도소의) 사형수 수감 건물

06 답 ②
출제 영역 어법 – 비문 찾기

분석

② 비교급 less와 호응하는 접속사는 as가 아니라 'than'이다.
① yesterday로 보아 동사는 과거시제가 되어야 한다. 'cannot have+p.p.'는 '~했었을 리 없다'라는 의미로 과거사실에 대한 부정적 추측을 나타내므로 시제 일치가 이루어졌다.
③ 'This service is operated, if the weather permits.' 라는 두 문장을 분사구문으로 표현했다. 두 문장의 주어가 일치하지 않아 주어 weather를 생략하지 않는 독립분사구문이다.
④ 접속사 'lest'와 호응하는 종속절의 동사로 'should be aroused'가 왔으며, should가 생략된 문장이다.

해석

① 그가 어제 집에 있었을 리 없다.
② 신체적 외모는 건강한 마음보다 덜 중요하다.
③ 날씨가 허락하면 이 서비스가 운영된다.
④ 의심이 생기지 않도록 그 조사는 매우 신중하게 이루어졌다.

어휘

• cannot have p.p. ~했을 리가 없다
• utmost 최고의; 극도의
• lest ~하지 않도록
• suspicion 의심, 혐의, 느낌
• arouse (느낌 · 태도를) 불러일으키다

07 답 ④
출제 영역 표현 – 일반회화

분석

오늘 밤에는 일을 종료하자는 A의 말에 이어지는 B의 대답으로 가장 적절한 것은 ④ '그게 최선일 것 같네요. 전 아침 일찍 일어나거든요.'이다.

① 지금은 전화하기에 너무 늦었어요.
② 시계가 자정을 알렸어요.
③ 우리 가서 그것을 확인해봐요.

해석

A : 시간이 늦었어요. 오늘 밤에는 그만 마칠까요?
B : 그게 최선일 것 같네요. 전 아침 일찍 일어나거든요.

어휘

• call it a night (그날 밤의 일을) 끝내다
• strike (시간을 알리기 위해 시계가) 치다[알리다]
• check ~ out ~을 확인하다

08

출제 영역 표현 – 일반회화

분석

어느 정류장에 내려야 목적지에 도착할 수 있는지 A가 묻자 B는 다음 정류장에서 내려서 25L번 버스를 타라고 대답했다. 따라서 빈칸에는 ④ '당신은 버스를 잘못 탔어요.'가 가장 적절하다.

① 그렇지만 우리는 겨우 절반밖에 못 왔어요.

② 교통 체증으로 갇혀 있을지도 몰라요.

③ 제가 확인했어요. 버스는 10분마다 옵니다.

해석

A : 실례합니다. 엠파이어 스테이트 빌딩에 가려면 어디서 내려야 하나요?

B : 오, 버스 잘못 타셨어요. 다음 정류장에서 내려서 건너편에서 25L번 버스를 타세요.

A : 정말 고맙습니다.

어휘

• be halfway there 절반쯤 오다

• be stuck in traffic 길이 막혀서 꼼짝 못하다

09

답 ①

출제 영역 어법 – 정문 찾기

분석

첫 번째 빈칸에는 사역동사 let의 목적격 보어로 원형부정사인 'know'가 적절하다. 두 번째 빈칸에는 allow의 목적격 보어로 to부정사가 필요하다. 또한 enter는 '~에 들어가다', enter into는 '~을 시작하다, 착수하다'의 의미로 해석상 'enter'가 적절하다. 따라서 정답은 ①이다.

해석

• 세상이 독도가 한국에 속해 있다는 것을 알게 하라.

• 이 마스크는 먼지가 당신의 입과 코로 들어가게 하지 않는다.

어휘

• belong to ~에 속하다

• allow A to B A가 B하는 것을 허락하다

• enter into (논의 · 처리 등을) 시작하다[착수하다]

10

답 ④

출제 영역 어법 – 영작

분석

㉠에는 물리적 거리가 아닌 정도의 표현이 되어야 하므로 'further'가 적절하고, ㉡에는 release가 타동사임에도 목적어가 없으므로 수동태인 'have been released'가 적절하다. 따라서 정답은 ④이다.

어휘

• so far 지금까지[이 시점까지]

11

답 ③

출제 영역 독해 – 글의 주제, 요지

분석

월세를 20% 올려 달라는 임대차 계약서를 받고 이를 개정해 달라고 부탁하는 내용의 글이므로 ③ '아파트 월세 동결을 요구하려고'가 이 글의 목적으로 가장 적절하다.

해석

저는 Rolling Meadow Garden 아파트의 저의 집에 대해 제안된 갱신 임대차 계약서를 받았습니다. 저는 월세를 20% 인상한 것을 보고서는 깜짝 놀랐습니다. 특히, 복합 단지에 비어 있는 아파트가 매우 많이 있을 때 그렇게 큰 인상을 요구했는지 이해하기가 힘듭니다. 아시다시피 저는 여기서 4년을 살았습니다. 저는 결코 월세를 밀린 적이 없으며, 모든 다른 방식에서 모범적인 임차인이었다고 믿습니다. 저는 이곳에서 계속 살고 싶습니다. 저는 월세가 내년에 인상되지 않도록 귀하가 임대차 계약을 수정할 것을 요구합니다. 저는 또 한 해를 여기서 기꺼이 살려고 합니다만 20%를 더 지불하지는 않겠습니다. 저는 이사를 가고 싶지 않지만, 그래야만 한다면 그렇게 할 것입니다. 동시에 저는 귀가가 또 하나의 텅 빈 아파트를 보고 싶어 하지 않을 것이라고 확신합니다. 개정된 임대차 계약서와 함께 귀하로부터 곧 소식이 있기를 기대합니다.

어휘

• renewal 갱신

• lease 임대차 계약

• unit (아파트 같은 공동 주택 내의) 한 가구

• complex 복합 단지

• tenant 임차인

• revise 개정하다

12

출제 영역 독해 – 글의 주제, 요지

분석

경제 제도에 영향을 받은 주5일 근무의 예를 들어 사회 제도가 우리의 삶에 광범위한 영향을 미치고 있다고 서술하고 있으므로, 이 글의 주제로는 ② '사회 제도가 우리 삶에 미치는 광범위한 영향'이 가장 적절하다.

해석

> 사회 제도의 영향력의 많은 부분은 우리의 일상적인 인식 너머에 있다. 예를 들어, 우리의 경제 제도 때문에, 매주 5일 동안 하루에 8시간씩 일하는 것이 일반적이다. 그러나 이 유형에 대해 정상적이거나 자연스러운 것이 전혀 없다. 이 리듬은 일과 여가를 나누기 위한 단지 임의적인 방식이다. 하지만 단일한 사회 제도의 이 한 가지 측면이 지대한 영향을 준다. 그것은 사람들이 그들의 하루를 나누는 방식을 지배할 뿐만 아니라 가정과 친구들과의 상호작용을 위한, 그리고 그들이 자신들의 개인적인 욕구를 충족하는 방법을 위한 구조를 제시한다. 다른 사회 제도들 각각은 또한 우리의 삶에 지대한 영향을 미친다. 그것들은 우리의 행동을 형성하고 우리의 생각에 영향을 끼치면서 우리가 사는 환경을 확립한다.

어휘

- institution 제도
- awareness 인식
- arbitrary 임의의, 작위적인
- arrangement 방식, 배치
- far-reaching 지대한 영향을 가져올, 광범위한
- context 환경, 맥락
- color 영향을 미치다

13

출제 영역 독해 – 문장 삽입

분석

공익을 위해서 개인의 권리를 제한하는 예를 제시하는 글이다. 주어진 문장은 군 복무와 관련된 법을 언급하고 있으므로, 전쟁에 대한 내용이 시작되는 ②에 들어가는 것이 적절하다.

해석

> 때때로 권리의 제한은 개인을 위해서이다. 고전적인 예는 '공유지의 비극'에서 볼 수 있다. 어류 개체군과 같은 공동 자원은 개인들이 그들의 이용을 강제로 제한하는 한 지속될 수 있을 것이다. 만약 개인들이 할당된 몫보다 더 많이 잡는다면, 자원은 사라질 것이다. 다른 예는 군 복무를 위한 징병과 관련된 법이다. 전쟁 시에, 모든 개인에게 정부의 목적을 위해 일하도록 요구하는 것은 공익을 위해 일하는 것으로 여겨질 수 있다. 이것은 단기적으로 개인의 권리를 침범하는 것이겠지만, 전체적으로 공동체의 이익이 된다. 일을 수행하기 더 어렵게 만드는 건강과 안전에 관한 법률은 개인들이 바라는 것과는 다르지만 그들의 이익을 위해 개인들을 제한하는 법이 더 일상적인 예이다.

어휘

- self-sustaining 지속하는
- exploitation 이용
- allotted 할당된

14

출제 영역 독해 – 글의 흐름

분석

자신이 미래에 어떻게 되기를 바라느냐에 따라 소비 패턴이 달라진다는 것이 이 글의 주제이다. 따라서 현재의 좋은 구매 조건이 나중에 큰 재정적 문제가 될 수 있다는 내용의 ③은 전체 글의 흐름에서 벗어난다.

해석

쇼핑을 할 때, 여러분이 무엇이 될 것인지에 대한 명확한 비전을 발전시키는 것이 중요하다. 그것이 여러분을 구매를 하는 과정에서 많이 안내해줄 것이다. 예를 들어, 커다란 집에서 사는 자신의 모습을 본다면, 여러분은 집을 살 수 있는 재정 상태를 달성하기 위해서 진열대에 있는 그 돌발적인 품목을 사려고 하다가 내려놓을 가능성이 더 클 것이다. ① 여러분이 많은 것들을 구매한다고 해도, 이 문제는 여전히 여러분의 소비 패턴을 인도해 줄 수 있다. ② 가족의 단결이 중요하다는 강한 확신을 가지고 있다면, 여러분은 보드게임이나 가족 휴가 여행과 같이 화합을 촉진하는 것들에 돈을 지출하게 될 가능성이 더 클 것이다. ③ 좋은 구매조건은 거부하기가 매우 어렵지만, 현재의 좋은 구매조건이 나중에 자금이 부족한데 청구서들이 날아들어오게 될 때 큰 문제가 될 수 있다. ④ 재산을 늘리는 것에 강한 의지를 가지고 있다면, 여러분은 아마도 부동산이나 벤처 사업과 같은 투자 구매를 찾을 것이다.

어휘

- financial 재정의, 금융의
- conviction 확신
- business venture 벤처 사업(이익에 위험이 동반되는 사업)

15

출제 영역 독해 – 글의 일관성

분석

쥐들의 실제 지능에는 차이가 없었으나 실험을 하는 사람들이 똑똑한 쥐 혹은 둔한 쥐로 기대를 하고 실험을 했기 때문에 쥐의 미로 실험 수행 점수가 다르게 나온 것이다. 그러므로 빈칸에 들어갈 말로 ② '기대'가 가장 적절하다.
① 나이
③ 관찰
④ 외모, 모습

해석

심리학자 Robert Rosenthal과 그의 동료들은 때때로 '자기 충족적 예언'이라고 불리는 것을 테스트해 보기 위한 실험을 계획했다. 무작위로 배치된 쥐들이 '똑똑한 미로 쥐'와 '둔한 미로 쥐'라는 이름의 두 집단으로 나뉘었다. 미로 실험에 쥐들을 시험한 대학 학부생들은 자신들의 쥐 표본 집단을 오직 '똑똑한' 혹은 '둔한'으로만 알고 있었다. 연속 5일 동안 열 번의 시도를 하고 난 후에 결과는 미로 수행에서 '똑똑한' 쥐의 점수가 '둔한' 쥐의 점수의 거의 두 배 가까이 된다는 것을 보여주었다. Rosenthal은 쥐의 수행에 차별적인 영향을 미친 것은 '똑똑한' 쥐의 점수를 증가시키는 실제 '지능'의 차이라기보다는 오히려 촉각적인 단서를 통해 전달된 실험자의 기대였다는 결론을 내렸다.

어휘

- prophecy 예언
- maze 미로
- undergraduate (대학의) 학부생
- consecutive 연속적인

16

출제 영역 독해 – 빈칸 완성

분석

사전에 마라톤 대회에 관한 정보를 철저하게 확인하라는 내용이 빈칸 뒤에 이어지고 있으므로 빈칸에 들어갈 말로는 ② '레이스에 대해 가능한 한 많은 것을 알아두다'가 가장 적절하다.

① 오래 달리기를 하기 전에 충분한 휴식을 취하라
③ 당신이 섭취해온 음식을 고수하라
④ 물을 너무 많이 마시는 것의 위험성을 고려하라

해석

마라톤 주자들은 두 집단으로 분류될 수 있는데, 사전에 마라톤 코스에 대한 모든 세부 사항들을 알고 싶어 하는 사람들과 마라톤 경주를 하는 날에 그것을 처음으로 보기를 원하는 사람들이다. 두 가지 접근 방법이 다 좋기는 하지만 나는 여러분에게 <u>가능한 한 레이스에 대해 많은 것을 알아둘 것</u>을 강력하게 권고한다. 어떤 레이스에서는 코스 안내 투어를 제공하는 경우도 있다. 여러분은 우편이나 이메일로 정보를 받아볼 수 있다. 나는 또한 여러분에게 레이스의 홈페이지가 있다면, 홈페이지를 방문하여 그것을 철저하게 확인해볼 것을 권한다. 가지고 가야 할 필요가 있을지 모르는 서류를 출력하라. 어디로 몇 시에 나가야 하는지 그리고 거기에 어떻게 가야 할지 확인하라. 어떤 레이스의 출발 지점은 가기에 매우 쉬운 반면에, 다른 레이스의 경우에는 매우 특별한 방식에 의해서만 갈 수 있는 경우도 있는데, 뉴욕 마라톤 대회나 보스턴 마라톤 대회가 바로 그런 경우이다.

어휘

- beforehand 사전에, 미리
- urge 강력하게 권고하다
- thoroughly 철저하게
- document 서류

17

출제 영역 독해 – 글의 주제, 요지

분석

친구가 노래를 잘 부르거나, 아름다운 지갑을 만들 수 있는 재능이 있음에도 불구하고 직장 생활과 가정을 돌보는 일로 인해 그 재능을 추구할 여건이 되지 못한다면 여러분이 그 친구에게 어떻게 도와주면 좋을지 물어보고 격려하라는 내용이므로, 필자의 주장으로 ④가 가장 적절하다.

해석

여러분의 친구는 천사의 목소리를 갖고 있지만, 샤워 중에만 노래를 부른다. 또는 그녀는 비단과 장식품으로 아름답고 특별한 지갑을 만들어 그녀의 조카와 친구들에게 선물로 주지만, 자신이 공부, 일, 혹은 아이들을 돌보지 않을 때만 그 아름다운 창작물을 만들 수 있을 따름이다. 바쁜 직장 생활은 말할 것도 없고, 결혼과 가족의 요구는 하루 일과 끝에 많은 사람이 재능을 온전히 표현하거나 향상시킬 시간과 힘을 거의 남겨두지 않는다. 그러나 심리학자들은 우리의 천부적인 재능과 관련된 활동을 하는 것이 흔히 자존감의 수준을 높이고 우리의 생활에 의미를 부여한다고 말한다. 여러분의 친구에게 그녀가 얼마나 재능이 있는지 말해주어라. 그녀의 재능이 그녀를 이끌 수 있는 어느 곳으로든 그녀가 그 재능을 발전, 표현, 혹은 추구하는 것을 여러분이 어떻게 도울 수 있을지 그녀에게 물어보아라.

어휘

- one-of-a-kind 독특한, 특별한
- not to mention ~은 말할 것도 없고
- self-esteem 자존감

18

출제 영역 독해 – 글의 제목

분석

예상치 못한 자연재해로 인해 건물 수리비용이 발생할 수 있으므로, 추가적인 자금을 건물 관리 예산에 배정해야 한다는 내용이다. 따라서 이 글의 제목으로는 ④ '만약을 위해서 유지비용을 남겨 두어라'가 가장 적절하다.

① 건물 유지비용을 절약하는 방법

② 어느 것이 더 수익성이 좋을까, 부동산 혹은 주식?

③ 당신의 개인 재산을 위해서 저렴한 보험을 찾아라

해석

건물 관리 전문가들은 예상치 못한 지출이 예상되어야 한다고 종종 말한다. 실제로, 홍수나 다른 자연재해로 인해, 지붕 수리, 보일러 교체, 또는 외부 석조 부분 수리가 요구될지도 모르는데, 이것들은 일반적인 보험에 의해 보장될 수 없다. 관리 예산을 계획함에 있어서 비용 범주에 추가적인 자금이 따로 남겨져야 하는 이유가 바로 그것이다. 큰 건물들에서, 이 수치는 전체 유지 및 수리비용의 10~15%로 흔히 추산되지만, 실제 필요한 자금의 양은 건물의 크기와 연수에 따라 크게 다르다. 경험만이 관리자에게 현실적으로 자금을 계산하는 것을 가르쳐 줄 것이다. 어떤 경우이든, 따로 목록이 만들어지건, 유지 및 수리비용의 범주에 속하건 간에, 그것들은 예산 배정의 필수적인 부분이 되어야 한다.

어휘

- property 건물, 부동산, 재산
- replacement 교체
- put aside 따로 남겨두다
- category 범주
- figure 수치
- estimate 추산[추정]하다
- maintenance 유지
- assignment 배정
- separately 따로

19

출제 영역 독해 – 글의 일관성

분석

㉠에는 위대한 지도자의 속성으로 긍정적인 태도로 부하를 격려하고 부하들의 부정적인 감정을 극복하게 한다는 것은 낙천적인 속성이므로 'optimistic'이 적절하다. ㉡에는 필요하다면 기존의 방향을 수정하는 것은 융통성이 있다는 것을 뜻하므로 'flexibility'가 적절하다. 따라서 정답은 ④이다.

해석

모든 사람이 실천할 수 있고 더 유능하게 되기 위해서 택할 수 있는 위대한 지도자들이 공통으로 공유하는 어떤 특성들이 있다. 그러한 것들은 어떤 자질인가? 자, 매우 유능한 지도자가 되기 위해서 여러분은 먼저 <u>낙천적</u>으로 되어야 한다. 여러분의 부하를 긍정적인 태도로 확실히 격려하고 그들 자신의 부정적인 회의감을 극복하도록 도와라. 위대한 지도자의 또 하나의 중요한 특성은 <u>유연성</u>이다. 조직을 이끌기 위해서 여러분은 다른 접근 방법, 방향이나 결과가 더 적절하다고 여겨지면 계획을 기꺼이 수정해야 한다.

어휘

- trait (성격상의) 특성
- lift up ~를 정신적으로 고양시키다
- self-doubt 자기 회의
- revise 바꾸다, 개정하다

20

출제 영역 독해 – 글의 분위기

분석

필자는 수석 코치의 으리으리한 집을 방문해 그의 가족들에게서 환대를 받았고, 필자가 학교 팀에 들어온 것에 대해 코치는 기쁘게 생각하며 앞으로의 성장을 기대한다는 말을 들은 상황이므로 필자의 심경으로 ④ impressed and proud(감명 받고 자랑스러운)가 가장 적절하다.

① 안타깝고 후회되는

② 슬프고 실망한

③ 지루하고 무관심한

해석

> 한 시간 동안 차로 교정을 돌아다닌 다음 수석 코치의 집에 갈 시간이 되었다. 그의 집을 처음 봤을 때, 나는 즉시 집이라는 말 대신에 다른 말을 찾아보았다. 그 순간에 내가 생각해낼 수 있었던 가장 가까운 말은 궁전이었다. 수석 코치의 가족들은 멋졌다. 그들은 모두 정말로 나를 좋아하는 것 같았다. 이 말이 이상하게 들릴 수도 있겠지만, 그의 개마저도 나를 정말 좋아하는 것 같다고 확신했다. 저녁 식사 후 우리는 개인 영화 상영실로 들어갔다. 수석 코치는 역사상 가장 위대한 몇 명의 러닝백 선수들에 관한 영화를 내게 보여주고 싶어 했다. 코치는 내가 정말 특별하다고 느끼게 했다. 그는 "네가 우리 대학팀에 등록해서 기쁘단다. 네가 이런 위대한 선수들처럼 될 것이라고 나는 확신해."라고 말했다. 나는 무슨 말을 해야 할지 몰랐다.

어휘

- palace 궁전, 대궐 같은 집
- bizarre 이상한
- convinced 확신하는

제 3 과목　한국사

01	02	03	04	05	06	07	08	09	10
④	②	②	②	③	①	①	③	②	④
11	12	13	14	15	16	17	18	19	20
④	②	③	③	①	③	④	④	①	①

01

출제 영역 우리 역사의 시작 – 선사 시대

정답해설

④ 충북 두루봉 동굴에서는 '흥수아이'라는 어린아이의 유골이 발견되었는데, 시신 위에 국화를 뿌려 놓은 흔적을 통해 당시 구석기인들의 장례 문화를 확인할 수 있다. '역포아이'는 평양 역포 대현동 동굴에서 발견되었다.

오답해설

① 충북 단양 금굴 유적은 지금으로부터 70만 년 전의 유적으로 구석기 시대 유적 중 가장 오래된 것이다.

② 평남 덕천 승리산 동굴에서 한반도 최초로 인골(어금니 뼈 등)이 발견되어 이들의 인골에 덕천인, 승리산인 등의 이름이 명명되었다.

③ 연천군 전곡리에서 발견된 아슐리안계의 유럽형 주먹도끼는 기존의 모비우스 학설을 붕괴시켰다.

02

출제 영역 우리 역사의 시작 – 국가의 형성

정답해설

제시된 자료의 국가는 삼한이다. 준왕은 위만에게 축출되어 따르는 무리들을 데리고 한강의 남쪽 진국으로 내려왔다. 그리고 문이 위에 위치해 있는 토실은 삼한에서 나타나는 가옥 형태이다.

오답해설

① 옥저에 관한 설명이다. 이외에도 옥저에는 가족 공동묘의 풍속이 있었다.

③ 동예에 관한 설명이다.

④ 부여에 관한 설명으로, 여성의 투기가 사형의 이유일 만큼 가부장적인 사회였음을 알 수 있다.

03

답 ②

출제 영역 우리 역사의 시작 – 국가의 형성

정답해설

(가)는 위만 조선의 성립(기원전 194년), (나)는 고조선 멸망 이후 한사군의 설치(기원전 108년)로, 결국 위만 조선 시기의 일을 묻는 문제이다.

ⓒ·ⓜ 위만 조선 시기의 사건이다. ⓜ의 역계경이 우거 왕을 떠나 남쪽 진국으로 내려간 직후 한 무제의 재침 입으로 왕검성이 함락되고 우거왕은 피살되어 고조선 이 멸망하였다(기원전 108년).

오답해설

ⓖ 기원전 3세기 부왕 때의 일이므로, (가) 이전의 일이다.

ⓒ 기원전 3세기~기원전 2세기 부왕과 준왕 시기의 일 이므로, (가) 이전의 일이다.

ⓔ 한사군 설치 이후의 일로 (나) 이후의 일이다.

04

답 ②

출제 영역 삼국 시대 – 정치사

정답해설

② 고구려는 4세기 후반(372) 소수림왕 때 북중국의 전 진과 수교를 맺으면서 불교를 수용하였다. 백제는 384년 침류왕 때 불교를 수용하였고, 신라는 5세기 초 눌지 마립간 때 고구려로부터 묵호자를 통해 전래 되었으나, 수용(공인)은 6세기 초 법흥왕 때 승려 이 차돈의 순교로 이루어져 삼국 중 가장 늦었다.

오답해설

① 광개토 대왕의 연호는 '영락'이다. '건양'은 1895년 11 월 을미개혁(제3차 갑오개혁) 당시의 연호이다.

③ 백제 성왕에 관한 설명이다. 3세기 고이왕은 한강 유 역을 점령하고 율령을 반포하였으며, 6좌평 16관등제 의 공복을 제정하였다.

④ 신라 법흥왕은 금관가야(김해)를 복속하였고, 진흥왕 은 대가야(고령)를 복속하였다.

05

답 ③

출제 영역 삼국 시대 – 문화사

정답해설

③ 일본으로 건너가 불경과 불상을 전래함으로써 일본에 불교를 전파한 승려는 백제 성왕 때 승려인 노리사치 계이다. 묵호자는 5세기 초 신라 눌지 마립간 때 신라

에 불교를 전래해 준 고구려의 승려이다. 신라는 눌지 마립간 때 불교가 전래되었지만, 수용(공인)까지는 100년 가까운 시간이 소요되어 6세기 초 법흥왕 때 이차돈의 순교로 수용(공인)되었다.

오답해설

① 많은 가야인들이 일본으로 건너가 작은 소국을 세우 면서 일본 스에키 문화에 영향을 주었고, 삼국의 문화 는 일본 고대 아스카 문화 형성에 영향을 주었다.

② 4세기 근초고왕 때 아직기는 일본의 태자에게 한자를 가르쳤고, 뒤이어 일본에 건너간 왕인은 「천자문」과 「논어」를 전하고 가르쳤다.

④ 담징은 7세기 초(610) 일본에 종이와 먹 제조 방법을 전하였고, 호류사(일명 법륭사)에 금당벽화를 남겼다. 혜자는 일본 쇼토쿠 태자의 스승이 되었고, 혜관은 삼 론종 전파에 큰 공을 세웠다.

06

답 ①

출제 영역 남북국 시대 – 정치사

정답해설

① ⓒ 8세기 초, 무왕 – ⓖ 8세기 중엽, 문왕 – ⓔ 9세 기, 선왕(최고 전성기) – ⓒ 10세기 초, 애왕

07

답 ①

출제 영역 고려 시대 – 문화사

정답해설

① 각훈의 「해동고승전」은 삼국 시대부터 각훈 당대인 고 려 시대의 승려의 전기문을 쓴 불교 관련 인물 역사서 이다.

오답해설

② 1195년 이규보가 고구려의 건국 영웅인 동명왕의 업 적과 전통을 노래한 대서사시이다.

③ 1287년 충렬왕 때 이승휴가 우리의 역사를 단군으로 부터 서술하여 중국사와 마찬가지로 유구한 역사임을 강조하였다.

④ 15세기 후반 조선 성종 때 서거정은 단군 조선에서부 터 고려 말까지를 서술한 편년체 통사인 「동국통감」을 편찬하였는데, 우리 민족의 시조를 단군으로 파악하 여 자주적인 역사관을 반영하였다.

고려 시대의 사서

- 이규보 「동명왕편」(1193, 이의민 정권 시기) : 고구려 건국의 영웅인 동명왕의 업적을 칭송한 대서사시로, 고구려 계승 의식을 반영하고 고구려의 전통을 노래하였다.
- 각훈 「해동고승전」(1215, 최충헌 집권 시기) : 화엄종 승려인 각훈이 왕명을 받아 저술한 불교 수용으로부터 고려 고종 때까지의 승려 전기문으로, 특히 삼국 시대의 승려 30여 명의 전기를 편찬하였는데, 현재 일부만이 남아있다.
- 일연 「삼국유사」(1281, 충렬왕) : 일연이 쓴 「삼국유사」는 불교사를 중심으로 고대의 민간 설화나 전래 기록을 수록하는 등 우리 고유문화와 전통을 중시하였고, 단군을 우리 민족의 시조로 여겨 단군의 건국 이야기를 수록하였다.
- 이승휴 「제왕운기」(1287, 충렬왕) : 이승휴의 「제왕운기」 역시 일연의 「삼국유사」와 같이 우리나라 역사를 단군으로부터 서술하여 우리 역사를 중국사와 대등하게 파악하는 자주성을 나타내었다.

08　　　　　　　　　　　　　　　　　답 ③
출제 영역 고려 시대 – 정치사

정답해설
제시된 사건들은 무신집권기(1170~1270)에 발생한 반무신의 난과 농민 봉기, 삼국 부흥운동들이다.
③ 용인의 처인 부곡민들이 몽골에 저항하여 몽골 장수 살리타를 사살한 시기는 최우 정권시기(1219~1249)인 1232년 몽골 제2차 침입 때의 일이다.

오답해설
① 사학 12도가 크게 융성한 것은 11세기에서 12세기 중엽 고려 중기의 문벌귀족 시기의 일이다.
② 10세기 후반인 고려 초 성왕 때의 일이다.
④ 14세기 중엽, 공민왕 재위 시기 때의 사건으로, 이때 원이 약해진 어수선한 틈을 타 북중국의 홍건적과 남쪽의 왜구가 출몰하였다. 홍건적의 1차 침입 때(1359)에는 서경이, 2차 침입(1361) 때는 개경이 함락되어 공민왕이 지금의 경북 안동인 복주까지 피난을 가기도 하였다.

09　　　　　　　　　　　　　　　　　답 ②
출제 영역 고려 시대 – 문화사

정답해설
(가)는 (해동)천태종의 대각국사 의천, (나)는 조계종의 지눌이다.

ⓒ (가)의 의천에 관한 설명이다.
ⓔ 수선사 결사 운동은 (나)의 지눌이, 백련 결사 운동은 천태종 계열의 요세가 전개하였다.

의천과 지눌

- 대각국사 의천의 해동 천태종 : 11세기에 종파적 분열상을 보인 고려 불교계에 문종의 왕자로서 승려가 된 의천은 불교 교단 통합 운동을 하였다. 그는 흥왕사를 근거지로 삼아 화엄종을 중심으로 교종을 통합하려 하였으며, 또 선종을 통합하기 위해 해동 천태종을 창시하였다.
- 보조국사 지눌의 조계종 : 선종을 중심에 두고 교종의 화엄 사상을 흡수하여 선종과 교종의 통합을 추구하는 이론적 체계를 수립했다. 지눌의 논리는 고려 불교가 지향하던 선 · 교 일치 사상을 완성했다.

10　　　　　　　　　　　　　　　　　답 ④
출제 영역 조선 전기 – 사회사

정답해설
제시된 글에서 좌수와 별감을 통해 (가) 기구는 유향소임을 알 수 있다. 유향소(향소, 향청)는 조선 초기 지방 사족들이 만든 향촌의 자치 기구로서 수령의 보좌, 향리의 규찰, 지방 풍속의 교정 등의 역할을 담당하였다. 유향소의 책임자를 좌수 또는 별감이라 불렀다. 경재소가 혁파(1603)되면서 유향소는 향청 또는 향소로 그 명칭이 변경되고 향촌 사회 질서 역시 변화하게 되었다. 향소(향청)의 구성원은 향안을 작성하고 향규를 제정하였다.

오답해설
① 경재소에 대한 설명이다.
② 서원에 대한 설명이다.
③ 향약에 대한 설명이다.

유향소(향청, 향소)
중앙 집권 정책과 함께 지방민들의 자치를 허용하기 위해 각 군 · 현에 하나씩 설치하였다. 고려 시대의 사심관 제도로부터 유래하였는데, 조선 태종 때 중앙 정부와 유향소의 대립으로 폐쇄되었다가 세종 때 다시 부활되었다(1428). 세조 때 함경도 유향소에서 발생한 이시애의 난을 계기로 폐지되었다가, 그 후 성종 때 다시 부활하였다.

11

출제 영역 조선 전기 – 정치사

정답해설

④ 기유약조는 선조가 아닌 광해군 때 체결되었다(1609). 일본과의 국교 재개는 1604년 선조 때 사명대사 (유정)가 일본으로 건너가 조선인 포로 7,000명을 데리고 귀국하면서 이루어지게 되었다. 그리고 광해군 때의 기유약조(1609)를 계기로 일본과의 교역이 재개되었다.

오답해설

① 15세기 세종은 부산포, 제포, 염포 등 삼포를 개항하고, 세견선 50척과 세사미두 200석으로 제한하는 계해약조(1443)를 체결하였다.

② 비변사는 1510년 중종 때 왜구들이 일으킨 삼포왜란을 계기로 국방 문제와 관련된 중대사를 의논하기 위한 임시회의 기구로 설치되었고, 1555년 명종 때 을묘왜변을 계기로 일본과의 국교가 단절되자 상설기구화가 되었다. 임진왜란 이후 최고 회의기구가 되면서 의정부와 6조 체계는 유명무실해지고, 왕권은 약화되었다.

③ 임진왜란 3대 대첩은 한산도 대첩(이순신), 진주 대첩 (김시민), 행주 대첩(권율)이다.

12

출제 영역 조선 후기 – 경제사

정답해설

제시된 자료에서 광작과 후시 무역(사무역)을 통해 조선 후기임을 알 수 있다.

② 17~18세기 조선 후기의 수공업에서 일반적 형태는 선대제 수공업이었다. 선대제 수공업은 상인이 수공업자에게 주문 제품의 원료와 자본(공가)을 미리 지불하는 형태를 말한다. 수공업자와 상인이 뒤바뀌었기 때문에 틀린 지문이다.

오답해설

① 조선 후기에 쌀의 상품화가 이루어지면서 밭을 논으로 바꾸는 현상이 늘어났다.

③ 조선 후기에는 광산 개발이 매우 활기를 띠었다.

④ 조선 후기에는 밭고랑과 밭이랑을 만들어 밭고랑에다 곡식을 심는 견종법이 보급되어 노동력을 절감하는 효과를 가져와 기존의 농종법을 대체하였다. 또한 이앙법의 확대로 광작이 유행하면서 경영형 부농의 출현으로 점차 농민의 계층 분화가 이루어졌다.

13

출제 영역 조선 후기 – 정치사

정답해설

㉠은 이조전랑, ㉡은 정여립 모반사건과 정철의 세자 건저의 사건, ㉢은 효종의 정통성 문제, ㉣은 노론과 소론으로 분열이다.

③ 예송논쟁은 노론과 소론이 아닌 서인과 남인의 대립이었다.

오답해설

① ㉠ 이조전랑의 문관 인사 추천권을 놓고 동인과 서인으로 나뉘게 되었다(동 · 서 붕당의 형성).

② ㉡ 정여립 모반 사건, 정철의 세자 건저의 사건을 계기로 동인이 남인과 북인으로 나뉘게 되었다(온건파의 남인과 강경파의 북인으로 분열).

④ 경신환국의 결과 ㉣ 서인이 집권하면서 남인을 몰아내고, 서인은 노론과 소론으로 분열되었다(송시열 중심의 노론은 성리학을 절대화 · 교조화, 소론은 성리학의 상대화를 주장하며 양명학 수용).

The 알아보기

예송논쟁

구분	기해예송(1659)	갑인예송(1674)
원인	효종의 죽음 → 효종 비(인선왕후)와 자의대비(조대비) 상복 문제	효종 비의 죽음 → 자의대비(조대비) 상복 문제
서인	1년설(천하동례, 왕사동례) → 채택	9개월설
남인	3년설(왕사부동례)	1년설 → 채택
채택	서인 1년설 채택 (서인 집권)	남인 1년설 채택 (남인 집권)

14

출제 영역 조선 후기 – 문화사

정답해설

제시된 글에서 제사를 거부하는 것을 통해 천주교를 설명하는 글임을 알 수 있다. 천주교는 종교가 아닌 서양의 학문(서학, 西學)으로 들어와 18세기 후반에 점차 종교로 수용되기에 이르렀다.

오답해설

① 양명학에 관련된 설명이다.

② 18세기 후반 정조 때 남인 계열 양반들이 서학을 연구하다가 종교임을 깨닫고 점차 종교로 수용하게 되었다.

④ 천주교에 대한 종교의 자유가 허용된 계기는 1886년 프랑스와의 수호 조약인 조·프 수호 통상 조약이다. 천주교 문제로 인해 프랑스가 서양 국가 중 가장 늦게 수교를 맺었다.

15

출제 영역 조선 후기 – 정치사

정답해설

제시된 사료에서 '평서 대원수'와 '관서'라는 지명을 통해 홍경래의 난(1811, 순조)임을 알 수 있다. '평서 대원수'는 홍경래가 스스로를 지칭했던 이름이고, '관서'의 지명은 평안도(서북 지방)를 의미한다. 홍경래의 난은 세도정치기(1800(순조)~1863(철종)) 농민 봉기의 선구적 역할을 하여 영향을 준 사건이기도 하다.

ㄱ. 19세기 세도 정치기에는 삼정의 문란(환곡이 가장 극심)과 탐관오리의 횡포가 농민들을 가장 괴롭혔는데, 홍경래의 난은 여기에 서북 지방민에 대한 차별까지 더해져 발생되었던 사건이다.

ㄴ. 19세기 세도 정치기의 특징이기도 하다.

오답해설

ㄷ. 1791년 정조 때에 있었던 신해박해에 관한 설명이다.

ㄹ. 지주와 소작농의 관계가 조선 후기에 와서는 기존의 신분적 관계에서 점차 경제적 관계로 바뀌어 갔다.

16

출제 영역 개항기 · 대한제국 – 정치사

정답해설

제시된 자료는 활빈당의 '대한 사민 논설 13조목(1900)'이다. 활빈당은 홍길동전에서 나온 이름을 붙인 것으로 '가난한 사람들을 살리는 무리'라는 의미이다. 1900년을 전후하여 충남 홍주에서 기의(起義)하여 충청북도와 전라도와 경상도의 낙동강 하류까지 진출하였다. 자신들의 요구 사항을 담은 '대한 사민 논설 13조'를 발표하였다(1900.10). 활빈당에는 동학 농민 운동 잔여 세력도 가담하여 반봉건과 반외세를 추구했지만, 이념적으로는 봉건 사상에서 완전히 벗어나지 못했다.

오답해설

① 1898년 제주 지역 탐관오리의 횡포로 인하여 전남 화순 출신의 남학 지도자(동학)인 방성칠이 일으킨 난으로 독립 국가를 건설하려 했던 봉기이기도 하다. 이는 19세기 당시에 유행하고 있던 예언 사상인 도참사상과 후천개벽 사상 등이 결합되어 일어난 것으로 평가되기도 한다.

② 을사늑약으로 거병이 된 을사의병과 관련된 내용이다(1905).

④ 동학 농민 운동 제2차 봉기(1894.9)의 내용이다.

17

출제 영역 개항기 · 대한제국 – 정치사

정답해설

제시된 사료에서 '우리나라의 시세가 크게 바뀌어서 정권이 황실에 돌아갔다는 것입니다.'에서 일본이 메이지 유신(1868)을 선포한 후, 대마도 도주를 통해 보내온 서계의 내용임을 파악할 수 있다. 이때 조선은 그 간의 서계와 격에 맞지 않는다 하여 일본의 서계를 돌려보내면서 일본 국내에서 정한론(征韓論, 1868)이 대두되었다. 이 무렵 청나라는 양무운동(1861~1894, 중체서용)이 진행 중이었고, 우리나라(조선)는 흥선대원군 집권기(1863~1873)였다.

오답해설

ㄹ. 17세기 중엽 조선 후기의 효종 때 청의 요청으로 2차례(1654, 1658)에 걸쳐 조총부대를 파병하여 러시아의 남하를 막았던 나선정벌에 관한 설명이다.

18

답 ④

출제 영역 개항기 · 대한제국 – 정치사

정답해설

(가)는 동학 농민 운동, (나)는 갑신정변, (다)는 흥선대원군의 개혁 정책, (라)는 독립협회, (마)는 제1차 갑오개혁에 관한 설명이다.

ㄱ. (마)의 제1차 갑오개혁에서는 신분제 폐지 및 과부의 재가 허용을 통해 갑신정변과 동학 농민 운동의 개혁 요구의 일부를 수용하였다.

ㄴ. 갑신정변은 우리나라 최초로 근대적 개혁을 추구하였는데, 정변을 일으킨 급진 개화 세력은 입헌군주제를 추구하였으며, 독립협회 역시 의회 중심의 중추원 제도(중추원 신 관제)를 주장하면서 입헌군주제를 추구하였다.

ㄹ. (다) 1863~1873 – (나) 1884 – (가) 1894.1 – (마) 1894.6 – (라) 1896.7

오답해설

ㄷ. (나)의 개혁 세력은 갑신정변을 일으킨 급진 개화 세력으로 갑신정변의 실패 원인은 청에 의한 진압과 하층민의 동의와 지지를 얻지 못했다는 것이다.

19

답 ①

출제 영역 일제 강점기 – 정치사

정답해설

제시된 자료는 안창호 선생에 대한 내용이다.

① 안창호는 1913년 5월 샌프란시스코에서 흥사단을 창설하였다.

오답해설

② 김구에 대한 설명이다.

③ 조만식에 대한 설명이다.

④ 이승만에 대한 설명이다.

20

답 ①

출제 영역 현대 – 정치사

정답해설

① ㄱ. 천리마 운동(1958) – ㄴ. 푸에블로 호 납북 사건(1968.1.23) – ㄷ. 주체사상 채택(1970) – ㄹ. 국가주석제 채택(1972.12) – ㅁ. 김일성 사망(1994.7.8)

제4과목 사회복지학개론

01	02	03	04	05	06	07	08	09	10
①	③	③	④	④	②	④	③	④	②
11	12	13	14	15	16	17	18	19	20
④	②	②	④	①	①	③	③	②	②

01

답 ①

출제 영역 사회복지서비스 – 지역사회복지론

오답해설

② · ④는 사회계획모델, ③은 지역사회개발모델에 관한 설명이다.

The 알아보기

사회행동모델

- 과정 중심의 목표와 과업 중심의 목표 두 가지 모두를 취할 수 있다.
- 지역사회의 소외계층(Disadvantaged segment)에 속한 주민들이 사회정의와 민주주의에 입각해서 보다 많은 자원과 향상된 처우를 그 지역사회에 요구하는 행동을 말한다.
- 사회에는 부당한 대우나 불이익을 받는 집단이 존재하는데, 이들은 집합적 행동을 통해 공정한 자원 배분과 동등한 대우를 요구할 필요가 있다고 가정한다.
- 권력 및 자원의 재분배와 의사결정 과정에 주변 집단을 참여시키는 것을 포함하여 지역사회의 기존제도와 현실에 대한 근본적 변화를 목적으로 한다.
- 다분히 적대적이며, 사회정의를 지배적 이념으로 삼는다.
- 클라이언트를 잘못된 사회제도와 구조의 피해자로 인식한다.
- 공공의 이익은 집단 간 갈등의 해소를 통해 나타나는 과도기적 타협의 형태로 존재한다는 현실주의 이념을 바탕으로 한다.
- 1960년대에 크게 유행했으며 현재도 소비자보호운동, 여성운동, 빈민운동 등 다양한 시민운동조직에서 활용되고 있다.

02

답 ③

출제 영역 사회복지실천 – 조사론

오답해설

① 평가연구는 자료수집 방법에 따라 양적 연구(경험주의적 연구)와 질적 연구(해석주의적 연구)로 나누어 볼 수 있다. 양적 조사와 질적 조사 모두 평가연구에 활용될 수 있다.

② 시계열설계 유형은 실험조사설계에서 통제집단을 설정하기 곤란한 경우에 임의로 한 집단을 선택해서 개입 전과 개입 후에 정기적으로 관찰하여 개입 전후의 점수 또는 경향을 비교하는 조사형태로, 이는 여러 시점에서 관찰되는 자료를 통해서 실험변수의 효과를 추정하기 위한 방법이다.

④ 코호트 조사(Cohort Study)는 응답자집단의 선정과 관련하여 패널조사(Panel Study)의 패널(Panel)과 같은 동일대상인을 전제로 하지 않는다. 반면, 패널조사는 특정응답자 집단을 구축해 놓고 그들로부터 상당히 긴 시간 동안 지속적으로 연구자가 필요로 하는 정보를 획득한다.

03
답 ③

출제 영역 사회복지서비스 – 장애인복지론

정답해설

③ 고용 촉진(장애인복지법 제46조)

> 국가와 지방자치단체는 직접 경영하는 사업에 능력과 적성이 맞는 장애인을 고용하도록 노력하여야 하며, 장애인에게 적합한 사업을 경영하는 자에게 장애인의 능력과 적성에 따라 장애인을 고용하도록 권유할 수 있다.

오답해설

① 장애인정책조정위원회(장애인복지법 제11조)

> ① 장애인 종합정책을 수립하고 관계 부처 간의 의견을 조정하며 그 정책의 이행을 감독 · 평가하기 위하여 국무총리 소속하에 장애인정책조정위원회(이하 "위원회"라 한다)를 둔다.

② 장애인 등록(장애인복지법 제32조)

> ④ 장애인의 장애 인정과 장애 정도 사정(查定)에 관한 업무를 담당하게 하기 위하여 보건복지부에 장애판정위원회를 둘 수 있다.

④ 사회적 인식개선(장애인복지법 제25조)

> ① 국가와 지방자치단체는 학생, 공무원, 근로자, 그 밖의 일반국민 등을 대상으로 장애인에 대한 인식개선을 위한 교육 및 공익광고 등 홍보사업을 실시하여야 한다.
> ② 국가기관 및 지방자치단체의 장, 영유아보육법에 따른 어린이집, 유아교육법 · 초 · 중등교육법 · 고등교육법에 따른 각급 학교의 장, 그 밖에 대통령령으로 정하는 교육기관 및 공공단체의 장은 소속 직원 · 학생을 대상으로 장애인에 대한 인식개선을 위한 교육을 실시하고, 그 결과를 보건복지부장관에게 제출하여야 한다.

> ③ 국가는 초 · 중등교육법에 따른 학교에서 사용하는 교과용도서에 장애인에 대한 인식개선을 위한 내용이 포함되도록 하여야 한다.
> ④ 제1항 및 제3항의 사업, 제2항에 따른 교육의 내용과 방법, 결과 제출 등에 필요한 사항은 대통령령으로 정한다.

04
답 ④

출제 영역 사회복지실천 – 실천론

정답해설

④ 사회관계망표는 어떠한 사람이나 체계로부터의 물질적 · 정서적 지지, 원조 방향, 충고와 비판, 접촉 빈도 및 시간 등에 관한 정보를 제공한다. 사회관계망표를 통해 클라이언트의 전체적인 관계망을 조망할 수 있다. 가족 내 규칙을 파악할 수 있는 기법의 대표적인 도구로 '가족조각(Fmily Sculpting)'이 있다. 가족조각은 특정 시기의 정서적인 가족관계를 사람이나 다른 대상물의 배열을 통해 나타내는 것으로서, 가족성원들이 말을 사용하지 않은 채 대상물의 공간적 관계나 몸짓 등으로 의미 있는 표상을 만드는 방식으로 전개된다. 가족조각은 가족의 상호작용에 따른 친밀감, 가족성원 간의 연합 또는 세력 구조, 비언어적인 의사소통 유형 등의 관계 유형을 살펴봄으로써 치료적인 개입이 이루어진다.

The 알아보기

가족사정

- 가족사정이란 정보에 근거를 둔 치료결정을 내리기 위해 가족을 탐색하는 과정으로, 가족복지치료자가 가족이 어떻게 살아가고 있으며 또 현재 드러난 문제가 가정에서 어떻게 기능하고 있는지 정보를 얻기 위한 일련의 상담과정이다.
- 가족에 대한 사정은 크게 가족성원이 생각하는 문제, 생태학적 사정, 사회체계적 사정, 세대 간 사정, 가족 내부에 대한 사정으로 이루어진다.
- 가족사정의 내용으로 가족의 역할, 가족의 기능, 가족경계, 가족의 의사소통, 가족의 분위기, 정서적 친밀성, 가정 안에서 의사소통, 가족 안에서 적응의 어려움, 가족규칙, 가족생활주기, 가족신화, 가족권력구조 등이 있다.
- 가족사정의 도구로 가계도(Genogram), 생태성측도(Ecomap), 사회성측정도(Sociogram), 생활력도표, 사회적 관계망지도 등이 있다.
- 사회적 관계망지도는 사회적 지지에 대한 사정 도구로, 사회복지사가 클라이언트에게 중요하다고 생각했던 사람들을 질문하여 확인된 사회적 지지원의 이름을 기록하는 방법으로 작성하되, 행렬표로서 표현할 수도 있다.

05

출제 영역 사회복지실천 – 실천론

정답해설

④ 지역사회 내에서 활용 가능한 공식적 서비스와 비공식적 지지망을 연결하여 다차원적으로 접근한다.

The 알아보기

사례관리

• 사례관리란 개인의 복합적인 문제를 해결하는 데 한 전문가의 책임하에 지속적으로 필요한 서비스와 전문가를 찾아 연결시켜 주고 적절한 서비스를 받을 수 있도록 조치해 주는 기법이다.

• 사례관리는 복합적이고 다중적인 문제를 가진 개별 클라이언트의 요구에 초점을 두고, 기관의 전반적인 목적보다는 소비자의 전반적인 목적에 기반을 둔 실천과정이다.

• 사례관리는 자원관리와 조정 등의 간접적 서비스를 직접적 서비스와 함께 실천해야 한다는 점을 강조하고 있기 때문에 인간을 둘러싼 환경체계에 대한 종합적인 사정이 가능한 체계이론, 생태체계이론 등이 주요 이론적 기반으로 활용된다.

06

출제 영역 사회복지입문 – 발달사

정답해설

② 사회진화론에 바탕을 둔 것은 자선조직협회이고, 인보관 운동은 급진적인 기독교 사회주의 사상에 바탕을 두고 있다.

The 알아보기

자선조직협회와 인보관 운동

• 자선조직협회 : 당시 빈민에 대해 특권 상류층의 도덕적 정당화의 차원에서 설립된 조직으로, 당시 비조직적인 자선기관의 난립으로 인한 기관 간 협력결여로 중복구제의 발생 및 재원 낭비가 난무하자 이를 효율화하기 위해 설립되었다. 자선조직협회는 우애방문원(Friendly Visitor)의 개별 가구에 직접 방문조사를 함으로써 자선의 과학화를 도모하였다.

• 인보관 운동 : 빈민지구를 실제로 조사하여 그 지구에 대한 생활실태를 자세히 파악하고, 도움의 필요가 있는 사람들을 조력해 주고자 추진한 사회개혁운동이다. 인보관 운동은 바네트(Barnett)목사가 설립한 런던의 Toymbee Hall(1884)과 시카고의 Hull House(1889)가 대표적이다. 19세기 말에는 영국의 인도주의적 인보운동과 함께 옥스퍼드 및 캠브리지 대학생들이 빈민의 생활강화와 교육을 위해 빈민굴에서 활동하였다.

07

출제 영역 사회복지정책 – 정책론

정답해설

④ 보유하고 있거나 동원 가능한 자원의 종류와 양에 근거하여 대상 여부를 판단하는 것은 자산조사이다. 역량(Capability)은 근로능력 여부를 의미한다.

오답해설

① 귀속적 욕구(Attributed Needs)에 근거한 선정기준은 일정한 조건을 구비하고 있는 자는 모두를 대상자로 선정해야 한다는 대상자 선정기준으로, 규범적 판단에 의한 범주적 할당기준이다. 의무교육제도, 국민건강보험제도, 양육수당 등이 있다.

② 보상(Compensation)에 근거한 선정기준은 사회적인 혹은 경제적인 기여를 했다고 인정되는 특정 인구집단이나, 종교적 혹은 인종적 편견과 같은 사회적 편견 등으로 인한 희생자 집단을 사회복지의 대상자로 선정하여 사회복지서비스를 보상 차원에서 제공하는 범주적 할당기준이다. 보험료를 납부한 기여(Contribution)에 대한 보상으로 급여가 지급되는 사회보험이 대표적인 예이다.

③ 진단적 차등(Diagnostic Differentiation)에 근거한 선정기준은 욕구에 대한 기술적 분류기준에 기초한 대상자 선정기준으로, 신체적·정서적 장애와 같이 전문가가 판단에 의해 선별된 대상에게만 특정한 재화나 서비스가 제공되는 개별적 할당기준이다. 장애인복지, 장애인연금, 노인장기요양보험 등이 있다.

08

출제 영역 사회복지실천 – 지역사회복지론

오답해설

① 지리적 지역사회와 기능적 지역사회로 구분한 사람은 로스(Ross)이다.

② 장애인 부모회는 기능적 지역사회에 해당한다.

④ 지역사회는 의사소통, 교환, 상호작용의 필요성이 점차 늘어나고 있다. 이는 다양한 계층의 특정한 속성 및 이해관계를 기초로 공동체의 생활양식 및 가치를 강조하는 기능적 지역사회가 더욱 확대되고 있기 때문이다.

지리적 지역사회와 기능적 지역사회

지리적 지역사회	• 지역을 구성하는 조직들의 지리적 분포를 강조 • 특별한 지리적 영역 내에서 같이 거주하는 사람들의 집합체 • 파크(park)와 버제스(Burgess)의 관점 • 행정 단위 : 시 · 도, 시 · 군 · 구, 읍 · 면 · 동 • 지역사회는 사회이지만, 모든 사회가 지역사회는 아니다.
기능적 지역사회	• 인종, 성정체성, 직업, 장애, 종교사회계층 등 특정한 속성 및 이해관계에 기초하여 형성된 집합체 • 공통된 이해관계, 문화, 규범 등을 형성하는 집합체 • 사회복지계, 교육계, 동성애집단, 절대빈곤층집단

09

目 ④

출제 영역 사회복지서비스 – 아동복지론

정답해설

④ 금지행위(아동복지법 제17조)

> 누구든지 다음 각 호의 어느 하나에 해당하는 행위를 하여서는 아니 된다.
> 1. 아동을 매매하는 행위
> 2. 아동에게 음란한 행위를 시키거나 이를 매개하는 행위 또는 아동에게 성적 수치심을 주는 성희롱 등의 성적 학대행위
> 3. 아동의 신체에 손상을 주거나 신체의 건강 및 발달을 해치는 신체적 학대행위
> 4. 삭 제 〈2014.1.28.〉
> 5. 아동의 정신건강 및 발달에 해를 끼치는 정서적 학대행위
> 6. 자신의 보호 · 감독을 받는 아동을 유기하거나 의식주를 포함한 기본적 보호 · 양육 · 치료 및 교육을 소홀히 하는 방임 행위
> 7. 장애를 가진 아동을 공중에 관람시키는 행위
> 8. 아동에게 구걸을 시키거나 아동을 이용하여 구걸하는 행위
> 9. 공중의 오락 또는 흥행을 목적으로 아동의 건강 또는 안전에 유해한 곡예를 시키는 행위 또는 이를 위하여 아동을 제3자에게 인도하는 행위
> 10. 정당한 권한을 가진 알선기관 외의 자가 아동의 양육을 알선하고 금품을 취득하거나 금품을 요구 또는 약속하는 행위
> 11. 아동을 위하여 증여 또는 급여된 금품을 그 목적 외의 용도로 사용하는 행위

오답해설

① 아동복지시설의 설치(아동복지법 제50조)

> ① 국가 또는 지방자치단체는 아동복지시설을 설치할 수 있다.
> ② 국가 또는 지방자치단체 외의 자는 관할 시장 · 군수 · 구청장에게 신고하고 아동복지시설을 설치할 수 있다.

② 아동보호전문기관의 설치 등(아동복지법 제45조)

> ② 지방자치단체는 학대받은 아동의 발견, 보호, 치료에 대한 신속처리 및 아동학대예방을 담당하는 아동보호전문기관을 시 · 도 및 시 · 군 · 구에 1개소 이상 두어야 한다. 다만, 시 · 도지사는 관할 구역의 아동 수 및 지리적 요건을 고려하여 조례로 정하는 바에 따라 둘 이상의 시 · 군 · 구를 통합하여 하나의 아동보호전문기관을 설치 · 운영할 수 있다.

③ 자립지원계획의 수립 등(아동복지법 제39조)

> ① 보장원의 장, 가정위탁지원센터의 장 및 아동복지시설의 장은 보호하고 있는 15세 이상의 아동을 대상으로 매년 개별 아동에 대한 자립지원계획을 수립하고, 그 계획을 수행하는 종사자를 대상으로 자립지원에 관한 교육을 실시하여야 한다.

10

目 ②

출제 영역 사회복지입문 – 기초

정답해설

② 에스핑과 앤더슨은 탈상품화의 개념과 사회계층화의 개념으로 복지국가를 자유주의, 조합주의, 사회민주주의 체제로 유형화하였다.

오답해설

① 공공부조를 강조하는 것은 자유주의 복지국가이다.
③ 보편적인 사회보험제도를 주로 제공하는 것은 조합주의적 복지국가이다.
④ 사회민주주의적 복지국가는 탈상품화 효과가 가장 크다. 탈상품화 효과가 가장 낮은 것은 자유주의적 복지국가이다.

11

출제영역 사회복지정책 – 정책론

정답해설

④ 국고보조금이란 국고에서 지출되는 보조금으로, 국가가 추진하는 정책을 장려하기 위해 그 재원의 일부를 교부하는 것으로서 국고부담금과는 구별된다. 과학기술의 연구비 보조금이나 무역진흥보조금, 공공사업에의 보조금 등 여러 가지가 있다. 국고보조금은 특정 사업의 장려가 주목적이지만 지방자치단체에 대한 중앙정부의 통제력 강화를 위한 수단으로 활용되기도 한다.

오답해설

① 사회보장의 주된 재원은 조세이다. 사회보장세를 주된 재원으로 하는 것은 사회보험이다.

② 국민연금기금은 기금에 해당하는 예산이다.

③ 공공부조 시행에 필요한 비용은 중앙정부와 지방정부가 함께 분담한다. 국민기초생활보장 비용은 국가가 40%~90%를 부담하고, 시·도와 시·군·구가 나머지를 분담한다.

12

출제영역 사회복지정책 – 법제론

정답해설

② 비용의 분담(기초연금법 제25조)

> ① 국가는 지방자치단체의 노인인구 비율 및 재정 여건 등을 고려하여 기초연금의 지급에 드는 비용 중 100분의 40 이상 100분의 90 이하의 범위에서 대통령령으로 정하는 비율에 해당하는 비용을 부담한다.
> ② 제1항에 따라 국가가 부담하는 비용을 뺀 비용은 특별시·광역시·특별자치시·도·특별자치도(이하 "시·도"라 한다)와 시·군·구(자치구를 말한다. 이하 같다)가 상호 분담한다. 이 경우, 그 부담비율은 노인인구 비율 및 재정여건 등을 고려하여 보건복지부장관과 협의하여 시·도의 조례 및 시·군·구의 조례로 정한다.

오답해설

① 기초연금 수급권자의 범위 등(기초연금법 제3조)

> ① 기초연금은 65세 이상인 사람으로서 소득인정액이 보건복지부장관이 정하여 고시하는 금액(이하 "선정기준액"이라 한다) 이하인 사람에게 지급한다.
> ② 보건복지부장관은 선정기준액을 정하는 경우 65세 이상인 사람 중 기초연금 수급자가 100분의 70 수준이 되도록 한다.

③ 기초연금액의 산정(기초연금법 제5조)

> ① 기초연금 수급권자에 대한 기초연금의 금액(이하 "기초연금액"이라 한다)은 제2항 또는 제5조의2 제1항에 따른 기준연금액(이하 "기준연금액"이라 한다)과 국민연금 급여액 등을 고려하여 산정한다.

④ • 기초연금 지급의 신청(기초연금법 제10조)

> ① 기초연금을 지급받으려는 사람(이하 "기초연금 수급희망자"라 한다) 또는 보건복지부령으로 정하는 대리인은 특별자치시장·특별자치도지사·시장·군수·구청장(자치구의 구청장을 말한다. 이하 같다)에게 기초연금의 지급을 신청할 수 있다.

• 대리인(기초연금법 시행규칙 제6조)

> 법 제10조 제1항에 따라 기초연금 지급의 신청을 대리할 수 있는 사람은 다음 각 호와 같다.
> 1. 민법 제777조에 따른 친족
> 2. 사회복지사업법에 따른 사회복지 전담공무원 등 관계 공무원과 그 밖에 보건복지부장관이 정하는 사람

13

출제영역 사회복지실천 – 실천론

정답해설

② 사회복지실천에서의 면접은 필요에 따라 다양한 장소에서 수행될 수 있다.

The 알아보기

사회복지면접의 특성

• 면담 기관과 상황 : 사회복지면접에는 특정 클라이언트에게 필요한 서비스를 제공하는 기관(장 : Setting)이 별도로 존재하며, 면담 내용도 특정 상황(맥락, 전후관계 : Context)에 한정된다.

• 목적지향적 활동 : 사회복지면접은 특정한 목표를 달성하기 위하여 수행된다는 점에서 목적지향적 활동이며, 의사소통은 개입목적에 관련된 내용들로 제한된다.

• 한정적·계약적 활동 : 사회복지면접은 사회사업가와 클라이언트가 목적달성을 위해 같이 활동하지만, 한정적이고 계약적인 활동으로 상호 합의한 상태에서 수행된다.

• 특정한 역할 : 사회복지면접은 면접자인 사회사업가와 피면접자인 클라이언트가 각각 특정한 역할을 규정하고 그 역할에 따라 상호작용하는 특수한 역할관계에 기초한다.

• 공식적인 활동 : 사회복지면접은 공식적이고 의도적인 활동으로, 계획성, 역할의 명확성, 내용의 일관성, 통일성을 갖는다.

14

출제 영역 사회복지정책 – 행정론

정답해설

④ 중앙정부는 국민 전체를 대상으로 하여 인간다운 생활의 보장은 이끌어 가겠지만, 정부조직의 특성상 클라이언트의 특수한 욕구 대응에 대해서는 비융통적이다.

The 알아보기

중앙정부 역할의 중요성

- 모든 국민들을 대상으로 하는 경우에는 중앙정부가 관리하는 것이 효율적이다.
- 중앙정부는 다양한 사회복지에 대한 욕구를 체계화하여 다양한 프로그램을 통합·조정하거나, 정책들을 지속적이고 안정적으로 유지하는 데 유리하다.
- 평등, 소득재분배, 사회적 적절성의 가치를 추구하는 데 중앙정부는 지방정부보다 유리하다.
- 사회보험과 같이 규모의 경제가 발생하는 부문에서 역할이 크다.

15

답 ①

출제 영역 사회복지서비스 – 노인복지론

정답해설

① 노인공동생활가정은 노인주거복지시설이다.

오답해설

③ 노인보호전문기관의 설치 등(노인복지법 제39조의5)

> ② 학대받는 노인의 발견·보호·치료 등을 신속히 처리하고 노인학대를 예방하기 위하여 다음 각 호의 업무를 담당하는 지역노인보호전문기관을 특별시·광역시·도·특별자치도(이하 "시·도"라 한다)에 둔다.
> 1. 노인학대 신고전화의 운영 및 사례접수
> 2. 노인학대 의심사례에 대한 현장조사
> 3. 피해노인 및 노인학대자에 대한 상담
> 4. 피해노인가족 관련자와 관련 기관에 대한 상담
> 5. 상담 및 서비스제공에 따른 기록과 보관
> 6. 일반인을 대상으로 한 노인학대 예방교육
> 7. 노인학대행위자를 대상으로 한 재발방지 교육
> 8. 노인학대사례 판정을 위한 지역노인학대사례판정위원회 운영 및 자체사례회의 운영
> 9. 그 밖에 노인의 보호를 위하여 보건복지부령으로 정하는 사항

The 알아보기

노인복지시설

- 노인주거복지시설 : 양로시설, 노인공동생활가정, 노인복지주택
- 노인의료복지시설 : 노인요양시설, 노인요양공동생활가정
- 노인여가복지시설 : 노인복지관, 경로당, 노인교실
- 재가노인복지시설 : 방문요양서비스, 주·야간보호서비스, 단기보호서비스, 방문목욕서비스, 그 밖의 서비스
- 노인보호전문기관
- 노인일자리지원기관 : 지역사회 등에서 노인일자리의 개발·지원, 창업·육성 및 노인에 의한 재화의 생산·판매 등을 직접 담당하는 기관
- 학대피해노인 전용쉼터

16

답 ①

출제 영역 사회복지실천 – 실천론

정답해설

① 실천대상이나 문제별로 분화 및 전문화되어 있는 전통적 사회복지실천 방법을 통합하려는 방법이다.

오답해설

② 과거 사회복지의 개입은 주로 인간에게 초점을 두거나 환경에 초점을 두는 2궤도 접근으로 이루어져 왔으나, 통합적 방법은 이 양면적 상호작용에 초점을 둠으로서 인간과 환경의 공유영역, 즉 사회적 기능수행 영역에 사회사업가가 개입해야 함을 강조함으로써 사회복지전문직의 정체성 확립에 기여하였다.

③ 통합방법론은 집단의 '공통적 성질'을 내포한다. 통합적이란 '전문화나 세세한 제한에 구속되지 않는' 것을 의미하며, 방법은 '질서 있고 체계적인 절차양식'을 의미한다.

④ 개인, 가족, 지역사회 등 다양한 체계에 대한 사정과 개입이 가능하게 되었다.

17

답 ③

출제 영역 사회복지실천 – 실천론

정답해설

③ 개입에 있어 구조화된 절차를 가지고 교육적 접근을 강조하는 것은 인지행동모델이다.

오답해설

① 생활모델은 체계이론과 생태학이론에 기반을 둔 생태체계이론에 기반을 둔 접근방법으로 개별사회사업의 주요 방법이다.

② 생태체계적 관점에 입각하여 유기체로서의 개인이 그를 둘러싸고 있는 환경과 어떻게 적응관계를 유지하는가에 주요 관심을 두고, 사람과 환경 간, 특히 인간의 욕구와 환경적 자원간의 적합수준(Level of Fit)을 향상시키는 것을 목적으로 하는 사회복지실천모델이다.
④ 생활상의 문제에 초점을 두고 있다. 생활모델에서는 세 가지의 상호 관련된 생활영역, 즉 생활의 변천, 환경의 압박, 대인관계 과정에서 긴장과 혼란이 초래된다고 본다.

18 답 ③
출제 영역 사회복지정책 – 정책론

정답해설
과정분석은 어떻게 정책을 계획하는가와 사회의 정치집단, 정부, 이익집단간의 관계와 상호작용이 정책형성에 미치는 영향을 이해하는 데 초점을 둔다.
③ 노인장기요양보험법 제정에서 이익집단의 영향 분석 : 과정분석

오답해설
① 근로장려세제(EITC)의 근로유인효과 분석 : 성과분석
② 자활사업참여자의 공공부조 탈수급효과 분석 : 성과분석
④ 보육서비스 정책이 출산율 증가에 미치는 영향 분석 : 성과분석

19 답 ②
출제 영역 사회복지정책 – 행정론

오답해설
① 교육회기 수 : 전환(활동)
③ 제빵기술 교육 : 전환(활동)
④ 장애인 : 투입

20 답 ②
출제 영역 사회복지정책 – 행정론

정답해설
② 수급자격의 요건을 강화하여 자원을 효율적으로 활용하는 것은 서비스의 책임성을 의미한다.

오답해설
① 적절성의 원칙은 제공되는 서비스의 양과 질, 제공하는 기간이 대상자의 욕구충족과 문제해결에 충분해야 한다는 원칙이다.
③ 포괄성의 원칙은 사람들의 욕구와 문제는 다양하기 때문에 다양한 인간의 문제와 욕구에 동시에 접근하고 순서적으로 해결하기 위해서 포괄적인 서비스가 필요하다는 것이다. 여기에는 한 사람의 전문가가 여러 문제를 다루거나(일반화 접근방법), 여러 전문가가 한 사람의 문제를 다루거나(전문화 접근방법), 여러 전문가가 한 팀이 되어 문제를 해결하는(집단 접근방법) 방법이 있다. 최근에는 한 전문가가 책임지고 계속적으로 필요한 서비스와 전문가를 찾아 연결시켜주고 적절한 서비스를 받을 수 있도록 하는 사례관리 방법도 많이 활용된다.
④ 통합성의 원칙은 대상자에게 제공되는 서비스는 서로 통합적으로 연관되어야 한다는 것이다. 복합적이고 다양한 문제를 가진 사람이 문제 해결을 위해서는 필요한 각종 서비스를 질서정연하고 체계적으로 제공받아야 하는데, 이를 위해서는 한 행정 책임자에 의한 서비스 제공, 서비스 제공 장소의 지리적 상호근접성, 서비스 프로그램 간 또는 조직 간에 상호유기적인 연대와 협조체계가 필요하다.

01	02	03	04	05	06	07	08	09	10
①	④	④	②	④	②	①	②	①	④

11	12	13	14	15	16	17	18	19	20
①	②	②	④	①	①	②	①	①	③

01

답 ①

출제 영역 행정작용법 – 행정행위

정답해설

① 건축허가는 시장·군수 등의 행정관청이 건축행정상 목적을 수행하기 위하여 수허가자에게 일반적으로 행정관청의 허가 없이는 건축행위를 하여서는 안 된다는 상대적 금지를 관계 법규에 적합한 일정한 경우에 해제함으로써 일정한 건축행위를 하도록 회복시켜 주는 행정처분일 뿐, 허가받은 자에게 새로운 권리나 능력을 부여하는 것이 아니다. 그리고 건축허가서는 허가된 건물에 관한 실체적 권리의 득실변경의 공시방법이 아니며 그 추정력도 없으므로 건축허가서에 건축주로 기재된 자가 그 소유권을 취득하는 것은 아니며, 건축 중인 건물의 소유자와 건축허가의 건축주가 반드시 일치하여야 하는 것도 아니다(대판 2009.3.12, 2006다28454).

오답해설

② 산림법 제90조의2 제1항, 제118조 제1항, 같은법 시행규칙 제95조의2 등 산림법령이 수허가자의 명의변경 제도를 두고 있는 취지는, 채석허가가 일반적·상대적 금지를 해제하여 줌으로써 채석행위를 자유롭게 할 수 있는 자유를 회복시켜 주는 것일 뿐 권리를 설정하는 것이 아니어서 관할 행정청과의 관계에서 수허가자의 지위의 승계를 직접 주장할 수는 없다 하더라도, 채석허가가 대물적 허가의 성질을 아울러 가지고 있고 수허가자의 지위가 사실상 양도·양수되는 점을 고려하여 수허가자의 지위를 사실상 양수한 양수인의 이익을 보호하고자 하는 데 있는 것으로 해석되므로, 수허가자의 지위를 양수받아 명의변경신고를 할 수 있는 양수인의 지위는 단순한 반사적 이익이나 사실상의 이익이 아니라 산림법령에 의하여 보호되는 직접적이고 구체적인 이익으로서 법률상 이익이라고 할 것이고, 채석허가가 유효하게 존속하고 있다는 것이 양수인의 명의변경신고의 전제가 된다는 의미에서 관할 행정청이 양도인에 대하여 채석허가를 취소하는

처분을 하였다면 이는 양수인의 지위에 대한 직접적 침해가 된다고 할 것이므로 양수인은 채석허가를 취소하는 처분의 취소를 구할 법률상 이익을 가진다(대판 2003.7.11, 2001두6289).

③ 대판 1998.3.10, 97누4289

02

답 ④

출제 영역 행정작용법 – 그 밖의 행정의 주요 행위형식

정답해설

④ 행정절차법에는 행정지도와 관련하여 신뢰보호원칙 규정은 없다. 다만, 행정절차법 제4조에서 신뢰보호 원칙을 규정하고 있을 뿐이다.

오답해설

① 항고소송의 대상이 되는 행정처분은 행정청의 공법상의 행위로서 상대방 또는 기타 관계자들의 법률상 지위에 직접적으로 법률적인 변동을 일으키는 행위를 말하는 것이므로 세무당국이 소외 회사에 대하여 원고와의 주류거래를 일정기간 중지하여 줄 것을 요청한 행위는 권고 내지 협조를 요청하는 권고적 성격의 행위로서 소외 회사나 원고의 법률상의 지위에 직접적인 법률상의 변동을 가져오는 행정처분이라고 볼 수 없는 것이므로 항고소송의 대상이 될 수 없다(대판 1980.10.27, 80누395).

② 행정관청이 토지거래계약신고에 관하여 공시된 기준지가를 기준으로 매매가격을 신고하도록 행정지도하여 왔고 그 기준가격 이상으로 매매가격을 신고한 경우에는 거래신고서를 접수하지 않고 반려하는 것이 관행화되어 있다 하더라도 이는 법에 어긋나는 관행이라 할 것이므로 그와 같은 위법한 관행에 따라 허위신고행위에 이르렀다고 하여 그 범법행위가 사회상규에 위배되지 않는 정당한 행위라고는 볼 수 없다(대판 1992.4.24, 91도1609).

③ 행정지도가 강제성을 띠지 않은 비권력적 작용으로서 행정지도의 한계를 일탈하지 아니하였다면, 그로 인하여 상대방에게 어떤 손해가 발생하였다 하더라도 행정기관은 그에 대한 손해배상책임이 없다(대판 2008.9.25, 2006다18228).

03

출제 영역 행정구제법 – 행정쟁송

정답해설

④ 보충역편입처분취소처분이 취소되어 확정되면 현역
병입영대상편입처분에 터 잡은 현역병입영통지처분
에 따라 현역병으로 복무하는 것을 피할 수 없는 경
우, 보충역처분취소의 취소를 구할 법률상의 이익이
없다고 한 사례(대판 2004.12.10, 2003두12257)

오답해설

① 주택재개발사업조합이 당초 조합설립변경인가 이후
적법한 절차를 거쳐 당초 변경인가를 받은 내용을 모
두 포함하여 이를 변경하는 취지의 조합설립변경인가
를 받은 경우, 당초 조합설립변경인가는 취소·철회
되고 변경된 조합설립변경인가가 새로운 조합설립변
경인가가 된다. 이 경우 당초 조합설립변경인가는 더
이상 존재하지 않는 처분이거나 과거의 법률관계가
되므로 특별한 사정이 없는 한 그 취소를 구할 소의
이익이 없다(대판 2013.10.24, 2012두12853).

② 건축허가가 건축법 소정의 이격거리를 두지 아니하고
건축물을 건축하도록 되어 있어 위법하다 하더라도
그 건축허가에 기하여 건축공사가 완료되었다면 그
건축허가를 받은 대지와 접한 대지의 소유자인 원고
가 위 건축허가처분의 취소를 받아 이격거리를 확보
할 단계는 지났으며 민사소송으로 위 건축물 등의 철
거를 구하는 데 있어서도 위 처분의 취소가 필요한 것
이 아니므로 원고로서는 위 처분의 취소를 구할 법률
상의 이익이 없다(대판 1992.4.24, 91누11131).

③ 공개청구의 대상이 되는 정보가 이미 다른 사람에게
공개되어 널리 알려져 있다거나 인터넷 등을 통하여
공개되어 인터넷검색 등을 통하여 쉽게 알 수 있다는
사정만으로는 소의 이익이 없다거나 비공개결정이 정
당화될 수 없다(대판 2010.12.23, 2008두13101).

04

출제 영역 행정작용법 – 행정행위

정답해설

② ㄹ, ㅁ 2개가 처분성이 부정된다.

ㄹ 토지대장에 기재된 일정한 사항을 변경하는 행위는,
그것이 지목의 변경이나 정정 등과 같이 토지소유권
행사의 전제요건으로서 토지소유자의 실체적 권리관
계에 영향을 미치는 사항에 관한 것이 아닌 한 행정사
무집행의 편의와 사실증명의 자료로 삼기 위한 것일

뿐이어서, 그 소유자 명의가 변경된다고 하여도 이로
인하여 당해 토지에 대한 실체상의 권리관계에 변동
을 가져올 수 없고 토지 소유권이 지적공부의 기재만
에 의하여 증명되는 것도 아니다. 따라서 소관청이 토
지대장상의 소유자명의변경신청을 거부한 행위는 이
를 항고소송의 대상이 되는 행정처분이라고 할 수 없
다(대판 2012.1.12, 2010두12354).

ㅁ 무허가건물관리대장은 당해 무허가 건물에 대한 실체
상의 권리관계에 변동을 가져오는 것이 아니고, 무허
가건물의 건축시기, 용도, 면적 등이 무허가건물관리
대장의 기재에 의해서만 증명되는 것도 아니므로, 관
할관청이 무허가건물의 무허가건물관리대장 등재 요
건에 관한 오류를 바로잡으면서 당해 무허가건물을
무허가건물관리대장에서 삭제하는 행위는 다른 특별
한 사정이 없는 한 항고소송의 대상이 되는 행정처분
이 아니다(대판 2009.3.12, 2008두11525).

오답해설

ㄱ 지목은 토지소유권을 제대로 행사하기 위한 전제요건
으로서 토지소유자의 실체적 권리관계에 밀접하게 관
련되어 있으므로 지적공부 소관청의 지목변경신청 반
려행위는 국민의 권리관계에 영향을 미치는 것으로서
항고소송의 대상이 되는 행정처분에 해당한다(대판
2004.4.22, 2003두9015).

ㄴ 건축물대장의 용도는 건축물의 소유권을 제대로 행사
하기 위한 전제요건으로서 건축물 소유자의 실체적
권리관계에 밀접하게 관련되어 있으므로 건축물대장
소관청의 용도변경신청 거부행위는 국민의 권리관계
에 영향을 미치는 것으로서 항고소송의 대상이 되는
행정처분에 해당한다(대판 2009.1.30, 2007두7277).

ㄷ 토지대장은 토지의 소유권을 제대로 행사하기 위한
전제요건으로서 토지 소유자의 실체적 권리관계에 밀
접하게 관련되어 있으므로, 이러한 토지대장을 직권
으로 말소한 행위는 국민의 권리관계에 영향을 미치
는 것으로서 항고소송의 대상이 되는 행정처분에 해
당한다(대판 2013.10.24, 2011두13286).

ㅂ 구 산업집적활성화 및 공장설립에 관한 법률 규정들
에서 알 수 있는 산업단지관리공단의 지위, 입주계약
및 변경계약의 효과, 입주계약 및 변경계약 체결 의무
와 그 의무를 불이행한 경우의 형사적 내지 행정적 제
재, 입주계약해지의 절차, 해지통보에 수반되는 법적
의무 및 그 의무를 불이행한 경우의 형사적 내지 행정
적 제재 등을 종합적으로 고려하면, 입주변경계약 취
소는 행정청인 관리권자로부터 관리업무를 위탁받은
산업단지관리공단이 우월적 지위에서 입주기업체들
에게 일정한 법률상 효과를 발생하게 하는 것으로서

항고소송의 대상이 되는 행정처분에 해당한다(대판 2017.6.15, 2014두46843).

Ⓐ 공무원연금법령에 따른 피고의 급여에 관한 결정은 국민의 권리에 직접 영향을 미치는 것이어서 행정처분에 해당한다고 할 것이고, 피고의 급여지급결정에 불복하려는 자는 공무원연금급여재심위원회의 심사결정을 거쳐 피고의 급여지급결정을 대상으로 행정소송을 제기하여야 한다(대판 2017.2.15, 2015두35789).

05

출제 **영역** 행정과정의 규율 – 행정절차

정답 답 ④

정답해설

④ 행정절차법 제3조 제2항, 같은법 시행령 제2조 제6호에 의하면 공정거래위원회의 의결·결정을 거쳐 행하는 사항에는 행정절차법의 적용이 제외되게 되어 있으므로, 설사 공정거래위원회의 시정조치 및 과징금납부명령에 행정절차법 소정의 의견청취절차 생략사유가 존재한다고 하더라도, 공정거래위원회는 행정절차법을 적용하여 의견청취절차를 생략할 수는 없다(대판 2001.5.8, 2000두10212).

오답해설

① 대판 2014.10.15, 2012두5756
② 대판 2007.9.21, 2006두20631
③ 대판 2004.5.28, 2004두1254

06

출제 **영역** 행정법 서론 – 행정법

정답 답 ②

정답해설

② 대판 2002.12.10, 2001두3228

오답해설

① 법령 등 공포에 관한 법률 제13조의2
③ 대판 2001.10.12, 2001두274
④ 대판 1989.7.11, 87누1123

07

정답 답 ①

출제 **영역** 행정과정의 규율 – 정보공개와 개인정보보호

정답해설

① 대판 2012.2.9, 2009두16305

오답해설

②·③ 대판 2012.2.9, 2010두14268
④ 대판 2012.2.23, 2010두17557

08

정답 답 ②

출제 **영역** 행정구제법 – 행정쟁송

정답해설

② 행정소송법 제20조 제1항은 '취소소송은 처분 등이 있음을 안 날부터 90일 이내에 제기하여야 하나 행정청이 행정심판청구를 할 수 있다고 잘못 알린 경우에 행정심판청구가 있은 때의 기간은 재결서의 정본을 송달받은 날부터 기산한다'고 규정하고 있는데, 위 규정의 취지는 불가쟁력이 발생하지 않아 적법하게 불복청구를 할 수 있었던 처분 상대방에 대하여 행정청이 법령상 행정심판청구가 허용되지 않음에도 행정심판청구를 할 수 있다고 잘못 알린 경우에, 잘못된 안내를 신뢰하여 부적법한 행정심판을 거치느라 본래 제소기간 내에 취소소송을 제기하지 못한 자를 구제하려는 데에 있다. 이와 달리 이미 제소기간이 지남으로써 불가쟁력이 발생하여 불복청구를 할 수 없었던 경우라면 그 이후에 행정청이 행정심판청구를 할 수 있다고 잘못 알렸다고 하더라도 그 때문에 처분 상대방이 적법한 제소기간 내에 취소소송을 제기할 수 있는 기회를 상실하게 된 것은 아니므로 이러한 경우에 잘못된 안내에 따라 청구된 행정심판 재결서 정본을 송달받은 날부터 다시 취소소송의 제소기간이 기산되는 것은 아니다. 불가쟁력이 발생하여 더 이상 불복청구를 할 수 없는 처분에 대하여 행정청의 잘못된 안내가 있었다고 하여 처분 상대방의 불복청구 권리가 새로이 생겨나거나 부활한다고 볼 수는 없기 때문이다(대판 2012.9.27, 2011두27247).

오답해설

① 행정청이 산업재해보상보험법에 의한 보험급여 수급자에 대하여 부당이득 징수결정을 한 후 징수결정의 하자를 이유로 징수금 액수를 감액하는 경우에 감액처분은 감액된 징수금 부분에 관해서만 법적 효과가 미치는 것으로서 당초 징수결정과 별개 독립의 징수금 결정처분이 아니라 그 실질은 처음 징수결정의 변

경이고. 그에 의하여 징수금의 일부취소라는 징수의 무자에게 유리한 결과를 가져오는 처분이므로 징수의 무자에게는 그 취소를 구할 소의 이익이 없다. 이에 따라 감액처분으로도 아직 취소되지 않고 남아 있는 부분이 위법하다 하여 다투고자 하는 경우, 감액처분을 항고소송의 대상으로 할 수는 없고, 당초 징수결정 중 감액처분에 의하여 취소되지 않고 남은 부분을 항고소송의 대상으로 할 수 있을 뿐이며, 그 결과 제소기간의 준수 여부도 감액처분이 아닌 당초 처분을 기준으로 판단해야 한다(대판 2012.9.27, 2011두27247).

③ 직무유기 혐의 고소사건에 대한 내부 감사과정에서 경찰관들에게서 받은 경위서를 공개하라는 고소인 갑의 정보공개신청에 대하여 관할 경찰서장이 공공기관의 정보공개에 관한 법률 제9조 제1항 제5호 등의 사유를 들어 비공개결정을 한 사안에서, 위 경위서는 갑의 고소사건을 조사하는 과정이 아니라 내부 감사과정에서 제출받은 것인 점 등 위 경위서가 징구된 경위와 과정을 비롯하여 정보공개법 제9조 제1항 제5호에 따른 비공개대상정보의 입법 취지 등을 종합할 때, 경위서가 공개될 경우 앞으로 동종 업무 수행에 현저한 지장을 가져올 개연성이 상당하다(대판 2012.10.11, 2010두18758).

④ 조합설립인가처분과 동일한 요건과 절차가 요구되지 않는 구 도시 및 주거환경정비법 시행령 제27조 각 호에서 정하는 경미한 사항의 변경에 대하여 행정청이 조합설립의 변경인가라는 형식으로 처분을 하였다고 하더라도, 그 성질은 당초의 조합설립인가처분과는 별개로 위 조항에서 정한 경미한 사항의 변경에 대한 신고를 수리하는 의미에 불과한 것으로 보아야 하므로, 경미한 사항의 변경에 대한 신고를 수리하는 의미에 불과한 변경인가처분이 있다고 하더라도 설권적 처분인 조합설립인가처분을 다툴 소의 이익이 소멸된다고 볼 수는 없다(대판 2012.10.25, 2010두25107).

09 답 ①
출제 **영역** 행정법 서론 – 행정상 법률관계

정답해설

① 학습비 금액이나 수령 등에 관하여 아무런 제한을 하고 있지 않은 점에 비추어 볼 때, 행정청으로서는 신고서 기재사항에 흠결이 없고 정해진 서류가 구비된 때에는 이를 수리하여야 하고, 이러한 형식적 요건을 모두 갖추었음에도 신고대상이 된 교육이나 학습이

공익적 기준에 적합하지 않는다는 등 실체적 사유를 들어 신고 수리를 거부할 수는 없다(대판 2011.7.28, 2005두11784).

오답해설

② 어업에 관한 허가 또는 신고의 경우에는 어업면허와 달리 유효기간연장제도가 마련되어 있지 아니하므로 그 유효기간이 경과하면 그 허가나 신고의 효력이 당연히 소멸하며, 재차 허가를 받거나 신고를 하더라도 허가나 신고의 기간만 갱신되어 종전의 어업허가나 신고의 효력 또는 성질이 계속된다고 볼 수 없고 새로운 허가 내지 신고로서의 효력이 발생한다고 할 것이다(대판 2011.7.28, 2011두5728).

③ 구 법과 그 위임에 따라 제정된 구 시행규칙에서 정한 주거이전비는 가구원 수에 따라 소유자 또는 세입자에게 지급되는 것으로서 소유자와 세입자가 지급청구권을 가지는 것으로 보아야 하므로, 소유자 또는 세입자 아닌 가구원은 사업시행자를 상대로 직접 주거이전비 지급을 구할 수 없다(대판 2011.8.25, 2010두4131).

④ 구 장사 등에 관한 법률 제14조 제1항, 구 장사 등에 관한 법률 시행규칙 제7조 제1항 [별지 제7호 서식]을 종합하면, 납골당설치 신고는 이른바 '수리를 요하는 신고'라 할 것이므로, 납골당설치 신고가 구 장사법 관련 규정의 모든 요건에 맞는 신고라 하더라도 신고인은 곧바로 납골당을 설치할 수는 없고, 이에 대한 행정청의 수리처분이 있어야만 신고한 대로 납골당을 설치할 수 있다. 한편 수리란 신고를 유효한 것으로 판단하고 법령에 의하여 처리할 의사로 이를 수령하는 수동적 행위이므로 수리행위에 신고필증 교부 등 행위가 꼭 필요한 것은 아니다(대판 2011.9.8, 2009두6766).

10 답 ④
출제 **영역** 행정구제법 – 행정상 손해배상

정답해설

④ • 도로 · 하천, 그 밖의 공공의 영조물(營造物)의 설치나 관리에 하자(瑕疵)가 있기 때문에 타인에게 손해를 발생하게 하였을 때에는 국가나 지방자치단체는 그 손해를 배상하여야 한다. 이 경우 제2조 제1항 단서, 제3조 및 제3조의2를 준용한다(국가배상법 제5조).

• 국가나 지방자치단체는 공무원 또는 공무를 위탁받은 사인이 직무를 집행하면서 고의 또는 과실로 법

제2회 실전모의고사 정답 및 해설 **169**

령을 위반하여 타인에게 손해를 입히거나, 자동차 손해배상보장법에 따라 손해배상의 책임이 있을 때에는 이 법에 따라 그 손해를 배상하여야 한다. 다만, 군인·군무원·경찰공무원 또는 예비군대원이 전투·훈련 등 직무집행과 관련하여 전사(戰死)·순직(殉職)하거나 공상(公傷)을 입은 경우에 본인이나 그 유족이 다른 법령에 따라 재해보상금·유족연금·상이연금 등의 보상을 지급받을 수 있을 때에는 이 법 및 민법에 따른 손해배상을 청구할 수 없다(국가배상법 제2조 제1항).

오답해설

① 공무원이 직무상 자동차를 운전하다가 사고를 일으켜 다른 사람에게 손해를 입힌 경우에는 그 사고가 자동차를 운전한 공무원의 경과실에 의한 것인지 중과실 또는 고의에 의한 것인지를 가리지 않고, 그 공무원이 자동차손해배상보장법 제3조 소정의 '자기를 위하여 자동차를 운행하는 자'에 해당하는 한 자동차손해배상보장법상의 손해배상책임을 부담한다(대판 1996.3.8, 94다23876).

② 헌재 1994.12.29, 93헌바21

③ 한국토지공사는 구 한국토지공사법 제2조, 제4조에 의하여 정부가 자본금의 전액을 출자하여 설립한 법인이고, 같은 법 제9조 제4호에 규정된 한국토지공사의 사업에 관하여는 공익사업을 위한 토지 등의 취득 및 보상에 관한 법률 제89조 제1항, 위 한국토지공사법 제22조 제6호 및 같은 법 시행령 제40조의3 제1항의 규정에 의하여 본래 시·도지사나 시장·군수 또는 구청장의 업무에 속하는 대집행권한을 한국토지공사에게 위탁하도록 되어 있는바, 한국토지공사는 이러한 법령의 위탁에 의하여 대집행을 수권받은 자로서 공무인 대집행을 실시함에 따르는 권리·의무 및 책임이 귀속되는 행정주체의 지위에 있다고 볼 것이지 지방자치단체 등의 기관으로서 국가배상법 제2조 소정의 공무원에 해당한다고 볼 것은 아니다(대판 2010.1.28, 2007다82950).

출제 영역 행정의 실효성 확보수단 - 새로운 의무이행확보수단

정답해설

① 처분을 할 것인지 여부와 처분의 정도에 관하여 재량이 인정되는 과징금 납부명령에 대하여 그 명령이 재량권을 일탈하였을 경우, 법원으로서는 재량권의 일탈 여부만 판단할 수 있을 뿐이지 재량권의 범위 내에서 어느 정도가 적정한 것인지에 관하여는 판단할 수 없어 그 전부를 취소할 수밖에 없고, 법원이 적정하다고 인정하는 부분을 초과한 부분만 취소할 수는 없다(대판 2009.6.23, 2007두18062).

오답해설

② 신설회사 또는 존속회사가 승계하는 것은 분할하는 회사의 권리와 의무라 할 것인바, 분할하는 회사의 분할 전 법 위반행위를 이유로 과징금이 부과되기 전까지는 단순한 사실행위만 존재할 뿐 그 과징금과 관련하여 분할하는 회사에게 승계의 대상이 되는 어떠한 의무가 있다고 할 수 없고, 특별한 규정이 없는 한 신설회사에 대하여 분할하는 회사의 분할 전 법 위반행위를 이유로 과징금을 부과하는 것은 허용되지 않는다(대판 2007.11.29, 2006두18928).

③ 구 독점규제 및 공정거래에 관한 법률 제23조 제1항의 규정에 위반하여 불공정거래행위를 한 사업자에 대하여 같은 법 제24조의2 제1항의 규정에 의하여 부과되는 과징금은 행정법상의 의무를 위반한 자에 대하여 당해 위반행위로 얻게 된 경제적 이익을 박탈하기 위한 목적으로 부과하는 금전적인 제재로서, 같은 법이 규정한 범위 내에서 그 부과처분 당시까지 부과관청이 확인한 사실을 기초로 일의적으로 확정되어야 할 것이고, 그렇지 아니하고 부과관청이 과징금을 부과하면서 추후에 부과금 산정기준이 되는 새로운 자료가 나올 경우에는 과징금액이 변경될 수도 있다고 유보한다든지, 실제로 추후에 새로운 자료가 나왔다고 하여 새로운 부과처분을 할 수는 없다 할 것인바, 왜냐하면 과징금의 부과와 같이 재산권의 직접적인 침해를 가져오는 처분을 변경하려면 법령에 그 요건 및 절차가 명백히 규정되어 있어야 할 것인데, 위와 같은 변경처분에 대한 법령상의 근거규정이 없고, 이를 인정하여야 할 합리적인 이유 또한 찾아 볼 수 없기 때문이다(대판 1999.5.28, 99두1571).

④ 부동산 실권리자명의 등기에 관한 법률 제3조 제1항, 제5조 제1항, 같은 법 시행령 제3조 제1항의 규정을 종합하면, 명의신탁자에 대하여 과징금을 부과할 것인지 여부는 기속행위에 해당한다(대판 2007.7.12, 2005두17287).

12

출제 영역 행정작용법 – 그 밖의 행정의 주요 행위형식

정답해설

② 산림법령에는 채석허가처분을 한 처분청이 산림을 복구한 자에 대하여 복구설계서승인 및 복구준공통보를 한 경우 그 취소신청과 관련하여 아무런 규정을 두고 있지 않고, 원래 행정처분을 한 처분청은 그 처분에 하자가 있는 경우에는 원칙적으로 별도의 법적 근거가 없더라도 스스로 이를 직권으로 취소할 수 있지만, 그와 같이 직권취소를 할 수 있다는 사정만으로 이해관계인에게 처분청에 대하여 그 취소를 요구할 신청권이 부여된 것으로 볼 수는 없다(대판 2006.6.30, 2004두701).

오답해설

① 변상금 부과처분에 대한 취소소송이 진행 중이라도 그 부과권자로서는 위법한 처분을 스스로 취소하고, 그 하자를 보완하여 다시 적법한 부과처분을 할 수도 있는 것이다(대판 2006.2.10, 2003두5686).

③ 행정처분의 성립과정에서 그 처분을 받아내기 위한 뇌물이 수수되었다면 특별한 사정이 없는 한 그 행정처분에는 직권취소사유가 있는 것으로 보아야 할 것이고, 이러한 이유로 직권취소하는 경우에는 처분 상대방 측에 귀책사유가 있기 때문에 신뢰보호의 원칙도 적용될 여지가 없다 할 것이며, 다만 행정처분의 성립과정에서 뇌물이 수수되었다고 하더라도 그 행정처분이 기속적 행정행위이고 그 처분의 요건이 충족되었음이 객관적으로 명백하여 다른 선택의 여지가 없었던 경우에는 직권취소의 예외가 될 수 있을 것이지만, 그 경우 이에 대한 입증책임은 이를 주장하는 측에게 있다(대판 2003.7.22, 2002두11066).

④ 행정처분이 취소되면 그 소급효에 의하여 처음부터 그 처분이 없었던 것과 같은 효과를 발생하게 되는바, 행정청이 의료법인의 이사에 대한 이사취임승인취소처분(제1처분)을 직권으로 취소(제2처분)한 경우에는 그로 인하여 이사가 소급하여 이사로서의 지위를 회복하게 되고, 그 결과 위 제1처분과 제2처분 사이에 법원에 의하여 선임결정된 임시이사들의 지위는 법원의 해임결정이 없더라도 당연히 소멸된다(대판 1997.1.21, 96누3401).

The 알아보기

취소의 취소 가능 여부

- 침익적 행정행위에 대한 취소의 취소 : 부정
- 수익적 행정행위에 대한 취소의 취소 : 긍정
- 단, 새로운 이해관계인이 생기기 전까지만 수익적 행정행위에 대한 취소의 취소가 가능

13

출제 영역 행정법 서론 – 행정상 법률관계

정답해설

② 수도권매립지관리공사가 갑에게 입찰참가자격을 제한하는 내용의 부정당업자제재처분을 하자, 갑이 제재처분의 무효확인 또는 취소를 구하는 행정소송을 제기하면서 제재처분의 효력정지신청을 한 사안에서, 수도권매립지관리공사는 행정소송법에서 정한 행정청 또는 그 소속기관이거나 그로부터 제재처분의 권한을 위임받은 공공기관에 해당하지 않으므로, 수도권매립지관리공사가 한 위 제재처분은 행정소송의 대상이 되는 행정처분이 아니라 단지 갑을 자신이 시행하는 입찰에 참가시키지 않겠다는 뜻의 사법상의 효력을 가지는 통지에 불과하므로, 갑이 수도권매립지관리공사를 상대로 하여 제기한 위 효력정지신청은 부적법함에도 그 신청을 받아들인 원심결정은 집행정지의 요건에 관한 법리를 오해한 위법이 있다(대판 2010.11.26, 2010무137).

오답해설

① 공유재산의 관리청이 행정재산의 사용 · 수익에 대한 허가는 순전히 사경제주체로서 행하는 사법상의 행위가 아니라 관리청이 공권력을 가진 우월적 지위에서 행하는 행정처분으로서 특정인에게 행정재산을 사용할 수 있는 권리를 설정하여 주는 강학상 특허에 해당한다. 행정재산의 사용 · 수익허가처분의 성질에 비추어 국민에게는 행정재산의 사용 · 수익허가를 신청할 법규상 또는 조리상의 권리가 있다고 할 것이므로 공유재산의 관리청이 행정재산의 사용 · 수익에 대한 허가 신청을 거부한 행위 역시 행정처분에 해당한다(대판 1998.2.27, 97누1105).

③ 수도법에 의하여 지방자치단체인 수도사업자가 그 수돗물의 공급을 받을 자에 대하여 하는 수도료의 부과징수와 이에 따른 수도료의 납부관계는 공법상의 권리의무관계라 할 것이므로 이에 관한 소송은 행정소송절차에 의하여야 하고, 민사소송절차에 의할 수는 없다(대판 1977.2.22, 76다2517).

④ 구 남녀차별 금지 및 구제에 관한 법률 제28조에 의하면, 국가인권위원회의 성희롱결정과 이에 따른 시정조치의 권고는 불가분의 일체로 행하여지는 것인데 국가인권위원회의 이러한 결정과 시정조치의 권고는 성희롱 행위자로 결정된 자의 인격권에 영향을 미침과 동시에 공공기관의 장 또는 사용자에게 일정한 법률상의 의무를 부담시키는 것이므로 국가인권위원회의 성희롱결정 및 시정조치권고는 행정소송의 대상이 되는 행정처분에 해당한다고 보지 않을 수 없다(대판 2005.7.8, 2005두487).

14

정답 ④

출제 **영역** 행정작용법 – 행정입법

정답해설

④ 법률규정 자체에 위임의 구체적 범위를 명확히 규정하고 있지 아니하여 외형상으로는 일반적, 포괄적으로 위임한 것처럼 보이더라도 그 법률의 전반적인 체계와 취지·목적, 당해 조항의 규정형식과 내용 및 관련 법규를 살펴 이에 대한 해석을 통하여 그 내재적인 위임의 범위나 한계를 객관적으로 분명히 확정될 수 있는 것이라면 이를 일반적, 포괄적 위임에 해당하는 것으로 볼 수는 없다 할 것이다(대판 1996.3.21, 95누3640).

오답해설

① 대판 1962.1.25, 61다9
② 일반적으로 법률의 위임에 의하여 효력을 갖는 법규명령의 경우, 구법에 위임의 근거가 없어 무효였더라도 사후에 법개정으로 위임의 근거가 부여되면 그 때부터는 유효한 법규명령이 되나, 반대로 구법의 위임에 의한 유효한 법규명령이 법개정으로 위임의 근거가 없어지게 되면 그 때부터 무효인 법규명령이 되므로, 어떤 법령의 위임 근거 유무에 따른 유효 여부를 심사하려면 법개정의 전·후에 걸쳐 모두 심사하여야만 그 법규명령의 시기에 따른 유효·무효를 판단할 수 있다(대판 1995.6.30, 93추83).
③ 헌재 1991.2.11, 90헌가27

15

정답 ①

출제 **영역** 행정과정의 규율 – 행정절차

정답해설

① 지방병무청장이 병역법 제41조 제1항 제1호, 제40조 제2호의 규정에 따라 산업기능요원에 대하여 한 산업기능요원 편입취소처분은, 행정처분을 할 경우 '처분의 사전통지'와 '의견제출 기회의 부여'를 규정한 행정절차법 제21조 제1항, 제22조 제3항에서 말하는 '당사자의 권익을 제한하는 처분'에 해당하는 한편, 행정절차법의 적용이 배제되는 사항인 행정절차법 제3조 제2항 제9호, 같은 법 시행령 제2조 제1호에서 규정하는 '병역법에 의한 소집에 관한 사항'에는 해당하지 아니하므로, 행정절차법상의 '처분의 사전통지'와 '의견제출 기회의 부여' 등의 절차를 거쳐야 한다(대판 2002.9.6, 2002두554).

오답해설

② 세무서장인 피고가 주류도매업자인 원고에 대하여 한 이 사건 일반주류도매업면허취소통지에 "상기 주류도매장은 무면허 주류판매업자에게 주류를 판매하여 주세법 제11조 및 국세법사무처리규정 제26조에 의거 지정조건위반으로 주류판매면허를 취소합니다"라고만 되어 있어서 원고의 영업기간과 거래상대방 등에 비추어 원고가 어떠한 거래행위로 인하여 이 사건 처분을 받았는지 알 수 없게 되어 있다면 이 사건 면허취소처분은 위법하다(대판 1990.9.11, 90누1786).
③ 계약직공무원에 관한 현행 법령의 규정에 비추어 볼 때, 계약직공무원 채용계약해지의 의사표시는 일반공무원에 대한 징계처분과는 달라서 항고소송의 대상이 되는 처분 등의 성격을 가진 것으로 인정되지 아니하고, 일정한 사유가 있을 때에 국가 또는 지방자치단체가 채용계약 관계의 한쪽 당사자로서 대등한 지위에서 행하는 의사표시로 취급되는 것으로 이해되므로, 이를 징계해고 등에서와 같이 그 징계사유에 한하여 효력 유무를 판단하여야 하거나, 행정처분과 같이 행정절차법에 의하여 근거와 이유를 제시하여야 하는 것은 아니다(대판 2002.11.26, 2002두5948).
④ 행정절차법 제23조 제1항은 행정청은 처분을 하는 때에는 당사자에게 그 근거와 이유를 제시하여야 한다고 규정하고 있는바, 일반적으로 당사자가 근거규정 등을 명시하여 신청하는 인·허가 등을 거부하는 처분을 함에 있어 당사자가 그 근거를 알 수 있을 정도로 상당한 이유를 제시한 경우에는 당해 처분의 근거 및 이유를 구체적 조항 및 내용까지 명시하지 않았더라도 그로 말미암아 그 처분이 위법한 것이 된다고 할 수 없다(대판 2002.5.17, 2000두8912).

16

출제 **영역** 행정작용법 – 그 밖의 행정의 주요 행위형식

정답해설

① 행정절차법은 확약, 공법상 계약, 행정계획의 확정절차, 행정조사절차 등에 대해서는 규정하지 않고 있다.

오답해설

② 공법상 계약에 법률유보원칙이 적용되는지, 즉 법률의 수권이 없어도 공법상 계약을 체결할 수 있는지에 대해서는 여러 견해가 대립하고 있으나 다수설은 공법상 계약은 비권력관계에서의 행위이며 당사자의 자유로운 의사의 합치에 근거한 것이므로 법적 근거가 없어도 자유롭게 체결할 수 있다고 본다.

③ 서울특별시립무용단원이 가지는 지위가 공무원과 유사한 것이라면, 서울특별시립무용단 단원의 위촉은 공법상의 계약이라고 할 것이고, 따라서 그 단원의 해촉에 대하여는 공법상의 당사자소송으로 그 무효확인을 청구할 수 있다(대판 1995.12.22, 95누4636).

④ 채용계약상 특별한 약정이 없는 한, 지방계약직공무원에 대하여 지방공무원법, 지방공무원 징계 및 소청 규정에 정한 징계절차에 의하지 않고서는 보수를 삭감할 수 없다고 봄이 상당하다(대판 2008.6.12, 2006두16328).

17

출제 **영역** 행정구제법 – 행정쟁송

정답해설

② 선정대표자는 다른 청구인들을 위하여 그 사건에 관한 모든 행위를 할 수 있다. 다만, 심판청구를 취하하려면 다른 청구인들의 동의를 받아야 하며, 이 경우 동의받은 사실을 서면으로 소명하여야 한다(행정심판법 제15조 제3항).

오답해설

① 위원회는 필요하면 당사자가 주장하지 아니한 사실에 대하여도 심리할 수 있다(행정심판법 제39조).

③ 행정심판의 심리는 구술심리나 서면심리로 한다. 다만, 당사자가 구술심리를 신청한 경우에는 서면심리만으로 결정할 수 있다고 인정되는 경우 외에는 구술심리를 하여야 한다(행정심판법 제40조 제1항).

④ 행정심판의 심리는 구술심리 또는 서면심리를 원칙으로 하므로 비공개주의 원칙이나(통설), 행정심판법이 비공개 원칙임을 명시하고 있지는 않다.

18

출제 **영역** 행정작용법 – 행정행위

정답해설

① 건축허가권자가 건축불허가처분을 하면서 그 처분사유로 건축불허가 사유뿐만 아니라 구 소방법 제8조 제1항에 따른 소방서장의 건축부동의 사유를 들고 있다고 하여 그 건축불허가처분 외에 별개로 건축부동의처분이 존재하는 것이 아니므로, 그 건축불허가처분을 받은 사람은 그 건축불허가처분에 관한 쟁송에서 건축법상의 건축불허가 사유뿐만 아니라 소방서장의 부동의 사유에 관하여도 다툴 수 있다(대판 2004.10.15, 2003두6573).

오답해설

② 항정신병 치료제의 요양급여에 관한 보건복지부 고시가 다른 집행행위의 매개 없이 그 자체로서 제약회사, 요양기관, 환자 및 국민건강보험공단 사이의 법률관계를 직접 규율하는 성격을 가진다는 이유로 항고소송의 대상이 되는 행정처분에 해당한다고 한 사례(대판 2003.10.9, 2003무23)

③ 종합적으로 고려하면, 입주변경계약 취소는 행정청인 관리권자로부터 관리업무를 위탁받은 산업단지관리공단이 우월적 지위에서 입주기업체들에게 일정한 법률상 효과를 발생하게 하는 것으로서 항고소송의 대상이 되는 행정처분에 해당한다(대판 2017.6.15, 2014두46843).

④ 폐기물관리법 관계 법령의 규정에 의하면 폐기물처리업의 허가를 받기 위하여는 먼저 사업계획서를 제출하여 허가권자로부터 사업계획에 대한 적정통보를 받아야 하고, 그 적정통보를 받은 자만이 일정기간 내에 시설, 장비, 기술능력, 자본금을 갖추어 허가신청을 할 수 있으므로, 결국 부적정통보는 허가신청 자체를 제한하는 등 개인의 권리 내지 법률상의 이익을 개별적이고 구체적으로 규제하고 있어 행정처분에 해당한다(대판 1998.4.28, 97누21086).

The 알아보기

처분성 인정 여부

구분	통설	판례
확약	○	×
가행정행위	○	없음
예비결정(사전결정)	○	○
부분허가(부분인허)	○	○

19

출제 영역 행정작용법 – 행정행위

정답해설

① 행정행위인 허가 또는 특허에 붙인 조항으로서 종료의 기한을 정한 경우 종기인 기한에 관하여는 일률적으로 기한이 왔다고 하여 당연히 그 행정행위의 효력이 상실된다고 할 것이 아니고 그 기한이 그 허가 또는 특허된 사업의 성질상 부당하게 짧은 기한을 정한 경우에 있어서는 그 기한은 그 허가 또는 특허의 조건의 존속기간을 정한 것이며 그 기한이 도래함으로써 그 조건의 개정을 고려한다는 뜻으로 해석하여야 할 것이다(대판 1995.11.10, 94누11866).

오답해설

② 대판 2007.10.11, 2005두12404
③ 대판 2008.11.27, 2007두24289
④ 대판 2009.2.12, 2005다65500

20

출제 영역 행정법 서론 – 행정상 법률관계

정답해설

③ ⓛ, ⓜ, ⓗ, ⓐ 4개가 사법관계이다.
ⓛ 대판 2000.2.11, 99다61675
ⓜ 대판 1994.1.25, 93누7365
ⓗ 대판 2013.2.28, 2010두22368
ⓐ 대판 1989.9.12, 89누2103

오답해설

㉠ 대판 2000.1.28, 97누4098
㉢ 대판 1993.7.13, 92다47564
㉣ 대판 1995.6.9, 94누10870
◎ 대판 2017.11.9, 2015다215526

제1과목 국어 ○:____개 △:____개 ×:____개
제2과목 영어 ○:____개 △:____개 ×:____개
제3과목 한국사 ○:____개 △:____개 ×:____개

제4과목 사회복지학개론 ○:____개 △:____개 ×:____개
제5과목 행정법총론 ○:____개 △:____개 ×:____개

제**1**과목 국어

01	02	03	04	05	06	07	08	09	10
③	②	④	②	②	①	③	④	③	②
11	12	13	14	15	16	17	18	19	20
③	①	②	②	①	④	①	③	①	④

01
답 ③

출제 영역 문법 – 어문규정

정답해설

③ '보잘것없다'는 '볼만한 가치가 없을 정도로 하찮다.'는 뜻을 지닌 하나의 단어이므로 '보잘것없으면서'와 같이 붙여 써야 한다.

오답해설

① '같다'는 '다른 것과 비교하여 그것과 다르지 않다.'는 의미를 지닌 형용사로 앞말인 '백옥'과 띄어 써야 한다.

② '-만하다'는 보조 형용사이다. 그러므로 한글 맞춤법 제47항 – '보조 용언은 띄어 씀을 원칙으로 하되, 경우에 따라 붙여 씀도 허용한다.'에 따라 '괄목할만한'의 띄어쓰기는 적절하다.

④ '쏜살같다'는 합성어이므로 붙여 쓴다.

02
답 ②

출제 영역 문학 – 수필

정답해설

② 우체부가 전해 준 '하도롱' 빛 소식을 본 후 마을 사람들이 멀리 떨어져 사는 일가 때문에 수심이 생겼다는 것을 미루어 볼 때 편지의 내용이 사람들에게 기쁨이자 즐거움이 된다는 설명은 적절하지 않다.

The 알아보기

이상, 「산촌 여정」

• 갈래 : 경수필
• 성격 : 감상적, 감각적, 체험적
• 제재 : 산촌에서의 생활
• 주제 : 산촌의 정경과 그에 대한 도시인의 정서
• 특징
 – 서간체 수필의 형식으로 구성되어 있다.
 – 자연적 · 전통적 소재를 근대적이고 도회적인 이미지로 형상화하였다.
• 출전 : 『매일신보』(1935)

03
답 ④

출제 영역 문법 – 언어의 본질

정답해설

④ 관어적 기능 : 언어와 언어가 관계하고 있는 기능을 말한다.

오답해설

① 표현적 기능 : 화자의 심리(감정이나 태도)를 표현하는 기능으로 언어의 개념적 의미뿐만 아니라 지시 대상에 대한 화자의 감정이나 태도를 나타낸다.

② 친교적 기능 : 말하는 사람과 듣는 사람의 친밀한 관계를 확인하는 기능으로 사교적 기능이라고도 한다.

③ 표출적 기능 : 놀랐을 때나 감동을 받았을 때 본능적으로 사용하는 것으로 표현 의도나 전달 의도가 없는 경우이다.

04

출제 **영역** 문법 – 어문규정

정답해설

② • 부딪치다 : '부딪다'를 강조하여 이르는 말
- 부딪히다 : '부딪다'의 피동사

오답해설

① • 닫치다 : 열린 문짝, 뚜껑, 서랍 따위를 꼭꼭 또는 세게 닫다.
- 닫히다 : '닫다(열린 문짝, 뚜껑, 서랍 따위를 도로 제자리로 가게 하여 막다)'의 피동사
③ • 걷잡다 : 마음을 진정하거나 억제하다.
- 겉잡다 : 겉으로 보고 대강 짐작하여 헤아리다.
④ • 이따가 : 조금 지난 뒤에
- 있다가 : 사람이나 동물이 어느 곳에서 떠나거나 벗어나지 아니하고 머물다.

05

출제 **영역** 비문학 – 글의 전개(서술) 방식

오답해설

① 3, 4문단에서 인용의 요건을 분석하여 정당한 범위와 공정한 관행을 제시하고 있다.
③ 1문단에서 저작권의 개념을 설명하고 있다.
④ 4문단에서 공정한 관행의 합치되는 경우를 예를 들어 설명하고 있다.

The 알아보기

글의 전개 방식
- 정의 : 어떤 용어의 개념을 다른 말로 명확하게 설명하는 방법
- 비교 : 둘 이상의 대상이나 사물 사이에 비슷한 점을 드러내어 대등하게 그 대상들을 해명하는 방법
- 대조 : 둘 이상의 대상이나 사물 사이에 서로 다른 점을 드러내어 한쪽의 대상을 해명하는 방법
- 예시 : 보기를 들어 일반적인 것을 특수한 것으로, 추상적이고 관념적인 내용을 구체적으로, 어려운 것을 쉬운 것으로 설명하는 방법
- 분석 : 어떤 대상을 구성하고 있는 부분에 따라 나누어 설명하는 방법

06

출제 **영역** 어휘 – 한자(한자성어)

정답해설

① 각주구검(刻舟求劍) : 융통성 없이 현실에 맞지 않는 낡은 생각을 고집하는 어리석음을 이르는 말이다.

오답해설

② 사면초가(四面楚歌) : 아무에게도 도움을 받지 못하는, 외롭고 곤란한 지경에 빠진 형편을 이르는 말이다.
③ 연목구어(緣木求魚) : 나무에 올라가서 물고기를 구한다는 뜻으로, 도저히 불가능한 일을 굳이 하려 함을 비유적으로 이르는 말이다.
④ 오월동주(吳越同舟) : 서로 적의를 품은 사람들이 한자리에 있게 되는 경우나 서로 협력하여야 하는 상황을 비유적으로 이르는 말이다.

07

출제 **영역** 화법 – 강연

오답해설

① 4문단의 '일상에서 벗어나'에서 확인할 수 있다.
② 2문단의 '여행은 출발지와 목적지, 그리고 일정에 따라 움직이는 것'에서 확인할 수 있다.
④ 3문단의 '낯선 사람과 자유롭게 만나 대화하고 친구가 되는'에서 확인할 수 있다.

08

출제 **영역** 문법 – 어문규정

정답해설

④ 표준어 규정 제8항 – '양성 모음이 음성 모음으로 바뀌어 굳어진 다음 단어는 음성 모음 형태를 표준어로 삼는다.'에 따라 '깡충깡충'이 표준어이다.

오답해설

① 핼쑥하다 : 얼굴에 핏기가 없고 파리하다.
② 메꾸다 : 시간을 적당히 또는 그럭저럭 보내다. 부족하거나 모자라는 것을 채우다(2011.8.31. 추가 표준어).
③ 섬찟 : 갑자기 소름이 끼치도록 무시무시하고 끔찍한 느낌이 드는 모양(2014.12.15. 추가 표준어)

09

출제 **영역** 문법 – 문장론

정답해설

③ '모름지기'는 '~해야 한다'와 호응하므로 '모름지기 학생은 공부를 열심히 해야 한다.'와 같이 써야 한다.

오답해설

① '과연'은 '~구나'와 호응하므로 적절한 표현이다.

② '하물며'는 앞의 사실이 그러하다면 뒤의 사실은 말할 것도 없다는 뜻의 접속 부사로 '~야, ~랴'와 호응한다.

④ '마치'는 '~처럼, ~듯, ~듯이' 등이 붙은 단어나 '~같다, ~양하다' 등과 호응하므로 '마치 ~듯'과 같이 쓰는 표현은 적절하다.

The 알아보기

부사어와 서술어의 호응

긍정의 호응	과연 ~구나 예 작품을 보니 이 사람은 과연 훌륭한 예술가로구나.
부정의 호응	'결코, 별로, 여간, 전혀, 절대로, 차마+아니다, 없다, 못 하다' 등 주로 부정의 의미를 나타내는 말과 함께 쓰인다. 예 그것은 결코 우연한 일이 아니었다. / 차마 거절할 수 없다.
가정의 호응	만약(만일) ~다면 / 비록 ~ㄹ지라도(~지마는, ~더라도) 예 만약 내일 비가 온다면 소풍은 취소할 예정이다.
추측의 호응	'아마, 틀림없이+~(으)ㄹ 것이다' 등 주로 추측의 표현과 함께 쓰인다. 예 아마 밥은 먹지 않았을 것이다.
인과의 호응	왜냐하면 ~때문이다. 예 그는 시험에 합격했다. 왜냐하면 열심히 공부했기 때문이다.
당위의 호응	마땅히(모름지기, 당연히, 반드시) ~하여야 한다. 예 수험생이라면 마땅히 공부를 열심히 해야 한다.
비교의 호응	마치(흡사) ~처럼(~듯, ~듯이, 같다, 양하다) 예 마치 구름 위를 걷는 듯 도무지 진짜가 아닌 것만 같았다.
의문의 호응	설마(하물며) ~랴? / 도대체 ~냐? 예 설마 영희가 이기랴? / 도대체 나더러 어쩌란 말이냐?

10

출제 **영역** 문법 – 어문규정

정답해설

② '속임수'는 [소김쑤]로 발음한다.

오답해설

① 표준 발음법 제15항 – "받침 뒤에 모음 'ㅏ, ㅓ, ㅗ, ㅜ, ㅟ'들로 시작되는 실질 형태소가 연결되는 경우에는, 대표음으로 바꾸어서 뒤 음절 첫소리로 옮겨 발음한다."에 따라 '헛웃음'은 [허두슴]으로 발음한다.

③ 표준 발음법 제18항 – "받침 'ㄱ(ㄲ, ㅋ, ㄳ, ㄺ), ㄷ(ㅅ, ㅆ, ㅈ, ㅊ, ㅌ, ㅎ), ㅂ(ㅍ, ㄼ, ㄿ, ㅄ)'은 'ㄴ, ㅁ' 앞에서 [ㅇ, ㄴ, ㅁ]으로 발음한다."에 따라 '국민'은 [궁민]으로 발음한다.

④ 표준 발음법 제20항 – "'ㄴ'은 'ㄹ'의 앞이나 뒤에서 [ㄹ]로 발음한다."에 따라 '물난리'는 [물랄리]로 발음한다.

11

출제 **영역** 문학 – 현대시

정답해설

'저승'은 살아 있는 내가 갈 수 없는 공간으로, 죽은 이가 존재하는 곳이다. 이와 같은 의미를 지닌 시어는 ㉢ '하늘'이다.

The 알아보기

김소월, 초혼(招魂)

- 갈래 : 자유시, 서정시
- 성격 : 서정적, 전통적, 민요적, 격정적, 애상적
- 제재 : 임의 죽음
- 주제 : 임의 죽음으로 인한 슬픔과 임에 대한 그리움
- 특징
  - 3음보의 전통적 민요조 율격이 나타나고 있다.
  - 반복, 대구, 영탄, 과장 등의 다양한 표현으로 감정을 격정적으로 표출하고 있다.
  - 고복 의식이라는 전통 의식과 설화적 모티프(망부석 설화)와 연관된다.

178 사회복지직 9급 빼박 모의고사

12

정답 ①

정답해설

① 한창 : 어떤 일이 가장 활기 있고 왕성하게 일어나는 모양 또는 어떤 상태가 가장 무르익은 모양

오답해설

② • 홀몸 : 배우자나 형제가 없는 사람
   • 홑몸 : 아이를 배지 않은 몸
③ • 계발 : 슬기나 재능, 사상 따위를 일깨워 줌
   • 개발 : 토지나 천연자원 따위를 유용하게 만듦
④ • 재연하다 : 연극이나 영화 따위를 다시 상연하거나 상영하다. 또는 한 번 하였던 행위나 일을 다시 되풀이하다.
   • 재현하다 : 다시 나타나다. 또는 다시 나타내다.

13

정답 ②

출제**영역** 작문 – 고쳐쓰기

정답해설

② '에'는 부사격 조사로서 대상의 움직임이 없는 것에는 '에'를, 대상의 움직임이 있는 것에는 '에게'를 사용한다.

오답해설

① '가파르다'는 '르' 불규칙 용언으로 '가파르다, 가파르고, 가파르며, 가팔라서'로 활용한다. 지문에 있는 '가파라서'는 '가파르다'를 '으'가 탈락한 것으로 잘못 파악한 경우이다.
③ '살찌다'는 동사이며, '살지다'는 형용사이다. ㉢은 생선이 살이 올라 먹음직스럽다는 의미로 쓰였기 때문에 '살진'이 적절하다.
④ 간접 인용문의 형태이므로 '고'를 쓰는 것이 적절하다.

14

정답 ②

출제**영역** 문법 – 고전 문법

정답해설

② 중세 국어의 주격 조사에는 '이, ㅣ'가 있으며 생략도 가능하다. '하ᄂᆞᆯ히'의 경우 '하ᄂᆞᇙ'이 주격 조사 '이'와 결합하여 이어 적기 방식을 사용하여 쓴 것이다.

[현대어 풀이]

〈제7장〉

주–무왕 : 붉은 새가 글을 물고 (문왕의) 침실문 앞에 앉으니 거룩한 임금의 아들(무왕)이 혁명을 일으키려 하매 하느님이 주신 복을 미리 보이신 것입니다.

조–조조 : 뱀이 까치를 물어다가 큰 나뭇가지에 얹으니, 거룩한 임금의 성손(聖孫)인 태조가 장차 일어남에 있어 경사로운 징조를 먼저 보이신 것입니다.

〈제8장〉

주–태왕 : 태자를 하늘이 가리시어 그 형의 뜻이 이루어지시매 (하늘이) 성손을 내셨습니다.

조–목조 : 세자를 하늘이 가리시어 황제의 명이 내리시매, (하늘이) 성자를 내셨습니다.

15

정답 ①

출제**영역** 비문학 – 글의 순서 파악

정답해설

르네상스기에 빛이 본격적으로 묘사되었고(ㄱ), 빛을 인식했다는 증거로 조토의 '옥좌의 마돈나'(ㅁ)를 예로 들어 설명하고 있다. 조토보다 2세기 뒤의 작가인 미켈란젤로는 '도니 성가족'(ㄴ)에서 빛의 각도와 거리에 따른 밝기의 차이를 묘사하였다(ㄹ). 이에 따라 입체감과 공간감도 표현할 수 있게 되었다(ㄷ).

The 알아보기

문장과 문단의 논리적인 전개의 순서 찾기
• 단어 활용
• 지시어 활용
• 접속어 활용
• 글의 구조 및 내용 활용

16

정답 ④

출제**영역** 비문학 – 추론적 읽기

정답해설

상호 보완이라는 것은 모자라는 것을 서로 보충하여 완전하게 한다는 의미이나, '정지 우주설'에 반하는 '우주팽창설'을 다루고 있어 앞의 이론을 뒤집는 이론들이 후에 나온 사례로 정리할 수 있으므로 ④의 내용은 적절하지 않다.

17

출제 **영역** 비문학 – 사실적 읽기

답 ①

정답해설

이 글은 지식인이 하는 실천의 의미를 파악하고 있다. 지식인의 실천은 현실을 드러내고, 극복하며, 보존하며, 그것을 수정해 버리는 실천적 지식의 계기가 포함되어 있으며 이것 때문에 지식인은 끊임없이 실천을 해야 함을 밝히고 있다.

18

출제 **영역** 비문학 – 추론적 읽기

답 ③

정답해설

2문단에서 '역사적 의미는 바뀔 수 있다.'고 했으므로 의미가 영원히 변치 않는다는 설명은 적절하지 않다.

19

출제 **영역** 문법 – 어문규정

답 ①

정답해설

종로는 'Jongno'로 적어야 한다.

The 알아보기

로마자 표기법 제3장 제1항

제1항 음운 변화가 일어날 때에는 변화의 결과에 따라 다음 각 호와 같이 적는다.

1. 자음 사이에서 동화 작용이 일어나는 경우

백마[뱅마]	Baengma
신문로[신문노]	Sinmunno
종로[종노]	Jongno
왕십리[왕심니]	Wangsimni
별내[별래]	Byeollae
신라[실라]	Silla

2. 'ㄴ, ㄹ'이 덧나는 경우

학여울[항녀울]	Hangnyeoul
알약[알략]	allyak

3. 구개음화가 되는 경우

해돋이[해도지]	haedoji
같이[가치]	gachi
굳히다[구치다]	guchida

4. 'ㄱ, ㄷ, ㅂ, ㅈ'이 'ㅎ'과 합하여 거센소리로 소리 나는 경우

좋고[조코]	joko	놓다[노타]	nota
잡혀[자펴]	japyeo	낳지[나치]	nachi

다만, 체언에서 'ㄱ, ㄷ, ㅂ' 뒤에 'ㅎ'이 따를 때에는 'ㅎ'을 밝혀 적는다.

묵호	Mukho
집현전	Jiphyeonjeon

[붙임] 된소리되기는 표기에 반영하지 않는다.

압구정	Apgujeong	낙동강	Nakdonggang
죽변	Jukbyeon	낙성대	Nakseongdae
합정	Hapjeong	팔당	Paldang
샛별	saetbyeol	울산	Ulsan

20

출제 **영역** 어휘 – 한자(한자성어)

답 ④

정답해설

왕비가 아들인 성의의 생사를 몰라서, 가슴을 졸이며 애를 태우고 있다. 왕비의 이런 마음과 가장 잘 어울리는 한자성어는 '몹시 마음을 쓰며 애를 태움'을 뜻하는 노심초사(勞心焦思)이다.

오답해설

① 애이불비(哀而不悲) : 슬프지만 겉으로는 슬픔을 나타내지 아니함

② 고립무원(孤立無援) : 고립되어 구원을 받을 데가 없음

③ 초지일관(初志一貫) : 처음에 세운 뜻을 끝까지 밀고 나감

01	02	03	04	05	06	07	08	09	10
①	③	②	①	③	②	①	④	③	②
11	12	13	14	15	16	17	18	19	20
①	②	①	①	③	④	④	①	④	③

01
탭 ①

출제영역 어휘 – 단어

분석

신체 감각 기관은 우리가 나이가 들면서 ① deteriorate
(악화되다)되는 것이 문맥상 가장 적절하다.
② 숙고하다, 깊이 생각하다(reflect on, deliberate, dwell
   on, contemplate, meditate, mull over)
③ 근절하다, 박멸하다(eradicate, exterminate,
   annihilate)
④ ~할 여유가 있다

해석

> 우리의 신체 감각 기관은 나이를 먹음에 따라 악화
> 되기 시작할 것이다.

어휘

• sensory 감각의

02
탭 ③

출제영역 어휘 – 단어

분석

빈칸 앞의 '정치적'이라는 단어와 문장의 핵심어인 언론
(media outlet)을 통해 빈칸은 ③ biased(편향된)임을 추
론할 수 있다.
① 해가 없는, 무해한
② 사후의; 유복자로 태어난
④ 만장일치의, 합의의

해석

> 국민은 정치적으로 편향된 언론보다는 차라리 비효
> 율적인 언론을 원할 것인데 이 회사가 이윤을 남기는
> 기업이기 전에 우선 언론사이어야 하기 때문이다.

어휘

• would rather A than B B 하느니 차라리 A 하겠다
• media outlet 언론매체, 매스컴
• profit-making 수익을 내는

03
탭 ②

출제영역 어휘 – 단어

분석

콤마 뒤의 단어인 forward-looking(전진적인)을 통해
② frank(솔직한)가 빈칸에 가장 적절함을 추론할 수 있
다. frank의 유의어로 honest, candid, ingenuous,
straight forward, outspoken 등이 있다.
① 경제적인, 실속 있는, 알뜰한
③ 절약[검약]하는
④ 불멸의, 불사의

해석

> 많은 한국 사람들은 일본 정치인들로부터 양국관계
> 에 관해 솔직하고 전진적인 발언을 들으리라는 희망
> 을 포기한지 오래이다.

어휘

• abandon 버리다, 포기하다(give up, renounce,
  relinquish)
• forward-looking 전진적인, 진보적인
• remark 발언[말/논평/언급]
• concerning ~에 관한
• bilateral 쌍방의

04
탭 ①

출제영역 어휘 – 단어

분석

observe는 '준수하다'라는 의미로, 이와 가장 가까운 뜻
을 지닌 단어는 ① comply with(순응하다, 지키다, 준수
하다)이다. observe의 목적어인 the rules를 통해 그 의
미를 추론할 수 있다. 유의어로는 abide by, conform
to[with] 등이 있다.
② 조사하다
③ ~을 생각하다, 제안하다
④ ~에 놓여있다

> 한국은 양심적 병역거부자는 처벌되지 않아야 한다는 유엔 인권위원회의 규칙을 준수해야 한다.

어휘

- conscientious 양심적인, 성실한
- rejection 거부, 거절
- military service 병역, 군 복무

05

출제 영역 어휘 – 단어　　　답 ③

분석

and로 연결되는 murder(살인)의 의미로 보아 밑줄 친 단어인 intimidation과 가장 가까운 뜻을 가진 단어는 ③ menace(협박, 위협)임을 추론할 수 있다.

① 이익, 혜택
② 수치, 망신, 불명예
④ 모략, 중상

해석

> 우리는 정치적인 합의가 살인과 협박을 통해서는 결코 이루어질 수 없다는 사실을 알아야만 한다.

어휘

- realize 실현[달성]하다

06

출제 영역 어법 – 영작　　　답 ②

분석

'A라기보다는 오히려 B인'이라는 의미로 'not so much A as B', 'less A than B', 'more(rather) B than A' 등을 쓸 수 있다. 따라서 ②는 주어진 우리말에 적절한 영작문이 아니다.

어휘

- spectacular 극적인, 장관을 이루는
- commonplace 아주 흔한, 흔히 있는 일

07

출제 영역 표현 – 일반회화　　　답 ①

분석

첨부 파일을 어떻게 전송하는지 모르겠다는 A의 발화에 B의 대답으로 가장 적절한 것은 매우 쉽다는 의미인 ① 'it's a snap(식은 죽 먹기지).'이다.

② 아주 싸게 샀어요
③ 그림의 떡이지
④ 뜬구름 잡기

해석

> A : 첨부 파일을 어떻게 보내는지 모르겠어요.
> B : 일단 배우고 나면, 그것은 식은 죽 먹기에요.

어휘

- attached file 첨부 파일(attachment)
- once 일단 ~하면, ~하자마자

08

출제 영역 표현 – 일반회화　　　답 ④

분석

A가 8시 영화는 표가 있다고 했고 B가 그들은 '매진'이라는 표시를 했어야 했는데, 하지 않아서 시간 낭비를 했다고 하는 내용으로 봐서 빈칸에는 ④ '영화표가 매진되었다' 가 가장 적절하다.

① 그들은 울상이었어요
② 당신은 쉽게 찾을 수 있어요
③ 그것들은 판매[할인] 중이에요

해석

> A : Heather! 영화표가 매진되었다고 하네. 그다음 8시 영화는 표가 있대.
> B : 이상하네! 왜 좀 더 일찍 알려주지 않은 거야? 영화 스케줄 표에 '매진'이라는 표시를 해뒀어야지. 웬 시간 낭비람!
> A : 너무 화내지 마. 아직 8시 영화에는 입장할 수 있잖아.

어휘

- should have p.p. ~했어야 했는데 (안 했다)

09

출제 영역 어법 – 정문 찾기

분석

㉠에는 뒤에 이어진 접속사 nor과 호응하는 표현이 와야 하므로 'A도 B도 아닌(neither A nor B)'의 표현으로 'neither'가 와야 하고, ㉡에는 부정문에 대한 동의의 표현으로 '또한, 역시'로 부사 'either'가 와야 한다. 따라서 ③이 정답이다.

해석

- 그 산은 오르기에 높지도 가파르지도 않다.
- 다른 사람들을 놀리는 것은 또한 좋지 않다.

어휘

- steep 가파른, 급격한
- make fun of ~을 놀리다[비웃다]

10

출제 영역 어법 – 정문 찾기

분석

첫 번째 빈칸에는 '~처럼'의 표현으로 'such as'가 되어야 하고, 두 번째 빈칸에는 명사의 수식 어순으로 'such+a+형용사+명사'가 되며, 세 번째 빈칸에는 such가 접속사 that과 호응하여 '매우 ~해서 …하다'의 표현으로 쓰인다. 따라서 ②가 정답이다.

해석

- 한국인들은 김치와 같은 매운 음식을 대단히 즐긴다.
- 5월은 매우 근사한 달이다.
- 그는 너무 거짓말쟁이어서 모든 사람들은 그를 좋아하지 않는다.

11

출제 영역 독해 – 글의 주제, 요지

분석

삶의 과정에서 여러 문제들 때문에 부정적인 생각에 사로잡히게 될 때, 자신의 크고 흥미로운 목표에 집중함으로써 그러한 생각을 극복할 수 있음을 강조한 글이므로, 이 글의 요지로는 ①이 가장 적절하다.

해석

언젠가 수피교의 지도자인 Inayat Khan이 "인생은 끊임없는 문제들의 연속이다."라는 글을 쓴 적이 있다. 바로 지금 이 순간 여러분의 인생은 아마도 크건 작건 간에 온갖 종류의 문제들로 가득 차 있을 것이다. 조심하지 않는다면 그러한 문제들은 여러분의 생각을 가득 채우고 머리 속을 사로잡을 것이다. 자신의 문제에 대해 많이 생각할수록 여러분은 부정적으로 될 것이다. 그 대신 자신의 목표에 집중함으로써 여러분은 부정적 생각에 대한 이러한 자연스러운 경향에 대응할 수 있다. 화나게 하는 일이 일어날 때마다 자신의 목표, 특히 가장 크고 가장 흥미진진한 목표에 대해 생각함으로써 부정적 생각을 상쇄시켜라. 자신의 목표를 개인적인 현재 시제의 긍정의 형태로 반복하라. 자기 자신에게 자신이 원하는 것을 말하고 그것을 이용하여 원하지 않는 것들을 마음속에서 멀리하도록 하라.

어휘

- Sufi 수피교(이슬람교의 신비주의적 분파)
- succession 연속
- preoccupy 마음을 빼앗다, 사로잡다
- counter 대응하다
- tendency 경향
- neutralize 상쇄시키다, 무력화하다
- affirmation 확인, 긍정

12

출제영역 독해 – 글의 주제, 요지

분석

PET 병을 재활용할 때, PVC나 맥주병이 섞이면 재활용하기 어렵다는 내용이므로, 이 글의 주제로는 ② 'PET 병을 재활용하는 것을 어렵게 만드는 요인들'이 가장 적절하다.

① PET와 PVC의 화학 구조
③ 플라스틱 병을 재활용하는 것의 환경상 이점들
④ 플라스틱 제품을 남용하고 버리는 것의 문제점들

해석

> 매년 미국에서 팔리는 240억 개의 청량음료 플라스틱 병들 중 대다수가 PET로 만들어지는데, 그것을 녹여서 카펫, 플리스 옷, 플라스틱 끈과 음식 이외의 것을 포장하는 포장재로 만들 수 있다. 그러나 아주 적은 양의 비닐, 즉 예를 들어 트럭 한 대 분량에 들어간 PVC 병 단 하나가 PET를 쓸모없게 만들 수 있다. 현재 대부분의 병에 재활용 숫자가 표시되어 있지만, 소비자들이 어떤 것이 어떤 것인지를 기억하기란 어려운 일이다. 또 다른 우려는 플라스틱 맥주병이 있을 가능성이다. 이 병들은 PET로 만들어지지만, 햇빛을 차단하기 위해 황색으로 색을 입히고 산소가 안으로 들어가지 않도록 특별한 화학 물질이 씌워진다. 그러한 특별한 색, 내부 코팅과 뚜껑의 안쪽 비닐 때문에 이 병들은 일반적인 PET와 분리되어야 하고, 그것들을 쓰레기의 흐름에서 제거하는 데에는 회수된 플라스틱이 가지는 가치보다 더 많은 돈이 든다.

어휘

- **remanufacture** 다른 제품으로 만들다, 재제조하다
- **fleece** 플리스; 양털 같이 부드러운 직물
- **truckload** 트럭 한 대 분량
- **prospect** 가능성
- **amber** 황색
- **cap lining** 뚜껑의 안쪽에 댄 것
- **reclaimed** 회수된, 되찾은, 재생된, 재활용된

13

출제영역 독해 – 글의 제목

분석

자녀의 유무와 나이에 따라 가족 여행을 하는 횟수가 달라진다는 내용이므로, 이 글의 제목으로는 ① '인생 단계와 관련 있는 여행 패턴'이 가장 적절하다.

② 왜 여행은 마음을 넓어지게 하는가?
③ 여행 시 융통성의 필요
④ 다양한 연령대를 위한 해외여행의 안내

해석

> 가족의 여가 패턴은 가족 구성원의 인생 단계와 관련이 있다. 어린 자녀들이 있으면 여행을 하는 횟수를 줄이는 경향이 있고, 반면에 자녀가 없는 기혼 부부는 여행을 할 가능성이 가장 많은 사람들 중에 속한다. 하지만 자녀가 성장하면서 가족은 여행 활동을 늘리고 15세에서 17세 사이의 자녀가 있는 가족은 더 어린 자녀가 있는 가정보다 훨씬 더 높은 가족 여행 패턴을 가진다. 자녀가 성장하여 집을 떠나면서, 기혼 부부는 (자녀 없이) 다시 여행에 대한 관심을 재개한다. 게다가 이 인생 단계에 있는 부부는 더 많은 여행을 할 수 있는 경제적인 여유가 있다.

어휘

- **presence** 존재
- **prospect** 가능성, 전망
- **mature** 성장하다
- **renew** 재개하다

14

①

분석

아이들이 무수히 많은 구슬 중에서 단 한 개인 푸른색 구슬만을 가지려고 했다는 내용을 볼 때 빈칸은 ① '드문 것은 귀중하다'가 가장 적절하다.

② 다 준비되었어

③ 인간은 부주의하다

④ 아이들은 시끄럽다

해석

친구 집에서 커피 마시는 시간. 그녀의 세 아이들이 바닥에서 서로 씨름을 하고 있는 동안 우리는 대화를 하려고 앉았다. 나는 내가 유리구슬을 가방 가득히 가져왔다는 것을 갑자기 기억했다. 그 어린 천사들이 그것들을 가지고 평화롭게 놀 것을 기대하며, 나는 그것을 마루에 쏟아냈다. 전혀 그렇지 않았다. 열띤 말다툼이 뒤따랐다. 더 자세히 볼 때까지 나는 무슨 일이 일어나고 있는지 이해가 되지 않았다. 무수히 많은 구슬 중에 단 하나의 푸른색 구슬이 있었는데 아이들은 그것을 차지하려고 앞을 다투었다. 모든 구슬이 정확하게 똑같은 크기였고 빛나고 밝았으나 푸른색 구슬은 다른 것들에 비해 이점이 하나 있었는데, 그것은 단 하나뿐이라는 것이었다. 나는 아이들이 얼마나 유치한지 비웃어야 했다. "Rara sunt cara(귀한 것은 비싸다)"라고 로마인들이 말했다. 드문 것은 귀중하다.

어휘

· marble 구슬

· spill 흘리다, 쏟다

· far from it 전혀 그렇지 않다

· countless 무수히 많은

· scramble for 앞을 다투어 ~하다

· one of a kind 독특한(특별한) 하나[것]

15

정답 ③

분석

사람이 원하는 것에 집중한다면 그것을 더 많이 얻게 된다는 내용이다. 따라서 빈칸에는 ③ '당신이 집중하는 것이 무엇이든 더 많이 얻는다'가 가장 적절하다.

① 오래된 습관을 버리는 것에 실패하다

② 곤경에 빠졌을 때만 조언을 구하다

④ 귀보다 눈에 더 많이 의지하다

해석

당신이 꿈꾸던 차 – 우연히도 짙은 빨간색이라고 치고 – 를 사서 몰고 돌아다니기 시작할 때, 무슨 일이 벌어지는가? 어디를 몰고 가든 갑작스럽게 빨간 차들을 보았다고 추측한다면 아마도 당신이 옳을 것이다. 이 시점에서 무슨 일이 벌어지고 있는 것일까? 당신이 빨간 차를 한 대 구입했다는 이유만으로 갑자기 고속도로에 빨간 차가 더 많이 있는 것일까? 물론 아니다. 당신은 그저 빨간 차에 좀 더 집중하고 있는 것이다. Laura Goodrich가 자신의 책에서 지적한 것처럼, 당신은 집중하는 것이 무엇이든 그것을 더 많이 얻는다. 최신 과학 연구를 이용하여 Goodrich는 당신의 열정과 관심사에 가장 잘 맞는 '내가 원하는 것들'에 집중함으로써 그리고 그런 다음 지원을 얻고 그것들을 이룰 행동 계획을 개발해냄으로써 당신은 그러한 염원을 현실로 바꾸는 데 가장 좋은 시도를 하게 된다는 것을 보여주었다.

어휘

· draw on ~을 이용하다, ~에 의지하다

· shot 시도

· transform 바꾸다

16

출제 영역 독해 – 글의 순서

분석

주어진 글은 다양한 민족들이 신들에게 번제 제물을 바치면서 기도를 드렸다는 내용이다. (C)에서 고대 그리스인의 생일에 대한 예를 들며 주어진 글의 내용을 구체화하고, (B)에서 고대 그리스인이 생일 케이크에 촛불을 켰던 이유를 설명하고 있다. 그 후 (A)에서 이 관습이 현재까지 이어지고 있다고 설명하고 있다. 따라서 정답은 ④이다.

해석

> 번제 제물은 역사상 가장 오래되고 가장 흔한 제물 중 하나이다. 전 세계의 다양한 민족들은 불을 붙이고 신들에게 기도를 속삭여 연기에 날려 보냈다. (C) 그들은 연기가 하늘로 올라가는 것을 보고 자신들의 기도가 응답받기를 바랐다. 예를 들면, 고대 그리스인들은 생일을 위험한 시간이라고 여겼다. (B) 생일날 그리스 아이들은 타고 있는 초가 한 자루 꽂힌 조그만 케이크를 받았다. 그 케이크는 신들에게 바치는 제물을 상징했고 초에서 나오는 연기는 신들에게 메시지를 전해준다고 여겨졌다. (A) 그들은 신들에게 보호를 기원했고 초를 불어서 껐다. 우리는 여전히 생일 케이크에 초를 꽂지만 이제 사람들은 그들이 가장 원하는 것이 무엇이든 간에 소원을 빈 다음 초를 불어서 끈다.

어휘

- offering (신께 바치는) 제물, 공물
- whisper 속삭이다
- symbolize 상징하다

17

출제 영역 독해 – 글의 일관성

분석

보행자가 차 앞을 너무 느리게 걸어가고 있을 때, 운전자는 짜증이 날 것이므로, ㉠에는 'slowly'가 적절하다. 고속도로 공사로 인한 운전자들의 불만이 심해서 고속도로를 일시적으로 폐쇄했다는 내용이므로 ㉡에는 'annoyed'가 적절하다. 따라서 정답은 ④이다.

해석

> 우리가 주차장에 세워둔 차로 걸어갈 때, 우리 주변에서 빨리 가려고 끊임없이 차선을 바꾸는 운전자들에게 짜증을 내는 것은 인간의 본성을 반영하는 것이라는 생각을 항상 하게 된다. 우리가 길을 비키는 동안 그들은 왜 잠시 기다릴 수 없는 것일까? 그런 다음 우리는 차에 올라타자마자 우리 앞에서 너무 천천히 걸어가는 보행자들에게 짜증을 내게 된다. 도로에서 짜증을 내는 사례들을 어렵지 않게 찾아볼 수 있다. 2007년 7월 California 교통부는 운전자들이 138번 고속도로를 따라 행해지는 공사에 너무 화를 내고 있었기 때문에, 그 고속도로를 일시적으로 폐쇄했다.

어휘

- strike ~라는 인상을 주다
- reflection 반영, 숙고
- impatient 짜증난, 안달하는
- pedestrian 보행자

18

출제 **영역** 독해 – 글의 분위기

분석

오전 9시 30분에 예정된 중요한 회의에 참석하기 위해
필자는 집을 나와 버스 정거장에 갔지만 버스가 그냥 지
나치는 바람에 회의에 늦었다. 이로 인해 중요한 계약을
놓친 필자는 부주의한 버스 기사를 용서할 수 없다고 했
으므로, 필자의 심경으로 ① angry(화난)이 가장 적절하다.

② 감동한

③ 만족한, 만족하는

④ 후회하는

해석

> 목요일에 사무실에서 9시 30분에 열릴 예정이었던
> 고객과의 중요한 회의가 있었다. 8시 30분이었고 버
> 스 정류장에 있는 사람은 내가 유일했다. 나는 버스
> 가 빠른 속도로 오고 있는 것을 보았다. 그 버스에 탄
> 다면 나는 회의시간보다 적어도 10분 일찍 사무실에
> 도착할 것이었다. 하지만 버스 기사는 마치 나를 못
> 본 것처럼 버스 속도조차 줄이지 않았다. 버스는 내
> 가 서 있는 곳을 그냥 지나쳤고, 비록 버스 기사가 들
> 을 수 없다 할지라도 나는 그에게 나쁜 말을 하는 것
> 외에는 아무것도 할 수 없었다. 나는 또 다른 버스가
> 오기를 약 20분 정도 기다렸다. 결과적으로 나는 회
> 의에 늦었고, 이로 인해 나는 중요한 계약을 놓쳤다.
> 나는 그 부주의한 버스 기사를 용서할 수 없었다.

어휘

• be supposed to ~하기로 되어 있다

• approach 다가오다

• hop on (버스에) 타다

• can do nothing except ~ 외에 아무것도 할 수 없다

• miss out on ~을 놓치다

19

⬛ ④

출제 **영역** 독해 – 내용 (불)일치

분석

'It quickly became a popular agricultural product,
but its popularity was sharply reduced once it was
linked with negative impacts on the environment
and human health.'를 통해 ④의 내용과 일치함을 알
수 있다.

④ 그것의 이용으로 인한 생태학적인 피해가 발생했다.

① 그것은 질병을 옮기는 모기에 사용하면 효과가 없었다.

② 남아프리카와 태국은 그것의 사용을 금지했다.

③ 처음에 곤충으로부터 농작물을 보호하기 위한 농업
　 수단으로 사용되었다.

해석

> DDT는 곤충을 죽이는 데 매우 효과적인 것으로 알
> 려진 화학 살충제이다. 그것은 1874년에 최초로 합
> 성되었지만, 20세기 중반에 농업에 응용 가능하다는
> 것이 발견되기 전까지는 널리 사용되지 않았다. 그
> 것은 곧 인기 있는 농업 제품이 되었지만, 그것이 환
> 경과 사람의 건강에 끼치는 부정적 영향과 연관되자
> 그 인기는 급격히 하락했다. 요즘에는 북미와 유럽
> 에서 DDT의 사용이 금지되었지만, 남아프리카와 태
> 국과 같은 몇몇 나라들은 오직 말라리아를 옮기는
> 모기를 죽이는 용도로만 그 화학 물질을 사용한다.

어휘

• pesticide 살충제

• synthesize 합성하다

• applicability 응용 가능성, 적용 가능성

• ecological 생태학적인

제3회 실전모의고사 정답 및 해설　**187**

20

출제영역 독해 – 문장 삽입

분석

과거에 체중이 늘었을 때에는 늘어난 영역에 맞춰 피부가 팽창하고 체중이 줄었을 때에는 피부가 원래 크기로 쉽게 줄어들었다는 내용이므로 주어진 문장은 ③에 오는 것이 가장 적절하다.

해석

> 나는 그것을 몇 년 전에 알아차리기 시작했다. 거의 평생 동안 지녔던 피부가 갑자기 더 이상 내 몸에 맞지 않았다. ① 한때 피부는 몸에 꼭 맞았으며 심지어 늘어나기도 했다. ② 체중이 1파운드 내지 2파운드, 혹은 20파운드가 늘어나면 내 피부는 늘어난 영역에 맞게 쉽게 팽창했다. ③ <u>체중이 줄어들어도 내 피부는 똑같이 맞추고 있었다.</u> 즉, 피부는 마치 결코 아무 일도 없었던 것처럼 원래의 크기로 쉽게 줄어들었다. ④ 따라서 나는 만족할 때까지 체중을 늘리거나 줄일 수 있었고, 내 피부는 그에 맞추어 조정되었다가 적절한 때가 되면 민첩하게 제자리로 되돌아오곤 했다. 그러나 이제 그것은 더 이상 재빠르게 돌아오지 않는다.

어휘

- accommodate 맞추다, 조정하다
- territory 영역
- to one's heart's content 만족할 때까지, 마음껏, 실컷
- snap back 제자리로 돌아오다, (병 따위에서) 빨리 회복하다

제3과목 한국사

01	02	03	04	05	06	07	08	09	10
④	②	②	②	④	④	②	③	①	③
11	12	13	14	15	16	17	18	19	20
①	①	②	④	③	③	③	①	④	④

01

출제영역 우리 역사의 시작 – 선사 시대

정답해설

④ 평양 대현동 유적에서 발견된 어린아이의 유골은 '역포아이'라 불리며, 충북 청원군 두루봉 동굴에서 발견된 어린아이의 유골을 '흥수아이'라고 부른다.

오답해설

① 과거 유럽, 서아시아, 아프리카와는 달리 동아시아에는 주먹도끼 문화가 없었다는 이론을 주장한 것이 모비우스 학설인데, 1978년에 경기도 연천군 전곡리에서 아슐리안계(유럽형) 주먹도끼가 출토되면서 이 학설은 결국 폐기되었다.

② 한반도 최초의 인골 발견 유적은 평안남도 덕천군 승리산 동굴(덕천인, 승리산인), 남한 최초의 인골 발견 유적은 충북 단양 상시리 바위그늘 유적, 남한 최고(最古)의 인골 발견 유적은 충북 제천 점말동굴이다.

③ 함북 웅기군 굴포리에서는 구석기 시대에서 청동기 시대의 유적층까지 모두 발견되는데, 구석기 유적층에서는 매머드 화석이 발견되기도 하였다.

02

출제영역 우리 역사의 시작 – 국가의 형성

정답해설

제시된 사료는 위만이 넘어와 준왕을 축출하고 위만 조선을 성립하는 과정을 나타낸다. 그 이후를 묻는 문제이므로 위만 조선 시기(기원전 194년~기원전 108년)를 묻는 문제이다.

② 위만 조선은 중국의 한과 한강 이남의 진 사이에서 중계무역으로 번성하였다.

오답해설

① 위만 조선은 임둔과 진번을 복속하며 세력을 확대해 나갔다.

③ 예의 남려가 주민 28만 명을 데리고 한에 투항하여 창
　해군이 설치되었다(기원전 128년).

④ 위만 조선 시기는 철기 시대에 해당하며 우리나라 최
　초의 철기 수용은 기원전 5세기이지만, 본격적인 수용
　은 기원전 1세기 전후로 위만 조선 시기에 해당한다.

03　　　　　　　　　　　　　　　답 ②

출제 영역 우리 역사의 시작 – 국가의 형성

정답해설

ㄴ. 고구려는 장례에 모든 재물을 사용하는 후장을 했으
　며, 돌을 쌓아 봉분을 만들고(돌무지무덤) 둘레에는
　소나무와 잣나무를 심었다.

ㅁ. 고구려의 건국 세력은 부여로부터 내려온 유이민 세
　력과 압록강 유역의 토착 세력으로 부여와 비슷한 풍
　속을 가졌는데, 그중 부여와 함께 공통적으로 절도죄
　에 대한 12배 배상법인 1책 12법과 과부가 된 형수를
　부인으로 맞이하는 형사취수제의 풍속이 있었다.

오답해설

ㄱ. 부여의 영고는 12월에 치러지는 수렵 사회의 전통을
　이은 제천행사였다.

ㄷ. 우제점법은 부여에서 전쟁과 같은 국가 중대사가 있
　을 때 하였던 풍속이다.

ㄹ. 철(凸)자와 여(呂)자형 가옥 구조의 집터가 발견되는
　나라는 동예이다.

04　　　　　　　　　　　　　　　답 ②

출제 영역 삼국 시대 – 정치사

정답해설

② ㄱ. 3세기, 고이왕 – ㄹ. 4세기 중엽, 근초고왕 –
　ㄷ. 5세기 후반, 동성왕 – ㄴ. 6세기 중엽, 성왕

05　　　　　　　　　　　　　　　답 ④

출제 영역 삼국 시대 – 문화사

정답해설

④ 이문진이 국초의 역사서 「유기」 100권을 「신집」 5권을
　편찬했던 때는 7세기 초 영양왕 때이다.

오답해설

① 6세기 중엽의 백제 성왕은 사비로 천도하고 국호를
　남부여로 개칭하며 체제를 정비하여 백제의 중흥을
　꾀하였다. 또한 중앙 행정 실무 관청 22부(내관 12부,
　외관 10부)를 설치하고, 지방 행정 제도를 정비하였다
　(중앙 5부, 지방 5방).

② 신라는 5세기 초 눌지 마립간 때 왕위의 부자 상속제
　를 확립하여 왕권을 강화하였고, 고구려의 압박을 견
　제하기 위해 백제 비유왕과 나 · 제 동맹을 맺었다
　(433).

06　　　　　　　　　　　　　　　답 ④

출제 영역 남북국 시대 – 정치사

정답해설

제시된 사료에서 녹읍의 폐지를 통해 7세기 후반 신문왕
에 대한 사료임을 알 수 있다.

오답해설

ㄱ. 품주와 신주의 설치는 6세기 중엽 진흥왕 때의 일이다.

ㄷ. 집사부와 그 장관인 중시(시중)의 권한을 강화시켜
　국정을 운영을 했던 왕은 7세기 중엽 무열왕이다.

> ### The 알아보기
>
> **신라의 집사부**
> 신라 진흥왕(6세기 중엽)은 중앙 핵심 정무 기구로 품주를 설
> 치하였고, 7세기 중엽 진덕여왕 때 품주를 집사부(국가 기밀
> 담당)와 창부(재정 담당)로 나누었는데, 집사부의 장관 중시
> (시중)의 권한을 강화하여 왕권의 전제화를 시작한 것은 태종
> 무열왕(7세기 중엽)이다.

07　　　　　　　　　　　　　　　답 ②

출제 영역 남북국 시대 – 정치사

정답해설

제시된 사료에서 당의 산둥을 장문휴가 공격한 내용을
통해 밑줄 친 '왕'은 8세기 초 발해 무왕임을 알 수 있다.

오답해설

ㄴ. 9세기 선왕 때의 설명이다.

ㄹ. 8세기 중엽 문왕에 관한 내용이다.

08

출제 영역 고려 시대 – 정치사

정답해설

③ 국자감을 성균관으로 개칭하여 순수 유교 교육 기관으로 강화시킨 것은 공민왕이 맞지만, 경사교수도감을 설치한 왕은 충렬왕이다.

09

출제 영역 고려 시대 – 문화사

정답해설

ㄱ. 「7대 실록」(11세기) : 본래 고려 왕조 실록은 고려 초부터 편찬되었으나, 거란의 침입에 의해 모두 소실되었다. 이후 현종 때 편찬하기 시작하여 태조부터 목종 때까지를 수록하여 덕종 때에 완성되었다.

ㄴ. 「삼국사기」(김부식, 1145, 인종) : 「삼국사기」는 현존하는 우리나라 최고(最古)의 관찬 역사서로서, 고려 국초에 쓰인 「구삼국사」를 기초로 유교적 합리주의 사관에 기초하여 기전체로 서술하였다.

ㄷ. 「삼국유사」(일연, 1281, 충렬왕) : 불교사를 중심으로 고대의 민간 설화나 전래 기록을 수록하는 등 우리 고유 문화와 전통을 중시하였다.

ㄹ. 「제왕운기」(이승휴, 1287, 충렬왕) : 우리나라 역사를 단군으로부터 서술하여 우리 역사를 중국사와 대등하게 파악하는 자주성을 나타내었다.

ㅁ. 「사략」(이제현, 14세기) : 신진 사대부의 성장과 성리학의 전래와 수용에 따라 정통 의식과 대의명분을 강조하는 성리학적 유교 사관이 대두되었다.

10

출제 영역 고려 시대 – 문화사

정답해설

제시된 자료에서 안향과 이색 및 성균관을 통해 성리학임을 알 수 있다. 성리학은 우리나라에 13세기 후반인 충렬왕 때, 안향이 원으로부터 「주자전서」를 필사해 오면서 전래되었다. 성리학은 고려 말 사회 개혁 방안으로 수용되었으며, 형이상학적 측면보다 일상생활의 실천적 측면을 더욱 강조하여 「소학」과 「주자가례」를 권장하였다.

③ 왕양명(왕수인)이 만든 명의 학문은 양명학이다. 양명학은 조선 중종 때인 16세기에 들어왔으나, 이황에 의해 신랄한 비판을 받았고, 조선 후기인 18세기에는 강화학파를 형성하였다.

11

출제 영역 조선 전기 – 정치사

정답해설

제시된 사료는 조선의 최고 국립 교육 기관인 성균관에 관한 설명이다.

① 성균관은 생원과와 진사과 등 소과 합격을 원칙으로 하였고, 정원은 생원과 진사 각각 100명씩 총 200명으로 하였다.

오답해설

② 우등생에게는 대과 초시를 면제해주고 바로 복시에 응시할 수 있는 특권을 부여하였다.

③ 성균관의 학생들은 유학자의 입장에서 국가 정책을 비판하고 견제하는 기능도 수행하였다. 이때 학생들은 집단 의사의 표시로 상소를 올리는 유소, 단체로 식사를 거부하기도 하는 권당, 성균관을 비우고 모두 나가버리는 공관 등의 실력 행사를 하기도 하였다.

12

출제 영역 조선 전기 – 정치사

정답해설

문과, 무과, 잡과에는 3년마다 시행되는 정기 시험인 식년시가 있었다. 대과에 응시하기 위해서는 반드시 소과에 합격하여 생원이나 진사가 되어야 했으나 뒤에는 큰 제한이 없었고, 소과와 문과는 반역 죄인이나 탐관오리의 자제, 재가한 여성의 아들 및 손자 그리고 서얼은 응시가 불가능했다.

① 조선은 관료적 성격이 강하여 천거 또는 음서로 관직에 진출한 사람보다 과거를 통해 관직에 진출한 사람을 더욱 우대하였다.

The 알아보기

조선의 과거제도

• 문과 : 소과와 대과로 나뉘어져 있고, 소과에 응시하여 급제하면 생원이나 진사를 부여하고, 성균관으로 입학하여 공부한 후 대과(문과)에 응시하면 고위직에 진출할 수 있었다.

• 무과 : 무관의 자제, 양인으로서 무예에 특별히 소양이 있는 자가 응시하였다.

• 잡과 : 서얼이나 중인이 주로 응시하였고, 기술관으로 전문적인 기술을 습득하고 일을 담당하였다.

13

답 ②

출제 영역 조선 전기 – 문화사

정답해설

제시된 미술 작품들은 16세기의 작품들로 16세기는 사림이 정국을 운영하는 시기이다.

② 가사 문학은 15세기부터 등장하였으나 16세기에 이르러 더욱 발달하였고, 감정을 구체적으로 표현하였다.

오답해설

①·③·④ 15세기의 작품들이다.

14

답 ④

출제 영역 조선 후기 – 정치사

정답해설

경종의 죽음과 연잉군의 세자 책봉을 통해 사료에서 지칭하는 왕이 영조임을 알 수 있다.

오답해설

① 탕평책을 최초로 시행한 왕은 숙종이다.
② 규장각을 설치한 왕은 정조이다.
③ 초계문신제에 관한 설명으로 정조 때에 시행되었다.

15

답 ③

출제 영역 조선 후기 – 경제사

정답해설

㉠ 조선 후기인 18세기에 이앙법이 확대됨에 따라 광작이 유행하여 경영형 부농이 출현하게 되면서 점차 농민의 계층이 분화되었고, 소작지를 얻기도 어려워졌다.

㉢ 도조법이 점차 증가는 하였으나 여전히 일반적인 형태는 타조법이었다. 도조법이 점차 증가했었기 때문에 틀린 표현은 아니다.

오답해설

㉡ 벼는 소작료(지대) 수취 대상이었고, 보리가 소작료 수취 대상이 아니었기 때문에 농민들은 보리 재배를 선호하였다.
㉣ 광산이 국유화되어 그 개발이 미미했던 것은 조선 전기이고, 조선 후기에는 청과의 교역 증가로 인한 은의 수요 증대로 점차 광산 개발에 활기를 띠었다.
㉤ 조선 후기에는 대동법의 시행으로 상품 화폐 경제가 발달하여 숙종 때 발행된 상평통보(엽전)의 경우 전국적으로 널리 유통되었다.

16

답 ③

출제 영역 개항기 · 대한제국 – 문화사

정답해설

③ 대한 매일 신보는 영국인 베델과 양기탁이 합작한 신문으로 양기탁, 신채호 등의 신민회 주요 인사들도 동참하였다(1904).

오답해설

① 이종일과 이승만이 창간한 제국 신문은 하층민과 부녀자 층을 주요 대상으로 하여 순한글(순국문)로 발간하였다. 이는 하층민과 부녀자들이 읽기 쉽도록 한글로 간행한 것이다.
② 독립 신문은 우리나라 최초로 정부의 지원을 받은 민간 신문으로 대중을 계몽하여 근대화를 촉진하려는 한글판과 열강의 경제적 침탈을 외국인들에게 알리기 위한 영문판으로 발행되었다.
④ 황성 신문은 국한문 혼용체로 일제의 침략 정책을 폭로하고 규탄하며 국민 계몽에 주력하였으며 을사늑약 당시 구국 논설을 실었다(장지연의 '시일야방성대곡').

17

답 ③

출제 영역 일제 강점기 – 정치사

정답해설

③ ㉢ 봉오동 전투(1920.6), 청산리 전투(1920.10) → ㉠ 국민 대표 회의(1923) → ㉣ 치안유지법 제정(1925) → ㉡ 가갸날 제정(1926), 잡지 「한글」 간행(1927)

18

답 ①

출제 영역 일제 강점기 – 경제사

정답해설

① 일제는 토지 조사 사업에서 농민들의 관습적 경작권을 부정하여 많은 농민들이 몰락하게 되었다.

오답해설

② 원래 지주가 납부해야 할 수리 시설비나 조합비 등이 농민들에게 전가되었다.
③ 남부 지역(경인 공업 지역)은 식품, 의류, 신발 등의 경공업 위주로, 평안도와 함경도 등 북부 지방은 군수 공업 위주의 중화학 공업을 육성하였다.
④ 일제는 1938년 국가 총동원령을 제정하여 전시 체제를 강화하고 적극적으로 인적 · 물적 자원을 수탈하였다.

19

출제 영역 현대 – 정치사

정답해설

5차 개헌(1962.12)부터 닉슨 독트린(1969) 사이의 박정희 정부 시절 사건을 묻는 것이다.

④ 분단 이후 최초로 이산가족 상봉을 위한 남북 적십자 회담이 개최된 때는 1971년 8월이므로 닉슨 독트린 이후의 일이다.

오답해설

① 굴욕적 한·일 수교를 반대하는 6·3 시위가 전국적으로 벌어졌으나 계엄령이 선포되고 강경하게 진압되었다(1964).

② 베트남에 국군이 파병되었고(1965), 브라운 각서(1966.3.7.)를 통해 미국으로부터 경제 및 기술적 지원과 한국군의 현대화를 약속받아 베트남 특수를 누리게 되었다.

③ 1968년 김신조를 비롯한 30명의 무장 공비가 세검정 고개를 넘어 청와대를 습격하는 1·21 사태가 발생하였다.

20

답 ④

출제 영역 현대 – 정치사

정답해설

(가)는 이승만의 '정읍 발언'(1946.6), (나)는 김구의 '3천만 동포에게 읍고함'(1948.2.10)이다.

ⓒ 좌·우 합작 운동(1946.7~1947.12)

ⓔ UN 총회 개최(1947.11)

오답해설

㉠ 모스크바 3국 외상회의(1945.12)

ⓒ 신한 공사 설립(1946.2)

제 4 과목   사회복지학개론

01	02	03	04	05	06	07	08	09	10
③	②	②	④	④	④	④	②	①	④
11	12	13	14	15	16	17	18	19	20
④	②	③	②	③	②	③	④	③	④

01

답 ③

출제 영역 사회복지정책 – 행정론

정답해설

③ 사회복지사업법은 사회복지조직의 정당성과 권위를 제공하는 외부환경 중 하나이다.

02

답 ②

출제 영역 사회복지입문 – 사회복지발달사

정답해설

② 보편주의 원칙이 아닌 선별주의 원칙을 특징으로 한다.

The 알아보기

파울러(Fowler) 보고서

- 대처정부의 사회보장개혁으로, 베버리지의 구상을 주축으로 한 전후 영국의 사회보장제도에 큰 변혁을 가져왔으며 개인과 국가의 제휴에 의한 사회보장의 구축 등을 주장하였다.
- 파울러 보고서를 토대로 대처정부는 복지의 제공에 대한 국가의 책임을 축소하고 민영화를 추진하는 등 복지축소정책을 실시하였다.
- 특징 : 작은 정부, 시장 강조, 민영화, 선별주의, 열등처우의 원칙 강조, 가족과 개인책임 강조, 복지다원주의, 지역사회 보호, 신보수주의 등

03

출제 영역 사회복지서비스 – 장애인복지론

정답해설

• 장애수당(장애인복지법 제49조)

> ① 국가와 지방자치단체는 장애인의 장애 정도와 경제적 수준을 고려하여 장애로 인한 추가적 비용을 보전(補塡)하게 하기 위하여 장애수당을 지급할 수 있다. 다만, 국민기초생활 보장법 제7조 제1항 제1호에 따른 생계급여 또는 같은 항 제3호에 따른 의료급여를 받는 장애인에게는 장애수당을 반드시 지급하여야 한다.
> ② 제1항에도 불구하고 장애인연금법 제2조 제1호에 따른 중증장애인에게는 제1항에 따른 장애수당을 지급하지 아니한다.

• 장애아동수당과 보호수당(장애인복지법 제50조)

> ① 국가와 지방자치단체는 장애아동에게 보호자의 경제적 생활수준 및 장애아동의 장애 정도를 고려하여 장애로 인한 추가적 비용을 보전(補塡)하게 하기 위하여 장애아동수당을 지급할 수 있다.
> ② 국가와 지방자치단체는 장애인을 보호하는 보호자에게 그의 경제적 수준과 장애인의 장애 정도를 고려하여 장애로 인한 추가적 비용을 보전하게 하기 위하여 보호수당을 지급할 수 있다.

04

정답 ④

출제 영역 사회복지실천 – 실천론

정답해설

④ 과거 사회복지의 개입은 주로 인간에게 초점을 두거나 환경에 초점을 두는 2궤도 접근으로 이루어져 왔으나, 통합적 방법은 이 양면적 상호작용에 초점을 둠으로써 인간과 환경의 공유 영역, 즉 사회적 기능수행 영역에 사회사업가가 개입해야 함을 강조하였다.

오답해설

① · ③ 통합방법론은 통합적 맥락에서 수행되는 문제해결과정이다. 이것은 사회사업가가 확인가능한 문제에 초점을 두고, 생태체계 이론적 준거들을 사용하며, 광범위한 이론과 개입방법으로부터 자유롭게 선택하고 서로 다른 다양한 수준에서 용이하게 실천하는 것을 의미한다.
② 클라이언트의 잠재성을 인정하고, 미래지향적 접근을 강조한다.

05

정답 ④

출제 영역 사회복지입문 – 기초

정답해설

이상적 인간상으로 완전기능인을 제시한 사람은 로저스이다.
④ 로저스는 클라이언트 중심의 비지시적 치료방법을 개발하였다.

오답해설

① 로저스, 매슬로우 등의 인본주의 학자들은 개인의 주관적 경험을 강조한다.
② 모든 인간은 사람들로부터 존경, 사랑, 관심을 얻고자 하는 기본적인 욕구가 있으며, 긍정적 관심이 내면화되고 규범과 기준이 되어 성장을 고양할 수 있다.
③ 인본주의 학자들은 인간을 자기실현을 향한 자연적 성향을 가진 존재로 본다.

The 알아보기

인본주의 이론
• 행동주의적이며 자연과학적 방법을 강조하는 연합주의와 사람을 지나치게 분석적 · 결정론적으로 보는 정신분석학적 입장에 반대하는 심리학의 조류로, 1940년대 이후 등장하여 제3의 심리학으로 불린다.
• 인본주의 성격이론은 정신분석이론이나 행동주의 이론과는 달리, 각 개인의 내적 준거 틀을 바탕으로 개인을 이해한다.
• 동물이나 비정상인을 대상으로 하여 인간을 반응 객체로 파악하는 연합주의와 정신분석학적 입장을 비판하면서 등장하였다.
• 인간의 잠재적 본성을 창조성이라고 본다.
• 인본주의에서는 모든 인간은 자기 자신에 대한 주관적 인식과 자기를 둘러싼 세상에 대한 주관적 인식에 따라 행동한다고 본다.
• 개개인이 자기 자신과 주변 세계를 어떻게 지각하고 해석하는가에 따라 행동이 다르게 나타난다고 보는 이론으로, 일명 자기이론 또는 자기실현이론이라고 한다.
• 인본주의는 인간을 이해하는 데 문제의 역사보다 '지금 여기에'를 강조하며, 현상학적 성격이론이라고도 한다.

제3회 실전모의고사 정답 및 해설 **193**

출제영역 사회복지실천 – 사회복지조사론

정답해설

④ 경제발전으로 복지정책의 재원이 늘어 생활수준이 향상되었다면, 복지정책의 재원은 독립변수(원인), 생활수준의 향상은 종속변수(결과)라고 할 수 있다. 이때 경제발전은 결과인 생활수준의 향상을 조절하는 조절변수라고 할 수 있다.

The 알아보기

변수
- 독립변수와 종속변수

독립변수	• 실험 계획에 도입되는 환경 요인이나 조건을 예측할 수 있는 변인 • 실험자가 인위적으로 조작할 수 있는 변인(실험처치) • 어떤 현상이나 대상에 변화를 유발하는 요인으로 간주되는 개입 • 원인변수, 설명변수, 예측변수, 실험변수, 처치변수
종속변수	• 독립변인의 변화에 따라서 나타나는 결과 • 실험처치에 대한 유기체의 모든 행동 반응 • 결과변수, 피설명변수, 피예측변수, 가설적 변수

- 매개변수 : 매개변수는 독립변수와 종속변수의 관계를 설명하는 데 개입되는 변수이다. 어떤 변수(독립변수)의 영향을 받아 다른 변수(종속변수)에 그 영향을 전달하는 매개역할을 하는 변수로서, 독립변수의 결과인 동시에 종속변수의 원인이 되는 변수이다.
- 조절변수 : 조절변수는 독립변수와 종속변수 사이의 관계를 체계적으로 변화시키는 원인변수이다. 조절변수는 독립변수와 종속변수 간의 관계의 크기를 조절(증가 또는 감소)하는 역할을 하는데 주로 상황을 나타내는 경우가 많아 상황변수라고도 한다. 조절변수와 매개변수의 차이점은 매개변수는 독립변수가 없으면 존재하지 않으나, 조절변수는 독립변수가 없어도 존재가 가능하다는 것이다.
- 통제변수 : 독립변수와 종속변수 간의 인과관계를 정확히 파악하기 위해 두 변수 사이에 영향을 미칠 수 있는 제3의 변수를 통제할 경우 이 제3의 변수를 통제변수라고 한다. 통제변수는 독립변수의 영향의 크기를 정확히 알기 위하여 통제되는 변수로, 통제변수의 영향력을 고정시켰을 때 독립변수와 종속변수의 관계를 정확히 파악할 수 있다. 설계에서 통제되는 매개변수, 조절변수, 외생변수, 왜곡변수 등이 이이 해당한다.

출제영역 사회복지실천 – 실천론

정답해설

④ 재명명(Reframing)은 다른 사람의 행동을 바라보는 클라이언트의 관점을 변화시키고 좀 더 긍정적인 시각을 가지도록 하기 위한 기법이다.

오답해설

① 환기(Ventillation)는 클라이언트의 억압되어 있는 감정, 특히 부정적 감정인 분노, 증오, 슬픔, 죄의식, 불안 등을 표출하도록 함으로써 감정의 강도를 약화시키거나 해소시키려고 하는 기법이다.
② 직면은 자기이해를 돕기 위해 클라이언트의 사고나 행동 중에서 특히 변화에 장애가 되는 부분에 대한 인식력을 향상시키는 기법으로, 내담자가 인정하고 싶어 하지 않는 반사회적이고 부정적인 감정이나 행동을 들추어냄으로써 직시하도록 하는 것을 말한다.
③ 재보증(Reassurance)은 클라이언트의 능력에 대해 사회복지사가 신뢰를 표현함으로써 클라이언트의 자신감을 키우는 기법이다.

출제영역 사회복지정책 – 법제론

정답해설

② 긴급지원의 종류 및 내용(긴급복지지원법 제9조)

> ① 이 법에 따른 지원의 종류 및 내용은 다음과 같다.
> 1. 금전 또는 현물(現物) 등의 직접지원
>   가. 생계지원 : 식료품비 · 의복비 등 생계유지에 필요한 비용 또는 현물 지원
>   나. 의료지원 : 각종 검사 및 치료 등 의료서비스 지원
>   다. 주거지원 : 임시거소(臨時居所) 제공 또는 이에 해당하는 비용 지원
>   라. 사회복지시설 이용 지원 : 사회복지사업법에 따른 사회복지시설 입소(入所) 또는 이용 서비스 제공이나 이에 필요한 비용 지원
>   마. 교육지원 : 초 · 중 · 고등학생의 수업료, 입학금, 학교운영지원비 및 학용품비 등 필요한 비용 지원
>   바. 그 밖의 지원: 연료비나 그 밖에 위기상황의 극복에 필요한 비용 또는 현물 지원
> 2. 민간기관 · 단체와의 연계 등의 지원
>   가. 대한적십자사 조직법에 따른 대한적십자사, 사회복지공동모금회법에 따른 사회복지공동모금회 등의 사회복지기관 · 단체와의 연계 지원
>   나. 상담 · 정보제공, 그 밖의 지원

09

출제 **영역** 사회복지실천 – 지역사회복지론

정답해설

① 통합성에 대한 설명이다.

오답해설

② 포괄성 : 지역사회복지는 지역사회 주민들의 다양한 욕구 충족을 위해 주민 생활의 전반적인 영역을 포괄하여야 한다.

③ 지역성 : 지역사회복지는 주민들의 생활권역을 중심으로 전개된다. 생활권역은 주민생활의 장이면서 동시에 사회참가의 장이므로 지역성을 고려하여야 한다. 주민들의 기초적인 생활권역을 구분하는 기준은 다양한데, 지역성은 물리적인 거리뿐만이 아니라 심리적인 거리까지 포함한다.

④ 연대성 및 공동성 : 지역사회의 문제는 개인의 힘만으로는 해결이 곤란하고, 연대의 형성이나 공동의 행동을 통해서 해결이 가능하다. 연대성과 공동성은 대내적으로는 상호부조활동을 통하여 나타나고, 대외적으로는 주민운동으로 나타난다.

10

출제 **영역** 사회복지정책 – 법제론

정답해설

④ 자원봉사활동의 진흥에 관한 국가기본계획의 수립(자원봉사활동기본법 제9조)

> ① 행정안전부장관은 관계 중앙행정기관의 장과 협의하여 자원봉사활동의 진흥을 위한 국가기본계획(이하 "기본계획"이라 한다)을 5년마다 수립하여야 한다.

오답해설

① 정의(자원봉사활동기본법 제3조)

> 이 법에서 사용하는 용어의 뜻은 다음과 같다.
> 1. "자원봉사활동"이란 개인 또는 단체가 지역사회 · 국가 및 인류사회를 위하여 대가 없이 자발적으로 시간과 노력을 제공하는 행위를 말한다.

② 학교 · 직장 등의 자원봉사활동 장려(자원봉사활동기본법 제11조)

> ③ 학교 · 직장 등의 장은 학생 및 직장인 등의 자원봉사활동에 대하여 그 공헌을 인정하여 줄 수 있다.

③ 기본방향(자원봉사활동기본법 제2조)

> 자원봉사활동의 진흥을 위한 정책은 다음 각 호의 사항을 기본 방향으로 하여야 한다.
> 2. 자원봉사활동은 무보수성, 자발성, 공익성, 비영리성, 비정파성(非政派性), 비종파성(非宗派性)의 원칙 아래 수행될 수 있도록 하여야 한다.

11

출제 **영역** 사회복지정책 – 실천론

정답해설

ㄴ. 사회복지협의회는 지역사회복지에 관심을 가지고 있는 민간단체나 개인의 연합체로서, 지역사회의 복지욕구를 효과적으로 달성하기 위한 비영리 공익법인이자 상호협력 · 조정단체이다.

ㄷ. 동주민센터는 국민기초생활보장 업무를 담당하는 사회복지 2차 현장이다.

ㄹ. 장애인복지관은 장애인을 전문적으로 상담 · 치료 · 훈련하거나 장애인의 일상생활, 여가활동 및 사회참여활동 등을 지원하는 장애인 지역사회재활시설인 이용시설이다.

오답해설

ㄱ. 노인복지관은 노인의 교양 · 취미생활 및 사회참여활동 등에 대한 각종 정보와 서비스를 제공하고, 건강증진 및 질병예방과 소득보장 · 재가복지, 그 밖에 노인의 복지증진에 필요한 서비스를 제공함을 목적으로 하는 노인여가복지시설이다.

12

출제 **영역** 사회복지입문 – 발달사

정답해설

② 1884년 노동자보상보험(산재보험)의 재원은 자본가가 부담하였다.

오답해설

① 질병(건강)보험은 지역, 자영업자, 직장의 금고조직(조합)으로 분리되어 운영되었다.

③ 1889년 노령폐질연금이 노동자를 중심으로 시행되었다.

④ 비스마르크 수상의 주도로 1878년 채찍정책으로 사회주의자 탄압법이 제정되었으며, 1880년대에 당근정책으로 사회보험법이 제정되었다.

13

출제 영역 사회복지실천 - 지역사회복지론

정답해설

③ 재가복지봉사센터라 함은 지역사회에서 일정한 시설과 전문인력 및 자원봉사자를 갖추고 필요한 재가복지서비스를 제공하는 사회복지시설을 말한다.

The 알아보기

재가복지봉사센터의 기능과 역할

- 조사 및 진단 : 재가복지서비스 대상자 및 가정의 욕구조사와 문제의 진단 등을 통해 필요한 서비스의 종류를 선정한다.
- 서비스 제공 : 재가복지서비스 대상별로 측정된 욕구와 문제의 진단 내용에 따라 직·간접적 서비스를 제공한다.
- 지역사회자원의 동원 및 활용 : 재가복지서비스의 내실화와 대상자 및 가정의 욕구와 문제해결을 위해 지역사회 인적·물적자원을 동원·활용한다.
- 사업평가 : 재가복지서비스사업을 평가하기 위하여 서비스 기능·분야별 효과, 자원 동원 및 활용 효과 등에 관하여 자체평가하고, 그 결과가 사업에 활용되도록 한다.
- 교육 : 자원봉사자 및 지역사회 주민들에게 재가복지서비스사업, 사회복지사업 및 취미·교양 등에 관한 교육을 제공한다.
- 지역사회 연대의식 고취 : 지역사회 내 인적·물적자원 연계를 통한 계층 간의 연대감을 고취시킨다.

14

출제 영역 사회복지정책 - 정책론

오답해설

① 모니터링평가는 프로그램 진행의 과정적 목표들에 관심을 둔다.
③ 정책집행과정의 문제점을 찾는 데 효율적인 것은 형성평가이다.
④ 정책성과를 화폐단위로 환산하기 쉬운 경우에 적절한 것은 효율성평가(비용-편익분석)이다.

The 알아보기

사회복지정책 평가유형

효과성 평가	• 효과성에 대한 평가는 프로그램에 의해 의도된 결과나 급부들이 성취되었는가에 주된 관심이 있다. • 효과성평가는 프로그램들이 주어진 목표를 성취하고 있는지, 그리고 그런 결과들이 서비스 개입에 의해 발생하는 것이라고 인정할 수 있는지를 판단하기 위한 목표지향적 평가이다.
효율성 평가	• 효율성에 대한 평가는 프로그램이 활용한 자원에 대한 정당성의 여부에 주로 관심이 있다. • 효율성평가는 서비스에 투입된 비용에 대한 결과의 경제성에 초점을 두고 있는 비용지향적 평가이다. • 효율성에 대한 평가는 서비스를 통해 나타나는 급부들이 과연 비용에 견주어 합당한 것인가, 동일한 목적을 달성하기 위해 더 효율적인 방법들은 없었는가, 얼마나 경제적으로 목적을 성취했는가 등을 통해 파악한다. • 효율성평가를 통한 이러한 유형의 정보들은 비용 계상, 비용-급부분석 또는 비용-효과분석 등의 기법을 통해 얻어진다.
모니터링 평가	• 효과성과 효율성의 평가들이 성과의 발생 여부와 그 성과에 대한 비용의 문제들에 주로 관심이 있다면, 모니터링(Monitoring)은 프로그램 진행의 과정적 목표들에 관심을 둔다. • 모니터링(Monitoring)평가는 프로그램의 제안서나 계약서상에 명시된 대로 과정적인 절차와 활동들이 이루어지고 있는지를 평가한다.

15

출제영역 사회복지기초 – 입문

정답해설

③ 사회민주주의 이론에서 제시한 복지국가로 발전하기 위한 요인은 분권적이지 않고 강력한 중앙집권적 노동조합운동이다. 사회민주주의 이론에서는 복지국가는 사회민주세력의 전리품으로서, 노동의 정치적 세력 확대의 결과로서 발전한다고 본다. 즉, 복지국가는 노동자 계급을 대변하는 정치적 집단의 정치적 세력이 커질수록 발전한다는 것이며 자본과 노동의 계급 투쟁에서 노동이 획득한 승리의 전리품이라는 것이다.

The 알아보기

사회민주주의 이론이 제시한 복지국가가 발전하기 위한 7가지 요인

- 선거권의 노동계급으로의 확대
- 노동계급을 대변하는 사회민주당의 발전
- 지속적인 사회민주당의 집권
- 강력한 중앙집권적 노동조합운동
- 우익정당의 약화
- 지속적인 경제성장
- 노동자의 강한 계급의식과 종교 · 언어 · 인종적 분열의 약화

16

출제영역 사회복지기초 – 입문

정답해설

② 사회사업의 성격에 해당한다.

The 알아보기

사회복지와 사회사업

구 분	사회복지	사회사업
어의적	이상적	실천적
목적적	바람직한 사회 (사회통합)	바람직한 인간 (개인발전)
대상적	일반적 · 보편적 · 거시적 (Macro)	개별적 · 선택적 · 미시적 (Micro)
기능적	제도와 정책	지식과 기술
실천적	고정적 · 제도적 · 정책적	역동적 · 기술적 · 지식적
성격적	사전적 · 적극적 · 예방적 · 생산적	사후적 · 소극적 · 치료적 · 소비적

17

출제영역 사회복지정책 – 정책론

오답해설

① 다양한 문제와 욕구를 가진 클라이언트 증가 : 정신지체나 정신장애가 있는 사람이 증가하면서 소득, 주택, 사회화, 재활, 의료 등 2개 이상의 서비스를 필요로 하는 클라이언트가 증가하였다.

② 복잡하고 분산된 서비스체계의 연계 필요성 증가 : 클라이언트의 사회복귀를 위해서는 생활 전반에 관한 서비스가 제공되어야 하며, 서비스전달체계가 공공부문에서 민간부문으로 이양되면서 나타나게 되는 서비스 중복을 막기 위한 조정과 연계, 즉 서비스전달체계 간 조정기능이 필요하게 되었다.

④ 지역사회보호의 필요성 증대 : 지역사회 내의 적절한 환경 자원의 미비로 많은 책임과 과도한 스트레스가 발생하는데, 이를 막기 위해 자원을 개발하고 연결할 수 있도록 돕는 서비스기능이 필요하게 되었다.

18

출제영역 사회복지실천 – 조사론

정답해설

④ 프로그램 운영이나 연구진행 과정 도중, 즉 개입단계에서 피드백을 얻기 위한 형성평가는 단일사례연구의 개입 전 단계인 기초선 자료수집과는 관련이 없다.

The 알아보기

단일사례연구

- 단일사례연구는 단일 연구대상에 대한 종속변수의 변화를 측정하는 실험설계로, 시계열의 논리를 개별사례나 체계에 대한 개입 또는 정책 변화의 영향을 평가하는 데 적용한다.
- 단일사례연구에서 기초선(Baseline)은 개입 이전에 행해지는 반복적인 측정을 말하는 것으로, 집단실험에서 통제집단 같은 기능을 수행하는 통제단계에 해당한다.
- 단일사례연구는 기초선 단계에서 수집된 자료유형을 개입단계 동안 수집된 자료유형과 비교함으로써 개입의 효과성을 측정할 수 있는 것이다.

19

답 ③

출제 영역 사회복지기초 – 입문

정답해설

③ 급여는 개인의 욕구나 재산에 상관 없이 주어지며, 각 개인의 기여 정도에 의하여 결정된다. 그러나 기여 수준과 급여 수준이 반드시 비례하는 것은 아니다.

The 알아보기

사회보험의 특징
- 국민과 국민 간의 집합적 계약
- 최저 수준의 소득보장 목적
- 소득 수준에 따른 차등보험료 징수
- 강제적용
- 기여를 전제로 한 급여
- 자산조사와 관련 없이 권리에 의한 급여
- 추정된 필요에 따른 급여
- 법으로 결정된 급여
- 사회적 적절성 강조

20

답 ④

출제 영역 사회복지정책 – 정책론

정답해설

④ 자격 있는 빈자들이 신청을 기피하게 되는 것은 선별주의에 관한 설명이다.

The 알아보기

선별주의와 보편주의

구 분	선별주의(Selectivism)	보편주의(Universalism)
가 치	개인주의	평등주의
대 상	문제를 가진 소수	전 국민
전 제	자산조사	욕구, 자산조사 불필요
성 격	치료적	예방적
장 점	• 높은 목표(대상)효율성 • 요보호자에 국한된 서비스 집중 • 자원의 낭비 방지 • 비용절감	• 최저소득 보장 • 빈곤 예방 • 수혜자의 심리사회적 낙인감 제거 • 간편한 행정절차 • 사례의 균일성 유지 • 모든 시민의 일정수준 구매력 유지 • 경제적 안정과 성장에 기여
단 점	• 자산조사로 불필요한 행정비용 발생 • 낙인감(Stigma) 발생 • 수급자와 비수급자 간의 갈등 야기 • 자격 있는 빈자의 신청 기피 • 정치적 지지기반 협소	• 운영비용 증가 • 한정된 자원을 꼭 필요한 부분에 효과적으로 사용하는 데에는 한계가 있음

제5과목 행정법총론

01	02	03	04	05	06	07	08	09	10
④	②	②	④	④	①	②	④	③	①
11	12	13	14	15	16	17	18	19	20
③	④	④	③	④	②	①	①	①	③

01

답 ④

출제 영역 행정구제법 - 행정쟁송

정답해설

④ 도로점용료 상당 부당이득금의 징수 및 이의절차를 규정한 지방자치법에서 이의제출기간을 행정심판법 제18조 제3항 소정기간 보다 짧게 정하였다고 하여도 같은 법 제42조 제1항 소정의 고지의무에 관하여 달리 정하고 있지 아니한 이상 도로관리청인 피고가 이 사건 도로점용료 상당 부당이득금의 징수고지서를 발부함에 있어서 원고들에게 이의제출기간 등을 알려주지 아니하였다면 원고들은 지방자치법상의 이의제출기간에 구애됨이 없이 행정심판법 제18조 제6항, 제3항의 규정에 의하여 징수고지처분이 있은 날로부터 180일 이내에 이의를 제출할 수 있다고 보아야 할 것이다(대판 1990.7.10, 89누6839).

오답해설

① 행정심판법 제8조 제1항

② 대판 1995.11.10, 94누12852

③ 행정심판법 제23조 제1항

02

답 ②

출제 영역 행정구제법 - 행정상 손실보상

정답해설

② 토지소유자가 사업시행자로부터 공익사업법 제73조, 제75조의2에 따른 잔여지 또는 잔여 건축물 가격감소 등으로 인한 손실보상을 받기 위해서는 공익사업법 제34조, 제50조 등에 규정된 재결절차를 거친 다음 그 재결에 대하여 불복할 때 비로소 공익사업법 제83조 내지 제85조에 따라 권리구제를 받을 수 있을 뿐이며, 특별한 사정이 없는 한 이러한 재결절차를 거치지 않은 채 곧바로 사업시행자를 상대로 손실보상을 청구하는 것은 허용되지 않는다 할 것이다(대판 2014.9.25, 2012두24092).

오답해설

① 대판 2008.5.29, 2007다8129

③ 구 수산업법에 의한 손실보상청구권이나 손실보상 관련 법령의 유추적용에 의한 손실보상청구권은 사업시행자를 상대로 한 민사소송의 방법에 의하여 행사하여야 하나, 구 공유수면매립법 제16조 제1항에 정한 권리를 가진 자가 위 규정에 의하여 취득한 손실보상청구권은 민사소송의 방법으로 행사할 수 없고 같은 법 제16조 제2항, 제3항이 정한 바에 따라 협의가 성립되지 아니하거나 협의할 수 없을 경우에 토지수용위원회의 재정을 거쳐 토지수용위원회를 상대로 재정에 대한 행정소송을 제기하는 방법에 의하여 행사하여야 한다(대판 2001.6.29, 99다56468).

④ 대판 2015.4.9, 2014두46669

03

답 ②

출제 영역 행정작용법 - 행정행위

정답해설

② 특허에 해당하는 경우는 A, D, E이다. B와 C는 인가에 해당한다.

A. 재개발조합설립인가신청에 대한 행정청의 조합설립인가처분은 단순히 사인(私人)들의 조합설립행위에 대한 보충행위로서의 성질을 가지는 것이 아니라 법령상 일정한 요건을 갖추는 경우 행정주체(공법인)의 지위를 부여하는 일종의 설권적 처분의 성질을 가진다고 보아야 한다. 그러므로 구 도시 및 주거환경정비법상 재개발조합설립인가신청에 대하여 행정청의 조합설립인가처분이 있은 이후에는, 조합설립동의에 하자가 있음을 이유로 재개발조합 설립의 효력을 부정하려면 항고소송으로 조합설립인가처분의 효력을 다투어야 한다(대판 2010.1.28, 2009두4845).

D. 구 도시 및 주거환경정비법 제8조 제3항, 제28조 제1항에 의하면, 토지 등 소유자들이 그 사업을 위한 조합을 따로 설립하지 아니하고 직접 도시환경정비사업을 시행하고자 하는 경우에는 사업시행계획서에 정관 등과 그 밖에 국토해양부령이 정하는 서류를 첨부하여 시장·군수에게 제출하고 사업시행인가를 받아야 하고, 이러한 절차를 거쳐 사업시행인가를 받은 토지 등 소유자들은 관할 행정청의 감독 아래 정비구역 안에서 구 도시정비법상의 도시환경정비사업을 시행하는 목적 범위 내에서 법령이 정하는 바에 따라 일정한 행정작용을 행하는 행정주체로서의 지위를 가진다. 그렇다면 토지 등 소유자들이 직접 시행하는 도시환

경정비사업에서 토지 등 소유자에 대한 사업시행인가
처분은 단순히 사업시행계획에 대한 보충행위로서의
성질을 가지는 것이 아니라 구 도시정비법상 정비사
업을 시행할 수 있는 권한을 가지는 행정주체로서의
지위를 부여하는 일종의 설권적 처분의 성격을 가진
다(대판 2013.6.13. 2011두19994).

E. 출입국관리법 제10조, 제24조 제1항, 구 출입국관리
법 시행령 제12조 [별표 1] 제8호, 제26호 (가)목, (라)
목, 출입국관리법 시행규칙 제18조의2 [별표 1]의 문
언, 내용 및 형식, 체계 등에 비추어 보면, 체류자격
변경허가는 신청인에게 당초의 체류자격과 다른 체류
자격에 해당하는 활동을 할 수 있는 권한을 부여하는
일종의 설권적 처분의 성격을 가지므로, 허가권자는
신청인이 관계 법령에서 정한 요건을 충족하였더라
도, 신청인의 적격성, 체류 목적, 공익상의 영향 등을
참작하여 허가 여부를 결정할 수 있는 재량을 가진다.
다만 재량을 행사할 때 판단의 기초가 된 사실인정에
중대한 오류가 있는 경우 또는 비례·평등의 원칙을
위반하거나 사회통념상 현저하게 타당성을 잃는 등의
사유가 있다면 이는 재량권의 일탈·남용으로서 위법
하다(대판 2016.7.14. 2015두48846).

오답해설

B. 구 자동차관리법 제67조 제1항, 제3항, 제4항, 제5항,
구 자동차관리법 시행규칙 제148조 제1항, 제2항의
내용 및 체계 등을 종합하면, 자동차관리법상 자동차
관리사업자로 구성하는 사업자단체인 조합 또는 협회
의 설립인가처분은 국토해양부장관 또는 시·도지사
가 자동차관리사업자들의 단체결성행위를 보충하여
효력을 완성시키는 처분에 해당한다(대판 2015.5.29.
2013두635).

C. 기본행위인 사업시행계획이 무효인 경우 그에 대한
인가처분이 있다고 하더라도 그 기본행위인 사업시행
계획이 유효한 것으로 될 수 없으며, 기본행위가 적
법·유효하고 보충행위인 인가처분 자체에만 하자가
있다면 그 인가처분의 무효나 취소를 주장할 수 있다
고 할 것이지만, 인가처분에 하자가 없다면 기본행위
에 하자가 있다고 하더라도 따로 그 기본행위의 하자
를 다투는 것은 별론으로 하고 기본행위의 무효를 내
세워 바로 그에 대한 인가처분의 취소 또는 무효확인
을 구할 수 없다(대판 2014.2.27. 2011두25173).

04

답 ④

출제 영역 행정구제법 – 서설

정답해설

④ 취소소송은 행정소송법 제20조 제1항 단서에 규정된
경우를 제외하고는 취소 등의 원인이 있음을 안 날로
부터 90일 이내에 제기하여야 하고(행정소송법 제20
조 제1항 본문), 제소기간의 준수 여부는 소송요건으
로서 법원의 직권조사사항이다. 한편 고시에 의한 행
정처분에 이해관계를 갖는 자는 고시가 있었다는 사
실을 현실적으로 알았는지 여부에 관계없이 고시가
효력을 발생한 날에 행정처분이 있음을 알았다고 보
아야 하고, 고시·공고 등 행정기관이 일정한 사항을
일반에 알리기 위한 공고문서의 경우에는 그 문서에
특별한 규정이 있는 경우를 제외하고는 그 고시 또는
공고가 있은 후 5일이 경과한 날부터 효력을 발생한
다(대판 2013.3.14. 2010두2623).

오답해설

① 구 공익사업법상 손실보상 및 사업인정고시 후 토지
등의 보전에 관한 위 각 규정의 내용에 비추어 보면,
사업인정고시 전에 공익사업시행지구 내 토지에 설치
한 공작물 등 지장물은 원칙적으로 손실보상의 대상
이 된다고 보아야 한다(대판 2013.2.15. 2012두
22096).
② 대판 2002.2.5. 2001두5286
③ 대판 1981.8.25. 80다1598

05

답 ④

출제 영역 행정법 서론 – 행정

정답해설

④ 대법원장의 일반법관 임명은 형식적 의미의 사법, 실
질적 의미의 행정에 해당한다.

오답해설

① 형식적 의미의 행정, 실질적 의미의 사법에 해당한다.
② 형식적 의미의 행정, 실질적 의미의 행정에 해당한다.
③ 형식적 의미의 행정, 실질적 의미의 입법에 해당한다.

06

출제 영역 행정법 서론 – 행정법

정답해설

① 도로교통법 제148조의2 제1항 제1호는 도로교통법 제44조 제1항을 2회 이상 위반한 사람으로서 다시 같은 조 제1항을 위반하여 술에 취한 상태에서 자동차 등을 운전한 사람에 대해 1년 이상 3년 이하의 징역이나 500만 원 이상 1,000만 원 이하의 벌금에 처하도록 규정하고 있는데, 도로교통법 제148조의2 제1항 제1호에서 정하고 있는 '도로교통법 제44조 제1항을 2회 이상 위반한' 것에 개정된 도로교통법이 시행된 2011.12.9. 이전에 구 도로교통법 제44조 제1항을 위반한 음주운전 전과까지 포함되는 것으로 해석하는 것이 형벌불소급의 원칙이나 일사부재리의 원칙 또는 비례의 원칙에 위배된다고 할 수 없다(대판 2012.11.29, 2012도10269).

오답해설

② 헌재 2011.8.30, 2009헌마638

③ 비례원칙은 행정법상 일반원칙이므로 행정법상 전 영역에 적용된다. 수익적 행정, 침익적 행정인가를 불문한다.

The 알아보기

비례원칙의 성립요건과 행정절차법상 행정지도의 원칙

비례원칙의 성립요건	행정절차법상 행정지도의 원칙
• 적합성원칙 • 필요성원칙(＝최소침해성원칙) • 상당성원칙(＝법익균형성원칙)	• 비례원칙(＝과잉금지원칙) • 불이익조치금지원칙 • 임의성원칙(＝자의성원칙)

07

출제 영역 행정의 실효성 확보수단 – 새로운 의무이행확보수단

정답해설

② 가산세란 세법에 규정하는 의무의 성실한 이행을 확보하기 위하여 그 세법에 의하여 산출된 세액에 가산하여 징수하는 금액을 말하고, 가산금이란 국세를 납부기한까지 납부하지 아니한 때에 국세징수법에 의하여 고지세액에 가산하여 징수하는 금액과 납부기한 경과 후 일정기한까지 납부하지 아니한 때에 그 금액에 다시 가산하여 징수하는 금액을 말한다. 위 설명은 가산세에 대한 설명이다.

오답해설

① 현행 건축법에서는 공급거부 규정이 존재하지 않는다. 2006년 개정된 건축법에서 공급거부 규정을 삭제하였다.

③ 지방국세청 소속 공무원들이 통상적인 조사를 다하여 의심스러운 점을 밝혀 보지 아니한 채 막연한 의구심에 근거하여 원고가 위장증여자로서 국토이용관리법을 위반하였다는 요지의 조사결과를 보고한 것이라면 국세청장이 이에 근거한 보도자료의 내용이 진실하다고 믿은 데에는 상당한 이유가 없다고 본 사례(대판 1993.11.26, 93다18389)

④ 변형된 과징금에 대한 설명으로 현행법상 존재한다(예 여객자동차운수사업법 제88조 등).

08

출제 영역 행정법 서론 – 행정법

정답해설

④ 甲이 제2종 원동기장치자전거면허 외에 다른 운전면허 없이 주취 상태에서 승용자동차를 운전하였다는 이유로 관할 지방경찰청장이 甲의 제2종 원동기장치자전거면허를 취소한 사안에서, 甲의 승용자동차 음주운전행위는 제2종 원동기장치자전거의 운전을 금지시킬 사유에 해당한다(대판 2012.6.28, 2011두358).

오답해설

① 이륜자동차로서 제2종 소형면허를 가진 사람만이 운전할 수 있는 오토바이는 제1종 대형면허나 보통면허를 가지고서도 이를 운전할 수 없는 것이어서 이와 같은 이륜자동차의 운전은 제1종 대형면허나 보통면허와는 아무런 관련이 없는 것이므로 이륜자동차를 음주운전한 사유만 가지고서는 제1종 대형면허나 보통면허의 취소나 정지를 할 수 없다(대판 1992.9.22, 91누8289).

② 도로교통법 제68조 제6항의 위임에 따라 운전면허를 받은 사람이 운전할 수 있는 자동차 등의 종류를 규정하고 있는 도로교통법 시행규칙 제26조 [별표 14]에 의하면 제1종 보통, 제1종 대형, 제1종 특수자동차운전면허소유자가 운전한 12인승 승합자동차는 제1종 보통 및 제1종 대형자동차운전면허로는 운전이 가능하나 제1종 특수자동차운전면허로는 운전할 수 없으므로, 원고는 자신이 소지하고 있는 자동차운전면허 중 제1종 보통 및 제1종 대형자동차운전면허만으로 운전한 것이 되어, 제1종 특수자동차운전면허는 위 승합자동차의

제3회 실전모의고사 정답 및 해설 201

운전과는 아무런 관련이 없다(대판 1998.3.24, 98두1031).

③ 제1종 대형, 제1종 보통자동차운전면허를 가지고 있는 甲이 배기량 400cc의 오토바이를 절취하였다는 이유로 지방경찰청장이 甲의 제1종 대형, 제1종 보통자동차운전면허를 모두 취소한 사안에서, 도로교통법 제93조 제1항 제12호, 도로교통법 시행규칙 제91조 제1항 [별표 28] 규정에 따르면 그 취소 사유가 훔치거나 빼앗은 해당 자동차 등을 운전할 수 있는 특정 면허에 관한 것이며, 제2종 소형면허 이외의 다른 운전면허를 가지고는 위 오토바이를 운전할 수 없어 취소 사유가 다른 면허와 공통된 것도 아니므로, 甲이 위 오토바이를 훔친 것은 제1종 대형면허나 보통면허와는 아무런 관련이 없어 위 오토바이를 훔쳤다는 사유만으로 제1종 대형면허나 보통면허를 취소할 수 없다고 본 원심판단을 정당하다고 한 사례(대판 2012.5.24, 2012두1891)

The 알아보기

부당결부금지원칙
- 민원처리에 관한 법률 : 규정 있음
- 행정절차법 : 규정 없음
- 행정규제기본법 : 규정 없음

09
답 ③

출제 영역 행정구제법 – 행정쟁송

정답해설

③ 행정처분의 위법 여부는 행정처분이 행하여진 때의 법령과 사실을 기준으로 판단하므로, 확정판결의 당사자인 처분 행정청은 종전 처분 후에 발생한 새로운 사유를 내세워 다시 처분을 할 수 있고, 새로운 처분의 처분사유가 종전 처분의 처분사유와 기본적 사실관계에서 동일하지 않은 다른 사유에 해당하는 이상, 처분사유가 종전 처분 당시 이미 존재하고 있었고 당사자가 이를 알고 있었더라도 이를 내세워 새로이 처분을 하는 것은 확정판결의 기속력에 저촉되지 않는다(대판 2016.3.24, 2015두48235).

오답해설

① 대판 2011.9.29, 2010두26339
② 대판 2011.10.13, 2008두17905
④ 특별조치법의 입법 목적이나 관련 규정의 문언 등에 비추어 위 법에 따른 보상대상이 되는 토지가 등기된 것으로 한정된다고 볼 수 없다(대판 2011.11.10, 2011두16636).

The 알아보기

기속력과 기판력
- **기속력** : 행정소송법 제30조 제1항은 "처분 등을 취소하는 확정판결은 그 사건에 관하여 당사자인 행정청과 그 밖의 관계행정청을 기속한다."라고 규정하고 있다. 이러한 취소 확정판결의 '기속력'은 취소청구가 인용된 판결에서 인정되는 것으로서 당사자인 행정청과 그 밖의 관계행정청에게 확정판결의 취지에 따라 행동하여야 할 의무를 지우는 작용을 한다.
- **기판력** : 행정소송법 제8조 제2항에 의하여 행정소송에 준용되는 민사소송법 제216조, 제218조가 규정하고 있는 '기판력'이란 기판력 있는 전소 판결의 소송물과 동일한 후소를 허용하지 않음과 동시에, 후소의 소송물이 전소의 소송물과 동일하지는 않더라도 전소의 소송물에 관한 판단이 후소의 선결문제가 되거나 모순관계에 있을 때에는 후소에서 전소 판결의 판단과 다른 주장을 하는 것을 허용하지 않는 작용을 한다(대판 2016.3.24, 2015두48235).

10
답 ①

출제 영역 행정의 실효성 확보수단 – 행정벌

정답해설

① 14+30+1=45이다.
- 14세가 되지 아니한 자의 질서위반행위는 과태료를 부과하지 아니한다. 다만, 다른 법률에 특별한 규정이 있는 경우에는 그러하지 아니하다(질서위반행위규제법 제9조).
- 제3자의 재심청구는 확정판결이 있음을 안 날로부터 30일 이내, 판결이 확정된 날로부터 1년 이내에 제기하여야 한다(행정소송법 제31조 제2항).

11
답 ③

출제 영역 행정구제법 – 서설

정답해설

③ 행정소송 제도의 목적 및 기능 등에 비추어 볼 때, 행정청이 한 행위가 단지 사인 간 법률관계의 존부를 공적으로 증명하는 공증행위에 불과하여 그 효력을 둘러싼 분쟁의 해결이 사법원리에 맡겨져 있거나 행위의 근거 법률에서 행정소송 이외의 다른 절차에 의하여 불복할 것을 예정하고 있는 경우에는 항고소송의 대상이 될 수 없다고 보는 것이 타당하다(대판 2012.6.14, 2010두19720).

① 대판 2008.7.24, 2007두3930

② 대판 2012.4.26, 2011두2521

④ 대판 2012.6.18, 2011두2361 전원합의체

12 답 ④
출제영역 행정구제법 – 행정쟁송

정답해설

④ 취소소송의 제1심 관할법원은 피고의 소재지를 관할하는 행정법원으로 한다(행정소송법 제9조 제1항).

오답해설

① 행정소송법 제9조 제3항

② · ③ 행정소송법 제9조 제2항

The 알아보기

관할법원
- 과태료 부과처분 : 당사자 주소지 관할법원
- 취소소송 : 피고(행정청)의 소재지 관할법원

13 답 ④
출제영역 행정법 서론 – 행정상 법률관계

정답해설

④ 무하자재량행사청구권은 결정재량, 선택재량에서 모두 인정되나, 행정개입청구권은 결정재량에서만 인정된다(통설).

오답해설

② 대판 2007.5.11, 2007두1811

③ 대판 1999.12.7, 97누17568

14 답 ③
출제영역 행정구제법 – 행정쟁송

정답해설

③ 90+14+30+60+30+3+4＝231이다.

㉠ 행정심판은 처분이 있음을 알게 된 날부터 90일 이내에 청구하여야 한다(행정심판법 제27조 제1항).

㉡ 청구인이 천재지변, 전쟁, 사변(事變), 그 밖의 불가항력으로 인하여 제1항에서 정한 기간에 심판청구를 할 수 없었을 때에는 그 사유가 소멸한 날부터 14일 이내

에 행정심판을 청구할 수 있다. 다만, 국외에서 행정심판을 청구하는 경우에는 그 기간을 30일로 한다(행정심판법 제27조 제2항).

㉢ 재결은 제23조에 따라 피청구인 또는 위원회가 심판청구서를 받은 날부터 60일 이내에 하여야 한다. 다만, 부득이한 사정이 있는 경우에는 위원장이 직권으로 30일을 연장할 수 있다(행정심판법 제45조 제1항).

㉣ 여러 명의 청구인이 공동으로 심판청구를 할 때에는 청구인들 중에서 3명 이하의 선정대표자를 선정할 수 있다(행정심판법 제15조 제1항).

㉤ 중앙행정심판위원회는 심판청구사건 중 도로교통법에 따른 자동차운전면허 행정처분에 관한 사건(소위원회가 중앙행정심판위원회에서 심리 · 의결하도록 결정한 사건은 제외한다)을 심리 · 의결하게 하기 위하여 4명의 위원으로 구성하는 소위원회를 둘 수 있다(행정심판법 제8조 제6항).

15 답 ④
출제영역 행정작용법 – 그 밖의 행정의 주요 행위형식

정답해설

④ 주택건설촉진법 제33조 제1항이 정하는 주택건설사업계획의 승인은 이른바 수익적 행정처분으로서 행정청의 재량행위에 속하고, 따라서 그 전 단계로서 같은 법 제32조의4 제1항이 정하는 주택건설사업계획의 사전결정 역시 재량행위라고 할 것이므로, 사전결정을 받으려고 하는 주택건설사업계획이 관계 법령이 정하는 제한에 배치되는 경우는 물론이고, 그러한 제한사유가 없는 경우에도 공익상 필요가 있으면 처분권자는 그 사전결정 신청에 대하여 불허가결정을 할 수 있다(대판 1998.4.24, 97누1501).

오답해설

① 대판 1991.6.28, 90누4402

② 대판 2005.4.28, 2004두8828

③ 대판 1998.9.4, 97누19588

16

답 ②

정답해설

ㄴ. 군인사법령에 의하여 진급예정자명단에 포함된 자에 대하여 의견제출의 기회를 부여하지 아니한 채 진급 선발을 취소하는 처분을 한 것은 절차상 하자가 있어 위법하다고 한 사례(대판 2007.9.21, 2006두20631)

ㄷ. 행정청이 온천지구임을 간과하여 지하수개발·이용 신고를 수리하였다가 행정절차법상의 사전통지를 하거나 의견제출의 기회를 주지 아니한 채 그 신고수리처분을 취소하고 원상복구명령의 처분을 한 경우, 행정지도방식에 의한 사전고지나 그에 따른 당사자의 자진 폐공의 약속 등의 사유만으로는 사전통지 등을 하지 않아도 되는 행정절차법 소정의 예외의 경우에 해당한다고 볼 수 없다(대판 2000.11.14, 99두5870).

오답해설

ㄱ. 행정절차법 제21조 제1항은 행정청은 당사자에게 의무를 과하거나 권익을 제한하는 처분을 하는 경우에는 미리 처분의 제목, 당사자의 성명 또는 명칭과 주소, 처분하고자 하는 원인이 되는 사실과 처분의 내용 및 법적 근거, 그에 대하여 의견을 제출할 수 있다는 뜻과 의견을 제출하지 아니하는 경우의 처리방법, 의견제출기관의 명칭과 주소, 의견제출기한 등을 당사자 등에게 통지하도록 하고 있는바, 신청에 따른 처분이 이루어지지 아니한 경우에는 아직 당사자에게 권익이 부과되지 아니하였으므로 특별한 사정이 없는 한 신청에 대한 거부처분이라고 하더라도 직접 당사자의 권익을 제한하는 것은 아니어서 신청에 대한 거부처분을 여기에서 말하는 '당사자의 권익을 제한하는 처분'에 해당한다고 할 수 없는 것이어서 처분의 사전통지대상이 된다고 할 수 없다(대판 2003.11.28, 2003두674).

ㄹ. 퇴직연금의 환수결정은 당사자에게 의무를 과하는 처분이기는 하나, 관련 법령에 따라 당연히 환수금액이 정하여지는 것이므로, 퇴직연금의 환수결정에 앞서 당사자에게 의견진술의 기회를 주지 아니하여도 행정절차법 제22조 제3항이나 신의칙에 어긋나지 아니한다(대판 2000.11.28, 99두5443).

The 알아보기

침익적 처분과 수익적 처분에 적용되는 규정

침익적 처분에만 적용되는 규정	수익적 처분에만 적용되는 규정

• 사전통지
• 의견청취절차
  – 청문
  – 공청회
  – 의견제출
	• 처분의 신청
	• 처분기간의 설정·공표
	• 다수의 행정청이 관여하는 처분

17

답 ①

정답해설

① 이전고시의 효력 발생으로 이미 대다수 조합원 등에 대하여 획일적·일률적으로 처리된 권리귀속 관계를 모두 무효화하고 다시 처음부터 관리처분계획을 수립하여 이전고시 절차를 거치도록 하는 것은 정비사업의 공익적·단체법적 성격에 배치되므로, 이전고시가 효력을 발생하게 된 이후에는 조합원 등이 관리처분계획의 취소 또는 무효확인을 구할 법률상 이익이 없다고 봄이 타당하다(대판 2012.3.22, 2011두6400 전원합의체).

오답해설

② 건축사법 제28조 제1항이 건축사 업무정지처분을 연 2회 이상 받고 그 정지기간이 통산하여 12월 이상이 될 경우에는 가중된 제재처분인 건축사사무소 등록취소처분을 받게 되도록 규정하여 건축사에 대한 제재적인 행정처분인 업무정지명령을 더 무거운 제재처분인 사무소등록취소처분의 기준요건으로 규정하고 있으므로, 건축사 업무정지처분을 받은 건축사로서는 위 처분에서 정한 기간이 경과하였다 하더라도 위 처분을 그대로 방치하여 둠으로써 장래 건축사사무소 등록취소라는 가중된 제재처분을 받을 우려가 있어 건축사로서 업무를 행할 수 있는 법률상 지위에 대한 위험이나 불안을 제거하기 위하여 건축사 업무정지처분의 취소를 구할 이익이 있으나, 업무정지처분을 받은 후 새로운 업무정지처분을 받음이 없이 1년이 경과하여 실제로 가중된 제재처분을 받을 우려가 없어졌다면 위 처분에서 정한 정지기간이 경과한 이상 특별한 사정이 없는 한 그 처분의 취소를 구할 법률상 이익이 없다(대판 2000.4.21, 98두10080).

③ 대판 2005.5.13, 2004두4369

④ 대판 2000.5.16, 99두7111

18

출제 영역 행정작용법 – 행정행위

정답해설

① 허가 등의 행정처분은 원칙적으로 처분시의 법령과 허가기준에 의하여 처리되어야 하고 허가신청 당시의 기준에 따라야 하는 것은 아니며 비록 허가신청 후 허가기준이 변경되었다 하더라도 그 허가관청이 허가신청을 수리하고도 정당한 이유 없이 그 처리를 늦추어 그 사이에 허가기준이 변경된 것이 아닌 이상 변경된 허가기준에 따라서 처분을 하여야 한다(대판 1996.8.20, 95누10877).

오답해설

② 대판 2000.3.24, 97누12532

③ 대판 1986.7.22, 86누203

④ 법령이 규정하는 산림훼손 금지 또는 제한지역에 해당하는 경우는 물론 금지 또는 제한지역에 해당하지 않더라도 허가관청은 산림훼손허가신청 대상토지의 현상과 위치 및 주위의 상황 등을 고려하여 국토 및 자연의 유지와 상수원의 수질과 같은 환경의 보전 등 중대한 공익상 필요가 있다고 인정될 때에는 허가를 거부할 수 있고, 그 경우 법규에 명문의 근거가 없더라도 거부처분을 할 수 있다(대판 1993.5.27, 93누4854).

19

정답 ①

출제 영역 행정법 서론 – 행정상 법률관계

정답해설

① ⓛ의 경우에 공정력이 인정된다.

ⓛ 선량한 풍속 기타 사회질서에 위반된 행위는 취소사유이므로 공정력이 인정된다(통설).

오답해설

㉠ 사인의 공법행위에는 행정행위에서 인정되는 공정력이나 강제력 등이 부정된다.

㉢ · ㉣ 공정력은 취소할 수 있는 행정행위에만 인정되므로 비력적 행정작용인 공법상 계약이나 행정지도에서는 인정되지 않는다.

㉤ 적법한 건축물에 대한 철거명령은 무효사유이므로 공정력이 인정되지 않는다.

㉥ 법규명령은 법규의 성질을 가지는 명령으로 일반적 · 추상적 명령 중 국민의 권리와 의무에 관한 사항을 규율하는 법규범이다. 따라서 공정력이 부정된다.

20

정답 ③

출제 영역 행정법 서론 – 행정상 법률관계의 원인

정답해설

③ 구 행정절차법 제17조 제3항 본문은 "행정청은 신청이 있는 때에는 다른 법령 등에 특별한 규정이 있는 경우를 제외하고는 그 접수를 보류 또는 거부하거나 부당하게 되돌려 보내서는 아니 되며, 신청을 접수한 경우에는 신청인에게 접수증을 교부하여야 한다."고 규정하고 있는바, 여기에서의 신청인의 행정청에 대한 신청의 의사표시는 명시적이고 확정적인 것이어야 한다고 할 것이므로 신청인이 신청에 앞서 행정청의 허가업무 담당자에게 신청서의 내용에 대한 검토를 요청한 것만으로는 다른 특별한 사정이 없는 한 명시적이고 확정적인 신청의 의사표시가 있었다고 하기 어렵다(대판 2004.9.24, 2003두13236).

오답해설

① 투표행위와 같은 합성행위는 단체적 성격이 강하므로 착오를 이유로 취소할 수 없다(통설).

② 사인의 공법행위가 행정행위의 전제요건이 아닌 단순한 동기에 불과한 경우에는 주된 행정행위의 효력에 영향을 미치지 못하므로 주된 행정행위의 효력은 유효하다.

④ 군인사정책상 필요에 의하여 복무연장지원서와 전역(여군의 경우 면역임)지원서를 동시에 제출하게 한 방침에 따라 위 양 지원서를 함께 제출한 이상, 그 취지는 복무연장지원의 의사표시를 우선으로 하되, 그것이 받아들여지지 아니하는 경우에 대비하여 원에 의하여 전역하겠다는 조건부 의사표시를 한 것이므로 그 전역지원의 의사표시도 유효한 것으로 보아야 한다. 위 전역지원의 의사표시가 진의 아닌 의사표시라 하더라도 그 무효에 관한 법리를 선언한 민법 제107조 제1항 단서의 규정은 그 성질상 사인의 공법행위에는 적용되지 않는다 할 것이므로 그 표시된 대로 유효한 것으로 보아야 한다(대판 1994.1.11, 93누10057).

The 알아보기

사인의 공법행위

• 사인의 공법행위에는 부관을 붙일 수 없다.

• 사인의 공법행위는 민법 제107조 제1항 단서의 비진의표시의 무효에 관한 규정이 적용되지 않는다.

• 사인의 공법행위는 행정행위에서 인정되는 공정력, 강제력 등이 인정되지 않는다.

제3회 실전모의고사 정답 및 해설 **205**

사회복지직 9급 채용시험 필기시험 답안지

직 렬

성 명

수험번호

⑩	⑩	⑩	⑩	⑩	⑩	⑩
①	①	①	①	①	①	①
②	②	②	②	②	②	②
③	③	③	③	③	③	③
④	④	④	④	④	④	④
⑤	⑤	⑤	⑤	⑤	⑤	⑤
⑥	⑥	⑥	⑥	⑥	⑥	⑥
⑦	⑦	⑦	⑦	⑦	⑦	⑦
⑧	⑧	⑧	⑧	⑧	⑧	⑧
⑨	⑨	⑨	⑨	⑨	⑨	⑨

감독위원 확인
(인)

국 어

1	① ② ③ ④
2	① ② ③ ④
3	① ② ③ ④
4	① ② ③ ④
5	① ② ③ ④
6	① ② ③ ④
7	① ② ③ ④
8	① ② ③ ④
9	① ② ③ ④
10	① ② ③ ④
11	① ② ③ ④
12	① ② ③ ④
13	① ② ③ ④
14	① ② ③ ④
15	① ② ③ ④
16	① ② ③ ④
17	① ② ③ ④
18	① ② ③ ④
19	① ② ③ ④
20	① ② ③ ④

영 어

1	① ② ③ ④
2	① ② ③ ④
3	① ② ③ ④
4	① ② ③ ④
5	① ② ③ ④
6	① ② ③ ④
7	① ② ③ ④
8	① ② ③ ④
9	① ② ③ ④
10	① ② ③ ④
11	① ② ③ ④
12	① ② ③ ④
13	① ② ③ ④
14	① ② ③ ④
15	① ② ③ ④
16	① ② ③ ④
17	① ② ③ ④
18	① ② ③ ④
19	① ② ③ ④
20	① ② ③ ④

한국사

1	① ② ③ ④
2	① ② ③ ④
3	① ② ③ ④
4	① ② ③ ④
5	① ② ③ ④
6	① ② ③ ④
7	① ② ③ ④
8	① ② ③ ④
9	① ② ③ ④
10	① ② ③ ④
11	① ② ③ ④
12	① ② ③ ④
13	① ② ③ ④
14	① ② ③ ④
15	① ② ③ ④
16	① ② ③ ④
17	① ② ③ ④
18	① ② ③ ④
19	① ② ③ ④
20	① ② ③ ④

사회복지학개론

1	① ② ③ ④
2	① ② ③ ④
3	① ② ③ ④
4	① ② ③ ④
5	① ② ③ ④
6	① ② ③ ④
7	① ② ③ ④
8	① ② ③ ④
9	① ② ③ ④
10	① ② ③ ④
11	① ② ③ ④
12	① ② ③ ④
13	① ② ③ ④
14	① ② ③ ④
15	① ② ③ ④
16	① ② ③ ④
17	① ② ③ ④
18	① ② ③ ④
19	① ② ③ ④
20	① ② ③ ④

행정법총론

1	① ② ③ ④
2	① ② ③ ④
3	① ② ③ ④
4	① ② ③ ④
5	① ② ③ ④
6	① ② ③ ④
7	① ② ③ ④
8	① ② ③ ④
9	① ② ③ ④
10	① ② ③ ④
11	① ② ③ ④
12	① ② ③ ④
13	① ② ③ ④
14	① ② ③ ④
15	① ② ③ ④
16	① ② ③ ④
17	① ② ③ ④
18	① ② ③ ④
19	① ② ③ ④
20	① ② ③ ④

사회복지직 9급 채용시험 필기시험 답안지

국어					영어					한국사					사회복지학개론					행정법총론				
1	①	②	③	④	1	①	②	③	④	1	①	②	③	④	1	①	②	③	④	1	①	②	③	④
2	①	②	③	④	2	①	②	③	④	2	①	②	③	④	2	①	②	③	④	2	①	②	③	④
3	①	②	③	④	3	①	②	③	④	3	①	②	③	④	3	①	②	③	④	3	①	②	③	④
4	①	②	③	④	4	①	②	③	④	4	①	②	③	④	4	①	②	③	④	4	①	②	③	④
5	①	②	③	④	5	①	②	③	④	5	①	②	③	④	5	①	②	③	④	5	①	②	③	④
6	①	②	③	④	6	①	②	③	④	6	①	②	③	④	6	①	②	③	④	6	①	②	③	④
7	①	②	③	④	7	①	②	③	④	7	①	②	③	④	7	①	②	③	④	7	①	②	③	④
8	①	②	③	④	8	①	②	③	④	8	①	②	③	④	8	①	②	③	④	8	①	②	③	④
9	①	②	③	④	9	①	②	③	④	9	①	②	③	④	9	①	②	③	④	9	①	②	③	④
10	①	②	③	④	10	①	②	③	④	10	①	②	③	④	10	①	②	③	④	10	①	②	③	④
11	①	②	③	④	11	①	②	③	④	11	①	②	③	④	11	①	②	③	④	11	①	②	③	④
12	①	②	③	④	12	①	②	③	④	12	①	②	③	④	12	①	②	③	④	12	①	②	③	④
13	①	②	③	④	13	①	②	③	④	13	①	②	③	④	13	①	②	③	④	13	①	②	③	④
14	①	②	③	④	14	①	②	③	④	14	①	②	③	④	14	①	②	③	④	14	①	②	③	④
15	①	②	③	④	15	①	②	③	④	15	①	②	③	④	15	①	②	③	④	15	①	②	③	④
16	①	②	③	④	16	①	②	③	④	16	①	②	③	④	16	①	②	③	④	16	①	②	③	④
17	①	②	③	④	17	①	②	③	④	17	①	②	③	④	17	①	②	③	④	17	①	②	③	④
18	①	②	③	④	18	①	②	③	④	18	①	②	③	④	18	①	②	③	④	18	①	②	③	④
19	①	②	③	④	19	①	②	③	④	19	①	②	③	④	19	①	②	③	④	19	①	②	③	④
20	①	②	③	④	20	①	②	③	④	20	①	②	③	④	20	①	②	③	④	20	①	②	③	④

※ 본 답안지는 마킹연습용 모의답안지입니다.

직 렬

성 명

수험번호

⓪	⓪	⓪	⓪	⓪	⓪	⓪
①	①	①	①	①	①	①
②	②	②	②	②	②	②
③	③	③	③	③	③	③
④	④	④	④	④	④	④
⑤	⑤	⑤	⑤	⑤	⑤	⑤
⑥	⑥	⑥	⑥	⑥	⑥	⑥
⑦	⑦	⑦	⑦	⑦	⑦	⑦
⑧	⑧	⑧	⑧	⑧	⑧	⑧
⑨	⑨	⑨	⑨	⑨	⑨	⑨

감독위원 확인

(인)

절취선

사회복지직 9급 채용시험 필기시험 답안지

직렬

성명

수험번호

⓪ ① ② ③ ④ ⑤ ⑥ ⑦ ⑧ ⑨
⓪ ① ② ③ ④ ⑤ ⑥ ⑦ ⑧ ⑨
⓪ ① ② ③ ④ ⑤ ⑥ ⑦ ⑧ ⑨
⓪ ① ② ③ ④ ⑤ ⑥ ⑦ ⑧ ⑨
⓪ ① ② ③ ④ ⑤ ⑥ ⑦ ⑧ ⑨
⓪ ① ② ③ ④ ⑤ ⑥ ⑦ ⑧ ⑨
① ② ③ ④ ⑤ ⑥ ⑦ ⑧ ⑨

감독위원 확인
(인)

국어					영어					한국사					사회복지학개론					행정법총론				
1	①	②	③	④	1	①	②	③	④	1	①	②	③	④	1	①	②	③	④	1	①	②	③	④
2	①	②	③	④	2	①	②	③	④	2	①	②	③	④	2	①	②	③	④	2	①	②	③	④
3	①	②	③	④	3	①	②	③	④	3	①	②	③	④	3	①	②	③	④	3	①	②	③	④
4	①	②	③	④	4	①	②	③	④	4	①	②	③	④	4	①	②	③	④	4	①	②	③	④
5	①	②	③	④	5	①	②	③	④	5	①	②	③	④	5	①	②	③	④	5	①	②	③	④
6	①	②	③	④	6	①	②	③	④	6	①	②	③	④	6	①	②	③	④	6	①	②	③	④
7	①	②	③	④	7	①	②	③	④	7	①	②	③	④	7	①	②	③	④	7	①	②	③	④
8	①	②	③	④	8	①	②	③	④	8	①	②	③	④	8	①	②	③	④	8	①	②	③	④
9	①	②	③	④	9	①	②	③	④	9	①	②	③	④	9	①	②	③	④	9	①	②	③	④
10	①	②	③	④	10	①	②	③	④	10	①	②	③	④	10	①	②	③	④	10	①	②	③	④
11	①	②	③	④	11	①	②	③	④	11	①	②	③	④	11	①	②	③	④	11	①	②	③	④
12	①	②	③	④	12	①	②	③	④	12	①	②	③	④	12	①	②	③	④	12	①	②	③	④
13	①	②	③	④	13	①	②	③	④	13	①	②	③	④	13	①	②	③	④	13	①	②	③	④
14	①	②	③	④	14	①	②	③	④	14	①	②	③	④	14	①	②	③	④	14	①	②	③	④
15	①	②	③	④	15	①	②	③	④	15	①	②	③	④	15	①	②	③	④	15	①	②	③	④
16	①	②	③	④	16	①	②	③	④	16	①	②	③	④	16	①	②	③	④	16	①	②	③	④
17	①	②	③	④	17	①	②	③	④	17	①	②	③	④	17	①	②	③	④	17	①	②	③	④
18	①	②	③	④	18	①	②	③	④	18	①	②	③	④	18	①	②	③	④	18	①	②	③	④
19	①	②	③	④	19	①	②	③	④	19	①	②	③	④	19	①	②	③	④	19	①	②	③	④
20	①	②	③	④	20	①	②	③	④	20	①	②	③	④	20	①	②	③	④	20	①	②	③	④

사회복지직 9급 채용시험 필기시험 답안지

국 어

번호	1	2	3	4
1	①	②	③	④
2	①	②	③	④
3	①	②	③	④
4	①	②	③	④
5	①	②	③	④
6	①	②	③	④
7	①	②	③	④
8	①	②	③	④
9	①	②	③	④
10	①	②	③	④
11	①	②	③	④
12	①	②	③	④
13	①	②	③	④
14	①	②	③	④
15	①	②	③	④
16	①	②	③	④
17	①	②	③	④
18	①	②	③	④
19	①	②	③	④
20	①	②	③	④

영 어

번호	1	2	3	4
1	①	②	③	④
2	①	②	③	④
3	①	②	③	④
4	①	②	③	④
5	①	②	③	④
6	①	②	③	④
7	①	②	③	④
8	①	②	③	④
9	①	②	③	④
10	①	②	③	④
11	①	②	③	④
12	①	②	③	④
13	①	②	③	④
14	①	②	③	④
15	①	②	③	④
16	①	②	③	④
17	①	②	③	④
18	①	②	③	④
19	①	②	③	④
20	①	②	③	④

한국사

번호	1	2	3	4
1	①	②	③	④
2	①	②	③	④
3	①	②	③	④
4	①	②	③	④
5	①	②	③	④
6	①	②	③	④
7	①	②	③	④
8	①	②	③	④
9	①	②	③	④
10	①	②	③	④
11	①	②	③	④
12	①	②	③	④
13	①	②	③	④
14	①	②	③	④
15	①	②	③	④
16	①	②	③	④
17	①	②	③	④
18	①	②	③	④
19	①	②	③	④
20	①	②	③	④

사회복지학개론

번호	1	2	3	4
1	①	②	③	④
2	①	②	③	④
3	①	②	③	④
4	①	②	③	④
5	①	②	③	④
6	①	②	③	④
7	①	②	③	④
8	①	②	③	④
9	①	②	③	④
10	①	②	③	④
11	①	②	③	④
12	①	②	③	④
13	①	②	③	④
14	①	②	③	④
15	①	②	③	④
16	①	②	③	④
17	①	②	③	④
18	①	②	③	④
19	①	②	③	④
20	①	②	③	④

행정법총론

번호	1	2	3	4
1	①	②	③	④
2	①	②	③	④
3	①	②	③	④
4	①	②	③	④
5	①	②	③	④
6	①	②	③	④
7	①	②	③	④
8	①	②	③	④
9	①	②	③	④
10	①	②	③	④
11	①	②	③	④
12	①	②	③	④
13	①	②	③	④
14	①	②	③	④
15	①	②	③	④
16	①	②	③	④
17	①	②	③	④
18	①	②	③	④
19	①	②	③	④
20	①	②	③	④

직 렬

성 명

수험번호

⑩	⑩	⑩	⑩	⑩	⑩	⑩
①	①	①	①	①	①	①
②	②	②	②	②	②	②
③	③	③	③	③	③	③
④	④	④	④	④	④	④
⑤	⑤	⑤	⑤	⑤	⑤	⑤
⑥	⑥	⑥	⑥	⑥	⑥	⑥
⑦	⑦	⑦	⑦	⑦	⑦	⑦
⑧	⑧	⑧	⑧	⑧	⑧	⑧
⑨	⑨	⑨	⑨	⑨	⑨	⑨

감독위원 확인 (인)

절취선

사회복지직 9급 채용시험 필기시험 답안지

직렬

성명

수험번호

⑨	⑧	⑦	⑥	⑤	④	③	②	①	⓪
⑨	⑧	⑦	⑥	⑤	④	③	②	①	⓪
⑨	⑧	⑦	⑥	⑤	④	③	②	①	⓪
⑨	⑧	⑦	⑥	⑤	④	③	②	①	⓪
⑨	⑧	⑦	⑥	⑤	④	③	②	①	⓪
⑨	⑧	⑦	⑥	⑤	④	③	②	①	⓪
⑨	⑧	⑦	⑥	⑤	④	③	②	①	⓪

감독위원 확인 (인)

절취선

국어

1	①	②	③	④
2	①	②	③	④
3	①	②	③	④
4	①	②	③	④
5	①	②	③	④
6	①	②	③	④
7	①	②	③	④
8	①	②	③	④
9	①	②	③	④
10	①	②	③	④
11	①	②	③	④
12	①	②	③	④
13	①	②	③	④
14	①	②	③	④
15	①	②	③	④
16	①	②	③	④
17	①	②	③	④
18	①	②	③	④
19	①	②	③	④
20	①	②	③	④

영어

1	①	②	③	④
2	①	②	③	④
3	①	②	③	④
4	①	②	③	④
5	①	②	③	④
6	①	②	③	④
7	①	②	③	④
8	①	②	③	④
9	①	②	③	④
10	①	②	③	④
11	①	②	③	④
12	①	②	③	④
13	①	②	③	④
14	①	②	③	④
15	①	②	③	④
16	①	②	③	④
17	①	②	③	④
18	①	②	③	④
19	①	②	③	④
20	①	②	③	④

한국사

1	①	②	③	④
2	①	②	③	④
3	①	②	③	④
4	①	②	③	④
5	①	②	③	④
6	①	②	③	④
7	①	②	③	④
8	①	②	③	④
9	①	②	③	④
10	①	②	③	④
11	①	②	③	④
12	①	②	③	④
13	①	②	③	④
14	①	②	③	④
15	①	②	③	④
16	①	②	③	④
17	①	②	③	④
18	①	②	③	④
19	①	②	③	④
20	①	②	③	④

사회복지학개론

1	①	②	③	④
2	①	②	③	④
3	①	②	③	④
4	①	②	③	④
5	①	②	③	④
6	①	②	③	④
7	①	②	③	④
8	①	②	③	④
9	①	②	③	④
10	①	②	③	④
11	①	②	③	④
12	①	②	③	④
13	①	②	③	④
14	①	②	③	④
15	①	②	③	④
16	①	②	③	④
17	①	②	③	④
18	①	②	③	④
19	①	②	③	④
20	①	②	③	④

행정법총론

1	①	②	③	④
2	①	②	③	④
3	①	②	③	④
4	①	②	③	④
5	①	②	③	④
6	①	②	③	④
7	①	②	③	④
8	①	②	③	④
9	①	②	③	④
10	①	②	③	④
11	①	②	③	④
12	①	②	③	④
13	①	②	③	④
14	①	②	③	④
15	①	②	③	④
16	①	②	③	④
17	①	②	③	④
18	①	②	③	④
19	①	②	③	④
20	①	②	③	④

※ 본 답안지는 마킹연습용 모의 답안지입니다.

사회복지직 9급 채용시험 필기시험 답안지

직 렬	

성 명	

수험번호

⓪	⓪	⓪	⓪	⓪	⓪	⓪
①	①	①	①	①	①	①
②	②	②	②	②	②	②
③	③	③	③	③	③	③
④	④	④	④	④	④	④
⑤	⑤	⑤	⑤	⑤	⑤	⑤
⑥	⑥	⑥	⑥	⑥	⑥	⑥
⑦	⑦	⑦	⑦	⑦	⑦	⑦
⑧	⑧	⑧	⑧	⑧	⑧	⑧
⑨	⑨	⑨	⑨	⑨	⑨	⑨

감독위원 확인

(인)

국 어

1	①	②	③	④
2	①	②	③	④
3	①	②	③	④
4	①	②	③	④
5	①	②	③	④
6	①	②	③	④
7	①	②	③	④
8	①	②	③	④
9	①	②	③	④
10	①	②	③	④
11	①	②	③	④
12	①	②	③	④
13	①	②	③	④
14	①	②	③	④
15	①	②	③	④
16	①	②	③	④
17	①	②	③	④
18	①	②	③	④
19	①	②	③	④
20	①	②	③	④

영 어

1	①	②	③	④
2	①	②	③	④
3	①	②	③	④
4	①	②	③	④
5	①	②	③	④
6	①	②	③	④
7	①	②	③	④
8	①	②	③	④
9	①	②	③	④
10	①	②	③	④
11	①	②	③	④
12	①	②	③	④
13	①	②	③	④
14	①	②	③	④
15	①	②	③	④
16	①	②	③	④
17	①	②	③	④
18	①	②	③	④
19	①	②	③	④
20	①	②	③	④

한국사

1	①	②	③	④
2	①	②	③	④
3	①	②	③	④
4	①	②	③	④
5	①	②	③	④
6	①	②	③	④
7	①	②	③	④
8	①	②	③	④
9	①	②	③	④
10	①	②	③	④
11	①	②	③	④
12	①	②	③	④
13	①	②	③	④
14	①	②	③	④
15	①	②	③	④
16	①	②	③	④
17	①	②	③	④
18	①	②	③	④
19	①	②	③	④
20	①	②	③	④

사회복지학개론

1	①	②	③	④
2	①	②	③	④
3	①	②	③	④
4	①	②	③	④
5	①	②	③	④
6	①	②	③	④
7	①	②	③	④
8	①	②	③	④
9	①	②	③	④
10	①	②	③	④
11	①	②	③	④
12	①	②	③	④
13	①	②	③	④
14	①	②	③	④
15	①	②	③	④
16	①	②	③	④
17	①	②	③	④
18	①	②	③	④
19	①	②	③	④
20	①	②	③	④

행정법총론

1	①	②	③	④
2	①	②	③	④
3	①	②	③	④
4	①	②	③	④
5	①	②	③	④
6	①	②	③	④
7	①	②	③	④
8	①	②	③	④
9	①	②	③	④
10	①	②	③	④
11	①	②	③	④
12	①	②	③	④
13	①	②	③	④
14	①	②	③	④
15	①	②	③	④
16	①	②	③	④
17	①	②	③	④
18	①	②	③	④
19	①	②	③	④
20	①	②	③	④

※ 본 답안지는 마킹연습용 모의 답안지입니다.

절취선

사회복지직 9급 채용시험 필기시험 답안지

직렬

성명

수험번호

⓪	⓪	⓪	⓪	⓪	⓪	⓪
①	①	①	①	①	①	①
②	②	②	②	②	②	②
③	③	③	③	③	③	③
④	④	④	④	④	④	④
⑤	⑤	⑤	⑤	⑤	⑤	⑤
⑥	⑥	⑥	⑥	⑥	⑥	⑥
⑦	⑦	⑦	⑦	⑦	⑦	⑦
⑧	⑧	⑧	⑧	⑧	⑧	⑧
⑨	⑨	⑨	⑨	⑨	⑨	⑨

감독위원 확인
(인)

국어

번호	①	②	③	④
1	①	②	③	④
2	①	②	③	④
3	①	②	③	④
4	①	②	③	④
5	①	②	③	④
6	①	②	③	④
7	①	②	③	④
8	①	②	③	④
9	①	②	③	④
10	①	②	③	④
11	①	②	③	④
12	①	②	③	④
13	①	②	③	④
14	①	②	③	④
15	①	②	③	④
16	①	②	③	④
17	①	②	③	④
18	①	②	③	④
19	①	②	③	④
20	①	②	③	④

영어

번호	①	②	③	④
1	①	②	③	④
2	①	②	③	④
3	①	②	③	④
4	①	②	③	④
5	①	②	③	④
6	①	②	③	④
7	①	②	③	④
8	①	②	③	④
9	①	②	③	④
10	①	②	③	④
11	①	②	③	④
12	①	②	③	④
13	①	②	③	④
14	①	②	③	④
15	①	②	③	④
16	①	②	③	④
17	①	②	③	④
18	①	②	③	④
19	①	②	③	④
20	①	②	③	④

한국사

번호	①	②	③	④
1	①	②	③	④
2	①	②	③	④
3	①	②	③	④
4	①	②	③	④
5	①	②	③	④
6	①	②	③	④
7	①	②	③	④
8	①	②	③	④
9	①	②	③	④
10	①	②	③	④
11	①	②	③	④
12	①	②	③	④
13	①	②	③	④
14	①	②	③	④
15	①	②	③	④
16	①	②	③	④
17	①	②	③	④
18	①	②	③	④
19	①	②	③	④
20	①	②	③	④

사회복지학개론

번호	①	②	③	④
1	①	②	③	④
2	①	②	③	④
3	①	②	③	④
4	①	②	③	④
5	①	②	③	④
6	①	②	③	④
7	①	②	③	④
8	①	②	③	④
9	①	②	③	④
10	①	②	③	④
11	①	②	③	④
12	①	②	③	④
13	①	②	③	④
14	①	②	③	④
15	①	②	③	④
16	①	②	③	④
17	①	②	③	④
18	①	②	③	④
19	①	②	③	④
20	①	②	③	④

행정법총론

번호	①	②	③	④
1	①	②	③	④
2	①	②	③	④
3	①	②	③	④
4	①	②	③	④
5	①	②	③	④
6	①	②	③	④
7	①	②	③	④
8	①	②	③	④
9	①	②	③	④
10	①	②	③	④
11	①	②	③	④
12	①	②	③	④
13	①	②	③	④
14	①	②	③	④
15	①	②	③	④
16	①	②	③	④
17	①	②	③	④
18	①	②	③	④
19	①	②	③	④
20	①	②	③	④

사회복지직 9급 채용시험 필기시험 답안지

국어					영어					한국사					사회복지학개론					행정법총론				
1	① ② ③ ④				1	① ② ③ ④				1	① ② ③ ④				1	① ② ③ ④				1	① ② ③ ④			
2	① ② ③ ④				2	① ② ③ ④				2	① ② ③ ④				2	① ② ③ ④				2	① ② ③ ④			
3	① ② ③ ④				3	① ② ③ ④				3	① ② ③ ④				3	① ② ③ ④				3	① ② ③ ④			
4	① ② ③ ④				4	① ② ③ ④				4	① ② ③ ④				4	① ② ③ ④				4	① ② ③ ④			
5	① ② ③ ④				5	① ② ③ ④				5	① ② ③ ④				5	① ② ③ ④				5	① ② ③ ④			
6	① ② ③ ④				6	① ② ③ ④				6	① ② ③ ④				6	① ② ③ ④				6	① ② ③ ④			
7	① ② ③ ④				7	① ② ③ ④				7	① ② ③ ④				7	① ② ③ ④				7	① ② ③ ④			
8	① ② ③ ④				8	① ② ③ ④				8	① ② ③ ④				8	① ② ③ ④				8	① ② ③ ④			
9	① ② ③ ④				9	① ② ③ ④				9	① ② ③ ④				9	① ② ③ ④				9	① ② ③ ④			
10	① ② ③ ④				10	① ② ③ ④				10	① ② ③ ④				10	① ② ③ ④				10	① ② ③ ④			
11	① ② ③ ④				11	① ② ③ ④				11	① ② ③ ④				11	① ② ③ ④				11	① ② ③ ④			
12	① ② ③ ④				12	① ② ③ ④				12	① ② ③ ④				12	① ② ③ ④				12	① ② ③ ④			
13	① ② ③ ④				13	① ② ③ ④				13	① ② ③ ④				13	① ② ③ ④				13	① ② ③ ④			
14	① ② ③ ④				14	① ② ③ ④				14	① ② ③ ④				14	① ② ③ ④				14	① ② ③ ④			
15	① ② ③ ④				15	① ② ③ ④				15	① ② ③ ④				15	① ② ③ ④				15	① ② ③ ④			
16	① ② ③ ④				16	① ② ③ ④				16	① ② ③ ④				16	① ② ③ ④				16	① ② ③ ④			
17	① ② ③ ④				17	① ② ③ ④				17	① ② ③ ④				17	① ② ③ ④				17	① ② ③ ④			
18	① ② ③ ④				18	① ② ③ ④				18	① ② ③ ④				18	① ② ③ ④				18	① ② ③ ④			
19	① ② ③ ④				19	① ② ③ ④				19	① ② ③ ④				19	① ② ③ ④				19	① ② ③ ④			
20	① ② ③ ④				20	① ② ③ ④				20	① ② ③ ④				20	① ② ③ ④				20	① ② ③ ④			

※ 본 답안지는 마킹연습용 모의 답안지입니다.

직 렬

성 명

수험번호

⓪ ① ② ③ ④ ⑤ ⑥ ⑦ ⑧ ⑨	⓪ ① ② ③ ④ ⑤ ⑥ ⑦ ⑧ ⑨	⓪ ① ② ③ ④ ⑤ ⑥ ⑦ ⑧ ⑨	⓪ ① ② ③ ④ ⑤ ⑥ ⑦ ⑧ ⑨	⓪ ① ② ③ ④ ⑤ ⑥ ⑦ ⑧ ⑨	⓪ ① ② ③ ④ ⑤ ⑥ ⑦ ⑧ ⑨	⓪ ① ② ③ ④ ⑤ ⑥ ⑦ ⑧ ⑨

감독위원 확인

(인)

절취선

사회복지직 9급 채용시험 필기시험 답안지

직렬

성명

수험번호

	⓪	⓪	⓪	⓪	⓪	⓪	⓪
①	①	①	①	①	①	①	①
②	②	②	②	②	②	②	②
③	③	③	③	③	③	③	
④	④	④	④	④	④	④	④
⑤	⑤	⑤	⑤	⑤	⑤	⑤	⑤
⑥	⑥	⑥	⑥	⑥	⑥	⑥	⑥
⑦	⑦	⑦	⑦	⑦	⑦	⑦	⑦
⑧	⑧	⑧	⑧	⑧	⑧	⑧	⑧
⑨	⑨	⑨	⑨	⑨	⑨	⑨	⑨

감독위원 확인

(인)

국어

1	① ② ③ ④
2	① ② ③ ④
3	① ② ③ ④
4	① ② ③ ④
5	① ② ③ ④
6	① ② ③ ④
7	① ② ③ ④
8	① ② ③ ④
9	① ② ③ ④
10	① ② ③ ④
11	① ② ③ ④
12	① ② ③ ④
13	① ② ③ ④
14	① ② ③ ④
15	① ② ③ ④
16	① ② ③ ④
17	① ② ③ ④
18	① ② ③ ④
19	① ② ③ ④
20	① ② ③ ④

영어

1	① ② ③ ④
2	① ② ③ ④
3	① ② ③ ④
4	① ② ③ ④
5	① ② ③ ④
6	① ② ③ ④
7	① ② ③ ④
8	① ② ③ ④
9	① ② ③ ④
10	① ② ③ ④
11	① ② ③ ④
12	① ② ③ ④
13	① ② ③ ④
14	① ② ③ ④
15	① ② ③ ④
16	① ② ③ ④
17	① ② ③ ④
18	① ② ③ ④
19	① ② ③ ④
20	① ② ③ ④

한국사

1	① ② ③ ④
2	① ② ③ ④
3	① ② ③ ④
4	① ② ③ ④
5	① ② ③ ④
6	① ② ③ ④
7	① ② ③ ④
8	① ② ③ ④
9	① ② ③ ④
10	① ② ③ ④
11	① ② ③ ④
12	① ② ③ ④
13	① ② ③ ④
14	① ② ③ ④
15	① ② ③ ④
16	① ② ③ ④
17	① ② ③ ④
18	① ② ③ ④
19	① ② ③ ④
20	① ② ③ ④

사회복지학개론

1	① ② ③ ④
2	① ② ③ ④
3	① ② ③ ④
4	① ② ③ ④
5	① ② ③ ④
6	① ② ③ ④
7	① ② ③ ④
8	① ② ③ ④
9	① ② ③ ④
10	① ② ③ ④
11	① ② ③ ④
12	① ② ③ ④
13	① ② ③ ④
14	① ② ③ ④
15	① ② ③ ④
16	① ② ③ ④
17	① ② ③ ④
18	① ② ③ ④
19	① ② ③ ④
20	① ② ③ ④

행정법총론

1	① ② ③ ④
2	① ② ③ ④
3	① ② ③ ④
4	① ② ③ ④
5	① ② ③ ④
6	① ② ③ ④
7	① ② ③ ④
8	① ② ③ ④
9	① ② ③ ④
10	① ② ③ ④
11	① ② ③ ④
12	① ② ③ ④
13	① ② ③ ④
14	① ② ③ ④
15	① ② ③ ④
16	① ② ③ ④
17	① ② ③ ④
18	① ② ③ ④
19	① ② ③ ④
20	① ② ③ ④

※ 본 답안지는 마킹연습용 모의 답안지입니다.

사회복지직 9급 채용시험 필기시험 답안지

국 어					영 어					한국사					사회복지학개론					행정법총론				
1	① ② ③ ④				1	① ② ③ ④				1	① ② ③ ④				1	① ② ③ ④				1	① ② ③ ④			
2	① ② ③ ④				2	① ② ③ ④				2	① ② ③ ④				2	① ② ③ ④				2	① ② ③ ④			
3	① ② ③ ④				3	① ② ③ ④				3	① ② ③ ④				3	① ② ③ ④				3	① ② ③ ④			
4	① ② ③ ④				4	① ② ③ ④				4	① ② ③ ④				4	① ② ③ ④				4	① ② ③ ④			
5	① ② ③ ④				5	① ② ③ ④				5	① ② ③ ④				5	① ② ③ ④				5	① ② ③ ④			
6	① ② ③ ④				6	① ② ③ ④				6	① ② ③ ④				6	① ② ③ ④				6	① ② ③ ④			
7	① ② ③ ④				7	① ② ③ ④				7	① ② ③ ④				7	① ② ③ ④				7	① ② ③ ④			
8	① ② ③ ④				8	① ② ③ ④				8	① ② ③ ④				8	① ② ③ ④				8	① ② ③ ④			
9	① ② ③ ④				9	① ② ③ ④				9	① ② ③ ④				9	① ② ③ ④				9	① ② ③ ④			
10	① ② ③ ④				10	① ② ③ ④				10	① ② ③ ④				10	① ② ③ ④				10	① ② ③ ④			
11	① ② ③ ④				11	① ② ③ ④				11	① ② ③ ④				11	① ② ③ ④				11	① ② ③ ④			
12	① ② ③ ④				12	① ② ③ ④				12	① ② ③ ④				12	① ② ③ ④				12	① ② ③ ④			
13	① ② ③ ④				13	① ② ③ ④				13	① ② ③ ④				13	① ② ③ ④				13	① ② ③ ④			
14	① ② ③ ④				14	① ② ③ ④				14	① ② ③ ④				14	① ② ③ ④				14	① ② ③ ④			
15	① ② ③ ④				15	① ② ③ ④				15	① ② ③ ④				15	① ② ③ ④				15	① ② ③ ④			
16	① ② ③ ④				16	① ② ③ ④				16	① ② ③ ④				16	① ② ③ ④				16	① ② ③ ④			
17	① ② ③ ④				17	① ② ③ ④				17	① ② ③ ④				17	① ② ③ ④				17	① ② ③ ④			
18	① ② ③ ④				18	① ② ③ ④				18	① ② ③ ④				18	① ② ③ ④				18	① ② ③ ④			
19	① ② ③ ④				19	① ② ③ ④				19	① ② ③ ④				19	① ② ③ ④				19	① ② ③ ④			
20	① ② ③ ④				20	① ② ③ ④				20	① ② ③ ④				20	① ② ③ ④				20	① ② ③ ④			

직 렬

성 명

수 험 번 호

⓪ ① ② ③ ④ ⑤ ⑥ ⑦ ⑧ ⑨	⓪ ① ② ③ ④ ⑤ ⑥ ⑦ ⑧ ⑨	⓪ ① ② ③ ④ ⑤ ⑥ ⑦ ⑧ ⑨	⓪ ① ② ③ ④ ⑤ ⑥ ⑦ ⑧ ⑨	⓪ ① ② ③ ④ ⑤ ⑥ ⑦ ⑧ ⑨	⓪ ① ② ③ ④ ⑤ ⑥ ⑦ ⑧ ⑨	⓪ ① ② ③ ④ ⑤ ⑥ ⑦ ⑧ ⑨

감독위원 확인 (인)

※ 본 답안지는 마킹연습용 모의 답안지입니다.

절취선

빠른 합격을 위한 맞춤 전략! 시대에듀와 함께라면 가능합니다.

9급 사회복지직
절대 합격전략

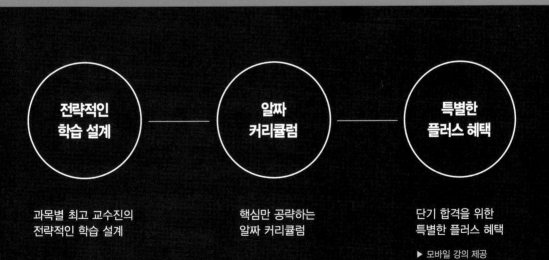

**전략적인
학습 설계**

**알짜
커리큘럼**

**특별한
플러스 혜택**

과목별 최고 교수진의
전략적인 학습 설계

핵심만 공략하는
알짜 커리큘럼

단기 합격을 위한
특별한 플러스 혜택

▶ 모바일 강의 제공
▶ 기간 내 무제한 수강
▶ FULL HD 고화질 강의
▶ 1:1 맞춤 Q&A 서비스
▶ IT 정규 자격증 강의 제공

사회복지직 공무원
시대에듀로 **합격하자!**

전과목 핵심이론 + 최신 기출문제

국어 · 영어 · 한국사 · 사회복지학개론 · 행정법총론

한권으로 다잡기!

이런 분들에게 추천!

"전과목 핵심이론 + 최신 기출문제로
학습내용을 확인하고 실전감각을 키우고 싶은 수험생"

기출이 답이다
사회복지직 공무원 시리즈!

사회복지직 공무원이란?

사회복지직 공무원은 지방행정기관이나 국립병원 등에서 사회복지서비스 업무를 담당합니다.
최근 사회복지의 증진을 전담하기 위해 사회복지직 공무원 인원을 대폭 증원 확대 채용하고 있으며,
복지행정분야의 전반적인 관리 및 집행 등 사회복지에 관한 실무적인 업무를 담당하므로
사회봉사적인 업무특성상 긍지와 자부심을 가질 수 있는 공무원입니다.

시대고시 사회복지직 공무원 기출이 답이다 시리즈로 빠르게 합격하세요!

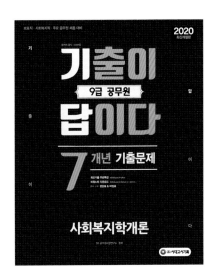

기출이 답이다
사회복지직
3개년 기출문제집

기출이 답이다
사회복지학개론
7개년 기출문제집

- 사회복지직 및 보호직 주요 과목(국어 · 영어 · 한국사 ·
  사회복지학개론 · 행정법총론 · 사회) 3개년 기출문제 +
  상세한 해설 수록
- 효율적인 학습을 위해 문제편과 해설편 분리 구성
- 이론 마무리를 위해 핵심 테마로 구성한 사회복지직
  Power 노트 다운로드 제공

- 사회복지직 및 보호직 사회복지학개론 7개년 기출
  문제 + 상세한 해설 수록
- 효율적인 학습을 위해 문제편과 해설편 분리 구성

AI면접
이젠, 모바일로

win시대로

기업과 취준생 모두를 위한 평가 솔루션 윈시대로! 지금 바로 시작하세요.

www.sdedu.co.kr/winsidaero